U1014760

阅读成就梦想……

Read to Achieve

Crowdfunding

A Guide to Raising Capital on the Internet

众筹

互联网融资权威指南

【美】斯蒂芬·德森纳（Steven Dresner）◎主编
陈 艳◎译 未央研究◎审校

中国人民大学出版社
·北京·

图书在版编目（CIP）数据

众筹：互联网融资权威指南/（美）德森纳主编；陈艳译.—北京：中国人民大学出版社，2015.4

ISBN 978-7-300-21063-6

Ⅰ.①众… Ⅱ.①德… ②陈… Ⅲ.①互联网络–应用–企业融资–指南 Ⅳ.①F276.3-62

中国版本图书馆 CIP 数据核字（2015）第067619号

众筹：互联网融资权威指南

［美］斯蒂芬·德森纳 主编

陈艳 译

ZhongChou HuLianWang RongZi QuanWei ZhiNan

出版发行	中国人民大学出版社		
社　　址	北京中关村大街31号	邮政编码	100080
电　　话	010-62511242（总编室）		010-62511770（质管部）
	010-82501766（邮购部）		010-62514148（门市部）
	010-62515195（发行公司）		010-62515275（盗版举报）
网　　址	http:// www. crup. com. cn		
	http:// www. ttrnet. com（人大教研网）		
经　　销	新华书店		
印　　刷	北京联兴盛业印刷股份有限公司		
规　　格	170 mm×230 mm　16开本	版　　次	2015 年 5 月第1版
印　　张	15.5　插页2	印　　次	2016 年11月第 7 次印刷
字　　数	239 000	定　　价	69.00元

推荐序一
众筹的现状和发展趋势

众筹译自于英文crowdfunding，即向众人筹集资金的意思，虽然很多人认为众筹的雏形可以上溯到19世纪末筹集资金修建自由女神像的底座，甚至在更早的18世纪筹集资金出版书籍，但是现代意义上的众筹一般认为是2001年艺术众筹网站ArtistShare的上线，这家以粉丝为基础的融资平台第一次真正通过互联网实现了我们现在所说的众筹：大规模、小额、便捷和快速！

互联网众筹平台按照出资和获得回报的方式分为债权型众筹、股权型众筹、预售型众筹和捐赠型众筹。

债权型众筹就是我们通常所说的P2P网络借贷。以美国为例，既有LendingClub和Prosper这样的综合型P2P平台，也有Sofi这样专门服务于高校学生而投资人限定于合格投资者的所谓垂直型的P2P平台。当然我们也看到综合型平台开始在借款端引入中小企业，而在投资端引入越来越多的机构投资者。从我们刚刚结束的对美国互联网金融的考察来看，P2P网络借贷并没有在美国经济生活中引起很大的波澜，很多人包括华尔街的从业人员甚至都没有听说过LendingClub，这可能是因为美国已经形成了多层次的资本市场和高度发达的金融服务体系。随着P2P在欧美地区和其他各国逐渐发展，在中国也已经形成燎原之势，目前已经有超过1000家P2P平台投入运营，P2P在我国的迅猛发展，是跟我国金融环境一直以来的高度管制以及民间金融的规模巨大是分不开的。与此同时，监管机构也在积极制定法规防范风险的发生和扩大，但是由于国内还没有建成完善的个人征信体系，

P2P 平台面向个人借贷的服务会遇到很大的瓶颈，而那些面向特定资产的、对投资者资格也有所限定的细分市场的 P2P 平台倒是有可能脱颖而出，成为初期发展阶段的赢家。

在 ArtistShare 成立后的很长一段时间里，众筹并没有成为一种广受关注的融资方式，效仿者也寥寥无几，crowdfunding 这个词在 google 上也几乎没有搜索量。众筹进入一个全新发展时期的标志性事件是 2008 年 Indiegogo 特别是 2009 年 Kickstarter 这两家众筹平台的相继成立，从那以后世界各地众筹平台的数量和众筹的规模都获得了快速的发展。到目前为止，Kickstarter 上的项目总数已经超过 17 万，约 41% 的项目融资获得成功，总融资额也超过了 10 亿美元。与此同时，全球众筹平台的总量据估计也超过了 500 个。

应该指出的是，Kickstarter 和 Indiegogo 这两家初步获得成功的众筹平台都是预售型众筹，也就是支持者预先把资金支付给融资者，来获得优先得到产品的权利以及融资者的其他馈赠，这些产品类型虽然也包括游戏机等电子产品，但是大多数都是音乐、视频和其他创意产品。

预售型众筹的魅力在于一方面满足了消费者优先获得独特产品的心理，同时也对市场反馈进行了测试，使融资者获得了早期开发和生产的资金。随着预售型众筹的发展，股权型众筹也开始出现，且 crowdfunding 在 Google 上的搜索量也开始大幅度飙升。股权众筹使得普通大众能够通过互联网进行小额的股权投资，但是这一新生事物刚刚出现就引起了监管层的关注，美国 SEC 主席在 2011 年 4 月就宣称要研究众筹的监管办法。一年以后，奥巴马签署了 JOBS 法案，该法案第三章的标题就是众筹。

2008 年金融危机之后，美国资本市场的监管趋严，IPO 数量大幅度减少，中小企业融资愈加困难。股权众筹正是在这一背景下产生的，且被认为是解决中小企业融资难的重要途径。但是基于互联网的股权众筹在两个方面与 1933 年的美国证券法有冲突：一是面向大规模的非合格投资者融资，另一个是所谓的公开劝导，而这正是互联网的特点。为了给股权众筹开辟道路，JOBS 法案在这两个方面都做了一定的让步，并责成 SEC 制定具体的监管规则。我国在 2011 年开始出现了第一拨众筹网站，包括点名时间和天使汇等，到目前也发展到了几十家，但是总体形势可以说是不温不火，主要是因为股权众筹的运作模式也跟我国的证券法相冲突，更重要的是，初创企业的高风险特征跟我国普通投资者低水平金融普及教育程度、风险认知程度以及较低的风险承受能力从根本上是错配的，因此我国股权型众筹的出路在于建立合格投资者制度和投资者进入门槛。而对于预售型众筹，大众的接受可能也需要一个过程，这跟我国的创意产业不发达、信用体系不完善以及知识产权保护不到位都有关系。一些众筹平台开始推出基于“粉丝经济”的众筹项目，或许是个好的尝试，同时类似于 P2P，那些针对界定清晰的创意产品细分市场的预售型众筹平台有可能率先成长起来。

至于捐赠型众筹，其实就是传统慈善捐赠的线上版，由于互联网技术而使得捐赠活动更加高效和精准。我国的捐赠型众筹平台发展将在很大程度上取决于捐赠监管体系的开放而不是互联网技术本身，那些方便快捷的精巧的捐赠产品设计会是捐赠型众筹取胜的关键。

作为清华大学五道口金融学院的专业研究团队，未央研究负责了本书的审校工作。未央研究专注于互联网金融领域的原创研究。自 2011 年至今，未央研究对互联网金融各个子领域的理论框架、商业模式和政策监管等都进行了深入研究，形成了一系列研究成果。本书是美国众筹领域最早出版的专业著作之一，在介绍众筹历史与现状的基础上，探讨了与众筹有关的法律和实际操作等问题。我们希望本书能给读者带来收获和思考。

清华大学五道口金融学院未央研究

推荐序二
众筹，一起来

曾有朋友说，众筹的概念像是轮回，似乎总是时不时地在人类的历史舞台上登场、谢幕、再登场。在我看来，众筹的历史不是简单的轮回，或者说它更像是一首回旋曲，伴随旋律回转而上升、发展、成熟。而今，或许是有史以来第一次，众筹真正迎来了长期繁荣的新发展机遇，可以像证券、期货、信贷等一样，成为一种为人类社会广泛接受、并长期存续的融资形式。

要让“众”和“筹”发生化学反应，成为“众筹”，构建和维护一个持续、可靠的信任机制是至关重要和不可或缺的。人们都知道巴别通天塔的故事，原本携手努力即将成功登上天堂的人们，却因神让他们语言不通而变得无法交流，最终功亏一篑。仔细想想，最根本的问题还不是出在语言上，毕竟语言不通的人类与动物都能协作，何况人与人之间的协作呢？导致人类这一史诗级众包众筹事业失败的根本原因在于沟通不畅和信任体系的崩塌。

而今天，幸运的我们却有可能切实地解决这一难题。一方面，从融资规模来看，众筹已经从一个金融现象变成了一股不容小觑的社会力量。无论是众筹市场每年成倍的增长速度，还是从奥巴马竞选资金到新苏伊士运河这样的具有全球影响力的众筹事件，都是这种力量崛起的见证。

另一方面，伴随着社交网络的发展以及互联网不断深入人们的生活，人类之间的交流、信息的披露得以以一种前所未有的低成本、高效率的方式开展。正是信息技术解决了巴别通天塔的难题，使众筹获得了一块可以长期繁荣发展的重要基石。

还有就是，我们终于开始从构建法律、规则等角度来尝试真正地、长期地规范各类众筹活动。

与很多仅仅是列举一些表面的数据、案例，来鼓吹众筹或泛泛而谈的著作不同，这本书用了大量的篇幅讲述了如何成功众筹的方法，并站在一个众筹组织者的角度，为读者提供了很有参考价值和现实意义的执行指南，为更好地组织一次众筹和运营一个众筹平台给出了不少非常切实的建议。

本书最吸引人的地方在于，本书是由美国多名长期关注和参与众筹实践的各相关领域专业权威人士和学者共同撰写的，他们那些来自实践、对众筹的真知灼见无疑是渴望通过众筹方式筹资的初创企业或个人宝贵的财富。站在参与者的角度，本书还为读者更好地了解当下的众筹活动，提升自己对真正优秀、可靠的众筹项目和众筹平台的辨别能力，乃至于更好地参与众筹投资提供了帮助。

我认为，对于参与众筹活动的各方来说，真正的众筹，涉及的并不仅仅是简单的资金交易，还是远超过资金回报或者某个产品的物质奖励，他们获得的是更多基于参与整个众筹事情的发生、发展、完成的各个阶段的参与感，以及这种最终将这件事引向成功后的那种满足感，这是一种即使成为不了企业家、基金经理或者社会活动家，也能体验创业带来的快乐的机会。

在中国，包括 P2P 在内的广义的众筹活动，目前依然存在不小的社会争议，各种诈骗事件、“跑路”事件更是时常登上媒体版面，严重影响了众筹的社会信誉。而纵观这些“警示案例”，无一不是从一开始，就没打算构建信任而是打算牺牲信任；无一不是从一开始，就忽视社交属性而将众筹仅视为某种纯粹的金钱关系。这种误区及其背后的巨大经济诱惑，将不少有潜力的项目、有能力的团队引入歧途，这不但影响了社会对众筹活动的观感，更阻碍了众筹这一原本极具活力和社会正能量的资源组织新形式在中国的发展。

中国的众筹以及互联网金融，需要建立一套基于社交的充分互动的生态系统，需要更多专业化的配套服务，需要构建和完善更多统一、明晰的法律规范和行业自律体系。

如果问众筹最吸引我的是什么，应该是那种拥有梦想、追寻梦想、实现梦想的过程。非常幸运，在众筹网这个平台上与很多人一起圆了一个又一个梦想。截至我动笔之时，众筹网已经推荐了 5 520 个项目，累计支持者超过 15.5 万，累计募集的资金超过 5 840 万元。从一部影片、一张唱片、一本书、一台机器人到一片草原，很多你我这样原本平凡的人，在众筹的平台上创造出了一个个不平凡的成果。而众筹网之外，全世界越来越多的人投身到众筹活动中，不论是如日中天的 Pebble 智能手表还是新修一条苏伊士运河，众筹让更多人得以参与到改变世界的进程之中，或许未来某一天，人类真的会为探索浩瀚宇宙，众筹出一个“新通天塔”出来。让我们拭目以待！

感谢中国人民大学出版社，将本书介绍给国内的读者们，希望在本书的读者群中，能涌现出一批中国自己的优秀众筹投资人、众筹从业者，更希望能够通过我们共同的努力为中国打造出一个更开放、透明、规范、成熟的众筹市场。让更多有意义、有意思的创意能够在众人的扶助下成为现实。

众筹万岁！

众筹网创始人　孙宏生

推荐序三
众筹颠覆世界

毫无疑问“众筹”是当今商界最热门的话题之一。互联网众筹平台也如雨后春笋般出现在人们的视线里，更有作风激进的众筹平台已经开始了大规模广告烧钱模式。

作为一家 O2O 众筹平台的联合创始人，这一年多来，我们做了很多关于众筹的实践。比如运用众筹模式颠覆了传统出版业，《风口》一书还未出版，便已众筹 400 万，刷新了出版界的众筹记录。这意味着，书还未上市销售，就已经确保了 10 万册以上的销量，奠定了该书在 2015 年作为商业畅销书的地位。其中很独特的一点是我们并没有把书放在京东这样流量巨大的互联网平台上去众筹，而是运用移动互联网社交网络和线下的会议模式进行众筹。其最终结果是打破并远超京东众筹频道上的众筹出版记录 161 万。

当然，我们看到目前在各个行业都已经出现了非常成功的众筹范例。众筹行业的快速发展，对中国经济的发展具有重大的意义。一方面，为传统金融发展模式的创新提供了新的思路和方向，有利于促进我国金融体系的不断完善，更好地服务于实体经济；另一方面，众筹行业的发展降低了融资门槛，对互联网科技创新企业以及中小企业来说，在一定程度上缓解了融资困难的局面，这对扶持中小企业的发展有着较大的意义。

值得一提的是，在刚刚落幕的两会上，“开展股权众筹试点”首次被写入《政府工作报告》。3 月 12 日，国务院办公厅发出的《关于发展众创空间推进大众创新创业的指导意见》也特别提到，国务院将开展互联网股权众筹融资试点，增强众筹对大众创新创业的服务能力。这说明众筹、众智、众创、众包、众建的思维和理念将马上在中国各行业掀起全新的浪潮！

当股权众筹迎来种种利好消息，将在中国掀起众筹浪潮之际，本书的出现恰逢其时。

首先，本书的专家阵容十分强大，其中汇集了众筹资本顾问、大学教授、行业协会、律师、经济顾问、投资基金、市场调研、公关公司等多个行业的专家作者，从多个行业的专业角度深度剖析了众筹涉及的各个环节，可以说本书的出版本身就是众智、众筹的完美体现。

其次，本书在专业深度层面远超目前市面上的众筹案例汇编书籍。目前国内众筹还属于摸着石头过河的阶段，往往几个互联网从业者就可以搭建一个互联网众筹平台。但是众筹实际上涉及商业领域的各个范畴，如众筹资金的管理、项目知识产权的保护等方面，在国内众筹实践当中往往存在严重缺失，导致出现很多失败和负面的众筹事件。本书第三部分“掌握规则和规范”是极具价值的参考学习资料。

最后，我们看到目前股权众筹已经纳入证监会的监管，这势必对之前野蛮生长的众筹平台提出合规化经营的要求。相信本书最后提到的美国众筹法、《证券管理法新规范》D条例对于我国相应的监管部门也会起到巨大的借鉴意义。

本书作为第一本从海外引进的最有深度的众筹专业著作，我强烈推荐给众筹平台的从业者和创业者！

88众筹网联合创始人　刘锐

清华五道口互联网金融丛书序

从二十世纪末开始，以互联网为代表的信息技术呈现快速发展的势头，也给人们生产和生活方式带来巨大的改变。在金融领域，互联网技术和金融业务的结合产生了我们称之为"互联网金融"的产品和业务模式。从目前的发展来看，"互联网金融"大致可以划分如下四类：传统金融业务的互联网化，基于互联网平台开展金融业务，全新的互联网金融模式，以及金融支持的互联网化。

第一类：传统金融业务的互联网化。包括互联网银行，也叫直营银行（Direct Banking）；互联网券商，也叫在线折扣券商（Online Discount Brokerage）；和互联网保险。直营银行的主要特点是没有物理营业网点，依靠互联网、电话和 ATM 机等手段提供服务。直营银行发源于欧美，是利率市场化和互联网技术发展的直接结果，目前在美国最为发达。如果从独立法人资格、基本没有营业网点以及在美国联邦存款保险公司投保的标准来看，美国总共有 16 家直营银行。虽然直营银行发展迅速，但是美国的直营银行无论是存款总额还是资产总额都只占美国银行业的不到 5%，总体上还没有对传统银行业造成很大的影响。但是经过 20 多年的摸索，应该说直营银行开始显现出清晰的商业模式和迅猛的发展势头。以在纳斯达克上市的直营银行 BOFI 为例。BOFI 于 2005 年上市，股价在 2010 年前几乎没有太大变化。而从 2010 年至今，在业绩的带动下，其股价翻了 8 倍，已拥有 100 多家机构投资者，这也从另一方面说明直营银行的商业模式开始得到认可。

在线折扣券商的发展也是以美国为代表，是在 70 年代美国证券交易佣金自由化与互联网技术发展相结合的背景下产生的。在线折扣券商以极低的佣金吸引客户，并在此基础上向客户提供财富管理服务，在混业经营的背景下，美国的不少折扣券商也开展直营银行的业务。例如嘉信理财集团（Charles Schwab）和 E*Trade 都有银行牌照并提供直营银行业务，但是嘉信理财集团本身也有实体营业网点，而 E*Trade 则是相对纯粹的互联网折扣券商。以美国二十多家在线折扣券商的情况来看，虽然各自在佣金费率、交易工具、研究支持和客户服务等方面各不相同，但是总体的特点是佣金费率低而且收入呈现多元化趋势，主要体现在佣金收入下降、资产管理收入和直营银行收入上升等。

互联网保险在初期主要是指直营保险（Direct Insurance），即基于互联网销售车险和财险产品的业务模式，在欧美各国均有不同程度的发展。在美国，直营保险的代表为 Progressive 和后来被 Allstate 收购的 Esurance。从全球各国的发展情况来看，目前比较突出的互联网保险的创新模式有检测驾驶习惯的传感器结合里程数的互联网车险创新，有基于移动端应用健康数据的互联网健康险创新，以及基于社交网络的互联网保险营销创新。总体上看，互联网保险的商业模式似乎仍在探索之中。

目前在我国，这类互联网金融模式的发展主要还体现为网上银行、证券网上交易以及保险产品的网络和电话销售，众安保险作为第一家互联网保险公司以及前海微众银行作为第一家互联网民营银行开始了积极探索。

第二类：基于互联网平台开展金融业务。这里的互联网平台包括但不限于电子商务平台和互联网第三方支付。这类互联网金融模式主要表现为在网络平台上销售金融产品，以及基于平台上的客户信息和大数据面向网上商户开展的小额贷款和面向个人开展的消费金融业务。前者的典型代表包括早期的贝宝（Paypal）货币市场基金和近期发展迅猛的余额宝，也包括众多金融机构在淘宝上开设的网店以及专门销售基金等金融产品的第三方网站和手机应用。后者的典型代表包括阿里小贷和京东白条，以及美国的 Kabbage 和 Zestfinance。需要指出的是：阿里小贷和京东都是基于自己平台的客户开展业务，而 Kabbage 则是完全基于第三方平台的客户信息和全网络数据对网商进行放贷，Zestfinance 更是利用大数据开展金融业务的典范。该公司采用机器学习的方法和复杂的统计手段对大数据进行分析，专门面向美国不能享受银行服务的人群（Unbanked and Underbanked）提供贷款业务。应该说，大数据的发展以及其在信用风险模型上的应用，使银行和非银行的贷款业务进入了一个“技术含量较高”的阶段。难怪著名的问答网站 Quora 上有句著名的评论：“未来的银行只是有银行牌照的技术公司！”

从目前的发展情况来看，上述两类互联网金融模式只是现有金融业务的补充，说颠覆还为时尚早。互联网银行规模尚小，互联网券商仅仅是提高了获客和交易的效率。阿里小贷和 Kabbage 主要面向小微企业，Zestfinance 主要面向传统金融没有覆盖的个人等，做的也都是传统银行不做的业务，还不至于很快动摇传统金融的根基。

第三类：全新的互联网金融模式，主要是指 P2P 网络贷款和众筹融资。在美国，P2P 网络贷款的先锋是分别于 2006 年和 2007 年成立的 Prosper 和 LendingClub。这两个网络贷款平台开启了基于互联网的、个人对个人的金融交易时代。这种去中心化的小额借贷平台一推出就受到了普通民众的广泛欢迎。在跟美国证交会进行了深入的沟通之后，用来作为交易载体的本票最终被认定为证券，因此确定了美国证交会作为 P2P 主要监管机构的地位。这样一来，P2P 平台就必须在证交会注册并必须如同发行股票一样进行严格的信息披露。可以说，注册和信息披露构成了美国 P2P 行业的进入壁垒。这个进入壁垒，连同完善的个人信用体系，以及完备的证券、借贷和消费者保护方面的法律，构成了保障 P2P 健康发展的三驾马车。Prosper 和 LendingClub 目前都发展顺利，其中 LendingClub 的累积交易总额已经超过了 60 亿美元并成功上市。

在美国，既有 LendingClub 和 Prosper 这样的综合型 P2P 平台，也有 Sofi 这样专门服务于高校学生而投资人限定于合格投资者的所谓垂直型的 P2P 平台。当然我们也看到综合型平台也开始在借款端引入中小企业，而在投资端引入越来越多的机构投资者。从我们在 2014 年夏天对美国互联网金融的考察来看，P2P 网络借贷并没有在美国经济生活中引起很大的波澜，很多人包括华尔街的从业人员甚至都没有听说过 LendingClub，这可能是因为美国已经形成了多层次的资本市场和高度发达的金融服务体系。随着 P2P 在欧美地区和其他各国逐渐发展，在中国也已经形成燎原之势，目前已经有接近 2000 家 P2P 平台投入运营，P2P 在我国的迅猛发展，是跟我国金融环境一直以来的高度管制以及民间金融的规模巨大是分不开的。与此同时，监管机构也在积极制定法规防范风险的发生和扩大，但是由于国内还没有建成完善的个人征信体系，P2P 平台面向个人借贷的服务会遇到很大的瓶颈，而那些面向特定资产的、对投资者资格也有所限定的细分市场的 P2P 平台倒是有可能脱颖而出，成为初期发展阶段的赢家。

众筹融资的英文是 crowdfunding，是指基于互联网面向公众为产品特别是创意产品进行融资的平台。众筹模式最早出现在美国，代表平台为 Kickstarter 和 Indiegogo。众筹融资的方式包括债权、股权、捐赠和预购。其中，债权融资可以通过 P2P 平台进行，股权融资由于受限于美国证券法对于公开募集和人数的规定也很少进行。因此，除了有少量的捐赠融资之外，目前众筹融资的主要方式还是产品的预购。目前，全球已经出现了数百个众筹平台，大部分集中在欧美国家。在这些众筹平台中，Kickstarter 一枝独秀，已完成的累积融资额超过 15 亿美元。

众筹模式的相应监管又是怎么样的呢？ 2008 年金融危机之后，美国政府一直在努力寻找走出危机的途径，其中的重点之一就是为中小企业融资提供更加宽松的环境和条件。众筹平台在这样的背景下出现，并很快引起了国会和监管层的关注。在经过了一系列的努力之后，奥巴马政府在 2012 年 4 月颁布了《促进创业企业融资法案》(*Jumpstart Our Small Business Act*，简称 JOBS 法案)。该法案第三章专为众筹制定，修改了证券法，使得通过互联网面向公众的股权融资成为可能。因此我们可以看出：美国对 P2P 的监管完全采用了现有的法律，而对众筹的监管则是制定了新法。这反映了金融监管的原则性和灵活性，值得我们借鉴。

我国在 2011 年开始出现了第一拨众筹网站，到目前也发展到了几十家，但是总体形势可以说是不温不火，主要是因为股权众筹的运作模式也跟我国的证券法也有冲突，更重要的是，初创企业的高风险特征跟我国普通投资者低水平金融普及教育程度、风险认知程度以及较低的风险承受能力从根本上是错配的，因此我国股权型众筹的出路在于建立合格投资者制度和投资者进入门槛。 而对于预售型众筹，大众的接受可能也需要一个过程，这跟我国的创意产业不发达、信用体系不完善以及知识产权保护不到位都有关系。一些众筹平台开始推出基于“粉丝经济”的众筹项目，或许是个好的尝试，同时类似于 P2P，那些针对界定清晰的创意产品细分市场的预售型众筹平台有可能率先成长起来。

国内的 P2P 和众筹平台出现得都不算晚。P2P 的代表平台有 2007 年创办的拍拍贷和之后的人人贷，众筹的代表平台有 2011 年创办的点名时间和之后的天使汇和众筹网等。但是，由于国内信用体系的不健全以及监管的未及时到位，P2P 平台出现了诈骗、破产等风控缺位和运营不善所带来的等诸多风险。因此，信用体系的建设和监管的及时到位已经成为我国 P2P 网络贷款发展的当务之急。不同于 P2P，众筹在我国还处于非常早期的发展阶段，众筹平台的发展和监管还在摸索之中，令人欣慰的是，中国证券业协会于 2014 年 12 月发布了《私募股权众筹融资管理办法（试行）（征求意见稿）》，在互联网金融监管方面迈出了可喜的一步。但是不管是 P2P 还是众筹，在我国要达到成熟运行的阶段还都有很长的路要走。

第四类：金融支持的互联网化。前三类互联网金融模式在本质上都属于金融业务，也都需要监管。而这类互联网金融模式不属于金融业务，它们起到了为金融业务提供“支持”的功能，包括但不限于：金融业务和产品的搜索，比如美国的 Bankrate 和我国的融 360；家庭理财服务，比如美国的 Mint、Personal capital 和我国的挖财网；理财教育服务，比如美国的 Learnvest、Daily worth 和我国的家财网；金融社交平台，比如美国的 eToro、Seekingalpha 等等。这些网络平台虽然不提供金融服务，但是却能够大大提升人们对于金融产品和业务的认知，从而提高金融体系的运营效率，也是互联网金融的重要组成部分。

互联网改变了我们认识世界和变革世界的方式。在改变了传媒、商业等诸多领域之后，互联网也正在深刻地改变着金融业。在变革来临之际，顽固不化和狂妄自大都是不可取的。面向不可预知的未来，我们应该满怀敬畏。在这样一个变革的时期，观察、学习和思考变得非常必要也非常重要，基于这样一个理念，我们策划出版了互联网金融新知丛书和互联网金融案例丛书，这个工作由基于清华大学五道口金融学院建设的清华大学国家金融研究院下属的两家研究机构，亦即互联网金融实验室和阳光互联网金融创新研究中心共同承担。

让我们共同关注与推动互联网金融在中国的发展！

清华大学五道口金融学院互联网金融实验室主任
廖理教授

前言

众筹，也称公众融资或公众投资，通常是指公众作为一个集体，通过互联网投入资金，支持其他个体或组织的活动。众筹的支持面极广，涵盖了灾难援助、书籍出版、艺术家寻求从粉丝到政治阵营的支持、初创企业或小型企业筹资等。

本书阐述了推动众筹发展成为主流投资手段的市场动力。与其他的众筹白皮书、指南以及网上的宣传资料不同，本书的作者均是经过精心挑选的、最毫无偏见地代表各种门类的市场参与者。本书旨在精确而专业地反映当前众筹的发展状态，并展望未来的发展趋势。在此，我们由衷地希望你能从本书中发掘最有价值的信息。

无论你是寻求资金投资的初创企业创始人，还是为了大型企业的长足发展而寻求融资的企业家，天使投资人或是对冲基金管理人，证券律师、税务会计或是咨询顾问，都必须掌握众筹的相关知识，而且越早越好。幸运的是，我和我的合著者们将为你呈现众筹领域的第一部专业著作，全面剖析互联网融资的各种问题。

本书由三部分组成：第一部分“众筹”，回顾了众筹的历史背景，简要概述了当前的市场状况；第二部分“众筹活动上线筹备”，提出了有关商业计划的建议；第三部分“掌握规则和规范”，探讨了与众筹有关的法律和其他技术性问题。鉴于本书的开头部分提供了大量的基础资料，你可以从头到尾地去阅读本书，也可以从自己所需的话题入手，把本书当作指南去跳着阅读。因此，根据这种指导思想，让我们一起就此开始阅读，快速浏览一下以下几部分的内容。

众筹最初主要用于帮助筹集慈善捐赠。而如今，众筹不再仅限于非营利性领域，它正成为商业和社会企业家的新宠儿，越来越受到主流人群的关注。社交媒体、在线社区以及小额支付技术进一步推动了众筹成为筹集捐赠或资金的主要手段。众筹可以让企业或组织机构从潜在的利益支持者群体中寻求捐赠，也可以让新的商机以极低的成本寻得投资者的资金支持。在第1章“众筹的历史”中，杰森·贝斯特（Jason Best）、舍伍德·奈斯（Sherwood Neiss）探索了众筹发展的根基。

无论众筹的目的是营利性投资、慈善捐赠还是艺术支持，其核心都是资源在基层的汇集，共同的期望和信任是促进公众参与的最重要驱动力。在第2章“何为‘众’筹”中，凯伦·克里根（Karen Kerrigan）探讨了社交媒体在众筹这一新的融资领域中的重要性。

采用众筹手段寻求种子资金融通的创业家，通常会通过在线社区劝诱非专业投资个体作出投入小额资金的承诺，当然也可能存在其他不同的形式。

对作出承诺的投资个体不能给予任何直接的物质回报，这在艺术赞助和慈善融资活动中最为普遍。有时，众筹项目的发起方会设置承诺门槛，即在截止日期以前，如果未能达到门槛规定的金额，则所有承诺无效；另一种方法是，邀请赞助者进行展示宣传，作为对其现金承诺的回报；还可以提供某种准股本投资，尽管在管理证券公开发行的可适用的金融规范中，应尽量避免此类协议。在第3章“数说众筹”中，卡尔·埃斯波斯蒂（Carl Esposti）对众筹的市场环境进行全方位描述，尤其是主要众筹模式的地理和人口因素。在第4章“当前众筹市场动态”中，安德鲁·迪克斯（Andrew Dix）和查尔斯·鲁扎（Charles Luzar）同样对现代众筹市场进行了全面分析。

众筹能够从“公众”中为好创意或好想法（不适于传统融资要求的模式）筹集资金。如果筹集资金成功，创业企业不仅能获得项目启动的种子资金，还能获得潜在的消费者支持，并从口碑营销中获利。在第8章“与投资者或‘赞助人’沟通”中，乔伊·肖弗莱尔（Joy Schoffler）对如何建立和维护在线关系（线上关系）进行了概述。

另外，本书多个章节都涉及同一个主题——商业计划的独特性。由于采用众筹的手段可能会使某些尚处于萌芽阶段的创意或想法提早向公众披露，从而很容易被竞争者窃取。因此，众筹项目的发起者就必须考虑到其创意或想法有可能会面临被那些动作更快的、更具融资竞争力的对手所复制并发扬光大的风险。在本书第二部分的开篇，大卫·费尔德曼（David Feldman）和迈克尔·艾伦（Michael J. Allan）两位作者分别在第5章“众筹活动运作筹备”以及在第6章“保护知识产权”中，对众筹活动筹备阶段的商业计划进行了全面解析。随后，雷金纳德·钱伯斯（Reginald Chambers）和大卫·伯顿（David R. Burton）分别在第7章“了解投资期权”和第9章在“众筹并非唯一融资途径”中深入讨论了初创企业或新创意融资的其他方式。

众筹所涉及的另一重要的相关问题就是证券法的限制。劝诱公众投资在通常情况下属于非法行为，除非待出售的证券是在诸如美国证券交易委员会（Securities and Exchange Commission，SEC）或其他国家类似的官方授权机构登记备案过的。根据《美国证券法》第五部分的规定，任何证券的出售都必须同时或提前公布符合证券法案要求的售股说明，否则该发行即为违法。

尽管关于某种活动是否构成证券出售仍争论不休，但是任何众筹协议，只要其中的个体投入资金交换基于他人工作产生的潜在收入或收益的分成，或获得他人工作中的所有权，或某种金融激励，如有息贷款等，都有可能被视为证券。因此，投资劝诱必须在管理部门登记注册，才具合法性，除非其能满足某项豁免条款（比如《1933年证券法案》D条例）。在本书出版时，美国证券交易委员会（SEC）拟定的有关股权众筹相应的监管法案正处于征询评估阶段，可能在2014年正式生效[①]。这些法规可能构成对证券法的补充，有助于推进众筹投资的发展。这些法规中包含了一些保护性限制要求，允许发起者通过使用诸如社交媒体之类的大众传播技术，以众筹的方式筹集有限数额的资金，而无需受到常规的管理登记要求的限制。在本书最后一部分，琼·麦克劳德·海明威（Joan MacLeod Heminway）在第10章“众筹的法律问题和美国众筹法”中，全面讨论了相关证券法规范的问题。在第11章“全球司法管辖基础上的众筹法”中，杰夫·林恩（Jeff Lynn）和克里斯托夫·德·拜塞尔（Kristof De Buysere）阐述了欧洲更为灵活的管理框架。

在第12章“D条例新规则及其对路演活动和展示日的影响”中，基兰·林加

① JOBS法案（*Jumpstart Our Business Startups Act*），2012年4月美国颁布了JOBS法案。JOBS法案涉及的内容全面系统，包括对认定的新兴成长企业（EGC）简化IPO发行程序、降低发行成本和信息披露义务；在私募、小额、众筹等发行方面改革注册豁免机制、增加发行便利性；提高成为公众公司的门槛等。2014年JOBS法案的第二章条例生效，第三章条例正在研究中。——编者注

姆（Kiran Lingam）、特伦特·戴克斯（Trent Dykes）和梅根·缪尔（Megan Muri）完成了本书最具技术性的部分，探讨了美国证券交易委员会（SEC）针对一般劝诱和公开宣传拟定的新规则将会对路演活动（公司在合格投资人群体中进行投资劝诱）产生怎样的影响。

众筹和公众搜索（在公众中完成搜索任务）一样，都与在线社区和社交网络密不可分。"公众"可能以社区的形式存在，也可能是由来自世界各地，因投资某一个体、项目、事件、运动或商业企业可能获得的权益分成而偶然集中在一起的独立群体。互联网带动了信息的全球流动，增强了"公众"参与投资的意识。在本书的编后记中，乔恩·梅德韦德（Jon Medved）和扎克·米勒（Zack Miller）对在全球化的众筹公司投资做出了前瞻性的考量。

正如社交网络改变了人们分配时间的方式一样，众筹将改变人们分配资本的方式。从普遍意义上讲，众筹其实就是群体集资和社交网络的融合。群体集资的历史可追溯至一千年前，但众筹的社交网络发展尚处在初始阶段，同时它也是这种革命性融资手段最强劲的推动力。

依托于社交网络，众筹为人们创建了一个可以对感兴趣、有激情的项目进行投资的平台，也为各种项目或活动主导者提供了大量的市场机遇，无论是新电影、时尚设计、航海探险、初创企业或是下一届奥林匹克盛世，众筹都可以成为筹资的有效手段。我们衷心希望本书能成为开启您探索融资新领域的催化剂。

A Guide to Raising Capital on the Internet

Crowdfunding

目录

CROWDFUNDING

A Guide to Raising Capital on the Internet

第一部分

众筹

Crowdfunding

第1章 众筹的历史

| 杰森·贝斯特和舍伍德·奈斯，众筹资本顾问 |

众筹，简言之，就是将众多个人的金融资源汇集起来，共同使一个创意转化成一个项目或商机。众筹不是依赖于少数几个大的投资人，而是依赖于很多小的投资人的资金支持。我们在这一章中将阐述众筹这种融资方式的历史，并解释为什么说众筹是“卷土重来”以及为什么它突然成为时下全球企业融资的热门话题。另外，我们还将回顾一下导致美国20世纪初金融法变革的风险因素，以及金融法变革是如何出乎意料地让资本市场对初创企业及小型企业关上了融资的大门的。最后，我们将讨论网络与技术的进步是如何推动我们回到过去的方式的。今天的众筹让每个人都可以利用互联网去评估其想法或创意的价值，并综合自身在网上的信誉、阅历和判断去决定哪些创意最有可能获得成功的商机。

众筹并非新鲜事儿

众筹可谓是新瓶装旧酒，新的方式做旧的事情。众筹利用互联网集资，与公元前3000年部落筹措资金交易的方式大同小异。早在银行与其他金融机构出现之前，富裕的家族与统治者就已经开始发放贷款给部落的个人，供他们做生意、建设基础设施。这好比今天所使用的简单贷款文件，当时的金融工具是期票。借贷双方的熟悉程度及所需资金数额决定了利息的多少，人们之间的关系和能力决定着执行的风险，而违约会导致严重的后果。

如果生活很难将 5 000 年前的历史与今天的众筹联系起来，那么 19 世纪末 20 世纪初的美国倒是为我们提供了很好的众筹例证——通过发动众人而建立起来的美国制度和体系。20 世纪 30 年代大萧条发生之前，银行主要为基础设施建设及其他政府活动提供资金。工业革命导致了耕作技术的迅速提升，为了适应工业革命所带来的变化，农民被迫贷款购买设备。其他行当也面临同样的技术转型和缺乏资金的挑战。众筹由此孕育而生。

建房贷款合作协会（Building and Loan Associations）当时为企业和个人提供了贷款，解决了部分资金问题。人们将自己的积蓄存进协会中，当协会集齐了足够的资金，就以抵押贷款的方式资助会员所运作的项目。这个方法帮助很多工薪阶级购买了房产。与银行不同的是，这些协会主要是为了会员的利益进行投资，而不是为了高收益和抵押物。然而，协会只为小群体和社区服务，远不及银行提供的服务全面。

1876 年，美国和法国两国就通过众筹方式来为美国最具标志性的纪念物——自由女神像筹措资金，法国人出资购买了雕像，美国人购买了基座。两国公民通过举办会议、戏剧表演、艺术品拍卖、拳击赛和集会等方式募集资金。自由女神像的雕刻者巴索蒂（Frederic Auguste Bartholdi）通过打造一个微型版的自由女神像并刻上了购买者名字的方式，来获得捐赠，就像今天众筹中的“报答礼物”一样。

尽管当时资金短缺额高达 25 万美元，但报纸发行商乔瑟夫·普利策（Joseph Pulitzer）在纽约知名日报《纽约世界报》（*The New York World*）上承诺刊登每一位捐赠者的名字以示纪念，于是再次掀起了捐赠高潮。普利策的计划很成功，他发动全美上下百万人民力所能及地捐赠，艾奥瓦州的一所幼儿园甚至捐了 1.35 美元。

为什么？因为这些人相信这个项目并希望得到回报，也想成为历史的参与者和贡献者。这正是今天人们参与众筹的原因。时代不一样了，但是人们的核心诉求却从未改变过。

众筹为何消失

20 世纪初，富有的家族如摩根家族（the Morgans）、范德比尔特家族（the

Vanderbilts）和洛克菲勒家族（the Rockefellers）成为投资创业公司、小型企业的中坚力量。1911 年间，迫于所谓的“蓝天法案”（blue sky laws）的压力，每个州政府都不得不从公众手中募集资金。这些法案同时还规范了股票的发行和销售，以防止公众上当受骗。尽管各个州对此类法律的具体规定不尽相同，但无一例外都要求对证券的发行和销售进行登记，并且要求股票经纪人和经纪公司登记备案。这种方式本是件好事，但由于缺乏监管手段且无人负责，从而滋生了诈骗。

1915 年，投资银行家协会（the Investment Bankers Association）告知其协会会员可以忽略蓝天法案，直接通过信件跨州发行证券。这种允许通过信件往来不透明的方式进行询价交易做法，为诈骗敞开了大门。由于当时联邦政府未能规范市场，不法股票经纪人便开始通过信件进行沟通，发行可疑的、虚拟的甚至毫无价值的股票，并将其销售给外州人。

在那个时期，“万灵油”推销人员和骗子处处投机取巧，骗得许多美国人倾家荡产。从 1920 年至 1929 年经济大萧条前，美国市场繁荣昌盛。在狡猾的股票经纪人的推动下，股票价格持续上涨。很多投资人受到一夜暴富和宽松的信贷条件的诱惑，开始借钱去购买那些毫无价值的股票。贪婪驱动他们无视风险，盲目相信虚假的证券信息。

20 世纪 20 年代，将近 2 000 万大大小小的持股者将他们的财产投入股市。在那期间新发行的 500 亿美元证券中，有近半数在 1929 年股市崩盘后变得一文不值。

跟随股市轰然崩塌的是人们对股市的信心。大小投资者以及贷款给他们的银行在紧随其后的大萧条中失去了巨额财产。为了恢复经济，重建人们对股市的信心，国会召开听众会，尝试发现和解决问题。

国会通过了《1933 年证券法》。《1933 年证券法》与《1934 年证券交易法》联合创建了美国证券交易委员会（SEC），规定公共证券的信息披露一致，制定诚信交易规则。这些法律的目的可以简单概括为以下两点：

1. 公开发行证券的公司必须告知人们企业、所售证券以及投资风险的真实信息；

2. 证券销售与交易者——经纪人、交易员、交易所必须公平、诚信地对待投资者，将投资者利益置于首位。

国会之所成立美国证券交易委员会（SEC）执行新证券法，就是为了维护交易市场稳定，最重要的是保护投资者。《1934 年证券交易法》规定发行公司必须在进行跨州交易前登记证券分配额，如股票。这样，投资者就有机会了解到发行公司基本的财务信息和投资证券所涉及的风险。

美国证券交易委员会（SEC）成立的契机正好是改革成熟的时机。1933 年与 1934 年法案的颁布为美国资本市场接下来的 50 多年的发展奠定了基础，并确立了信息集中储存、对公共开放的机制；而如今，互联网的发展也推动了证券市场的成熟完善。

D 条例、《萨班斯 - 奥克斯利法案》与监管改革

1933 年至 1982 年期间，美国资本市场的交易方式基本保持不变。1982 年，美国证券交易委员会（SEC）采纳了 D 条例，D 条例确立了《1933 年证券法》登记要求下的三个豁免条件，其一可以让某些遵纪守法的企业在一定情况下，不进行登记注册就可以发行证券。D 条例所认可的是合格投资者（accredited investor）。美国证券交易委员会（SEC）认为合格投资者有两个评判标准：一是其净资产；二是其收入，详述如下。

1. 净资产标准。净值资本的定义是合格投资者在购买证券时，其净资产在 100 万美元以上，其中不包括他的主要住所（净值资本可以是个人的净资产，亦可为夫妻双方共有的净资产）。

2. 收入标准。收入标准的定义是合格投资者近两年的个人收入在 20 万美元以上，夫妻双方的共同收入在 30 万美元以上。该投资者当年的收入也应预计达到这个水准。

在 2012 年《促进创业企业融资法案》（*Jumpstart Our Business Startups Act*，JOBS）颁布之前，公司向投资者发行股票时，必须限制非合格投资者（unaccredited investor）的数量。在 2010 年，如果你创办一家未能融到 500 万美元证券的小企业，想要招募股权投资者，那非合格投资者的数量就会被限制在 35 人以内（合格投资者的数量不限）。这种结构可以让你最亲近的支持者如家人和朋友，成为你的公司权益所有人，但却限制了你招揽更多的人进行存在高风险性的投资。这种方法也尝试解决导致大萧条的拉高出货阴谋（pumping-and-dumping schemes）。

可是，该条例的副作用是小投资者根本没有机会投资像科技创业企业之类的高风险高利润产业。因此，小企业和初创公司在筹集资金时颇感受限。此外，这个评判标准的潜在含义是小投资者自身能力不足，不像大投资者受过良好教育，世故精明，对风险判断到位。我们从"庞氏骗局之王"麦道夫（Bernie Madoff）的案例中可以推断，这个观念本身是存在问题的。

20 世纪 90 年代与 21 世纪初，金融结构和工具的创新让企业在投资中更具灵活性，伴随着高风险，新型金融工程方兴未艾。大多数时候，"灵活性"意味着"杠杆"，或将赌注压在股市的走势和其他金融工具的动向上。投入的赌注越大意味着，如果股票下跌，风险也就越大。当下的赌注正如其所预期的，那么就会有大笔收益进账。反之，当赌注押错了，结果则不堪设想。以下两个例子可见一斑。

安然（Enron）公司主营业务为能源、大宗商品和服务，总部位于得克萨斯州休斯敦。1995 年至 2000 年间，安然被誉为美国最具创新精神的公司。2001 年，安然申请破产保护，部分公司高层管理人员随后因金融犯罪被判刑。安然公司高层未在财务报表中披露离岸账户的巨额损失，欺瞒投资者，他们的金融"工程"最终导致了公司的轰然坍塌。数千名员工一夜之间失业，数百万安然股东损失十多亿美元。安然公司成为当时美国历史上最大的一宗破产案，一切都是因为其高层为了谋取私利，拿投资者的血汗钱当儿戏。

2002 年 7 月，在安然申请破产 7 个月之后，美国第二大长途电话公司——世界通信公司（WorldCom）在被发现财务造假，掩盖损失、虚夸收益后，宣布破产。世通公司的倒下同样导致了无数人丢了饭碗，投资者的数十亿美元凭空蒸发。

大公司因财务舞弊造假接二连三地倒下，联邦政府认为有必要加强金融监管。2002 年颁布的《萨班斯 - 奥克斯利法案》（*The Sarbanes-Oxley Act of 2002*，SOX）是对 20 世纪 30 年代以来联邦证券法最全面的修改整顿。《萨班斯 - 奥克斯利法案》涵盖了公司治理、财务管理、行业分析关系和财务报告问题。

尽管《萨班斯 - 奥克斯利法案》（SOX）的出台是出于加强监管的目的，却给资本市场交易带来了始料未及的负面影响，其中对想要上市筹措资金的小企业影响最大。因为《萨班斯 - 奥克斯利法案》（SOX）不论企业规模、行业、地点或市场如何，对所有企业一视同仁，即对企业而言，监管成本无疑是一笔沉重的负担。这样的调整看似合理，但试着想一想，要让一个夫妻档小店的财务报表达到福布斯 500 强公司的水准，似乎也太滑稽无理了。

不过，如果你的企业市值低于 1 亿美元，《萨班斯 - 奥克斯利法案》（SOX）可以有效地打消部分企业上市的念头，因为要启动首次公开募股（Initial Public Offering，IPO）计划的话，不仅要在会计与管理上需投入数百万美元，而且年审费还会超过 100 万美元。《萨班斯 - 奥克斯利法案》（SOX）有效地保证了 IPO 市场留给大型企业，却断绝了小企业获取资本的途径。初创公司和小企业只能从富有的风险投资家那里吸纳资金，而风投公司则在过去十年一直在调查决定哪家公司值得投资。即使这样，2 750 万家需要资金的企业仍然缺乏资金，其中大部分都不是高科技企业，而是效益较好的夫妻档小公司。

众筹的今天

随着互联网和电子商务的蓬勃发展，一些基本工具正取代非营利组织在线上和线下募集资金。人们越来越熟悉和信任网购，网购不仅让他们节约了时间和金钱，还促使他们越来越愿意涉足更多的区域、行业和感兴趣的领域。

2005 年，一家名为 Kiva 的小额贷款机构成立，这家机构旨在通过互联网从美国人那里筹措资金，然后为发展中国家的创业者提供小额贷款。美国人可以登录 Kiva 的官网，与发展中国家的人们直接沟通，提供 100 美元 ~1 000 美元的贷款，可以帮助发展中国家的小企业主们购买牛、摩托车和烤箱，让他们可以创业做点生意，带领家庭走出贫穷。美国的贷款人可以通过 Kiva 官网知道借款人的名字、情况，并能收到照片以及时掌握借款人的创业进展，直到贷款还清。贷款人可以直接与他们帮助的借款人联系，从而满足自己内心深处渴望参与自己之外的事情的成就感。

2008 年，美国等国家深受全球金融危机的重创，个人和企业遭受了巨大的财政损失，其中中小企业投资资本损失最为严重，影响最为深远。中小企业在募集资金与说服银行放贷方面总是很困难，金融危机之后，更是难上加难，几乎变得不可能。银行甚至不批准盈利颇丰的企业申请的贷款。大多数时候，企业需要一定金额的资产（通常高于贷款额）来作为贷款担保，银行才会考虑发放贷款。换言之，银行只会贷款给不需要贷款的人。可惜的是，1933 年与 1934 年颁布的证券法，使得企业获得资金的途径少之又少。

金融危机之后的 2009 年，陈佩里（Perry Chen）创办了 Kickstarter，帮助音乐家、艺术家们为他们的活动筹措资金。陈佩里自己拥有一支乐队，因此他深深地体会到在资金匮乏的情况下组织巡回演出或录制音乐的滋味，如果这些艺术家能够发动他们的粉丝后援团和支持者捐赠小额资金，积少成多的捐赠可以帮助艺术家达成目标，同时，艺术家可以以感谢的礼品回馈捐赠者，通常为艺术家的作品如 CD、电影 DVD 以及 T 恤衫等。这就是"微型艺术赞助者"的崛起。

推动众筹快速得到认可的第三次技术要素是社交网络的发展，即"Web 2.0"。Web 1.0 是消费信息和完成交易的时代。伴随着 Friendster、Myspace、LinkedIn、Facebook、Twitter 和 Instagram 的广泛流行，网络不再是消费信息和完成交易的工具，而是分享兴趣、沟通和建立关系的平台。你可以在网上结识陌生人，并在网上互相深入了解。

社交媒体的发展对奖励机制的众筹至关重要。它不仅让人们进行捐赠，还可以通过亲朋好友在社交网络上的口碑相传，鼓励其他人参与，扩大捐赠的影响力度。这样不仅可以让活动更加成功，还可以扩大规模，更好地发挥 Kickstarter 等奖励型众筹平台的作用。

2010 年 8 月，一群成功的企业家谈及美国及全球的小企业、盈利企业融资渠道的局限性。他们不能理解人们为什么会在 Kickstarter 和 Kiva 这类网站上向艺术家、甚至发展中国家的企业主捐钱？因为当时，在互联网上为企业家和生意人募集投资资本还属非法行为。证券法居然还没有进入到互联网时代简直让人不可思议，这使得已构成我们生活中的一部分的网络、社交网络等工具在筹措资金方面没有被充分利用起来。D 条例禁止网上众筹，因为筹集的资金可能来源于非合格投资者。投资者们不禁自问："为什么我不能给我信赖的社区和企业家们投资呢？"

随着移动互联时代的来临，社交网络与资金筹集在此汇集，激情碰撞。众筹融资分为奖励众筹和股权众筹。这群企业家们起草了《创业豁免框架协议》（*Startup Exemption Framework*），为 2012 年《促进创业企业融资法案》（JOBS）的通过奠定了基础。企业家们坐在餐桌旁，琢磨着D条例字里行间的深意，编写了该框架协议，企业家和小生意人每年可以至多募集100万美元，而且投资人的数量不受限。

这群企业家咨询了证券律师，律师劝他们不要浪费时间，相关法律77年都没有修改，他们只能是心有余而力不足。但企业家们并没有气馁，他们要求约见美国证券交易委员会（SEC）小型企业部负责人。小型企业部的负责人称："我们不做这样的修改。你们需要的是国会通过的法令。"企业家们既没有放弃，也没有驻足抱怨，而是充分发挥了他们的企业家精神，向国会提出了解决方案——《创业豁免框架协议》，呼吁议员们的支持。他们踏实稳重，与白宫、参议院与众议院的民主党和共和党展开了辩论和讨论，如何立法支持众筹，以解决美国当时所面临的紧迫需求——增加就业机会、鼓励创新和企业家精神。凭借着天时地利人和，该提案在两院两党中以压倒性的多数票通过。2012年4月5日，距离他们游说国会大厅整整过去了460天，这群企业家们包括本章的作者们，出席了在白宫玫瑰园举办的庆典活动，见证了奥巴马总统签署《促进创业企业融资法案》（JOBS）。他们的辛勤工作得以在《促进创业企业融资法案》（JOBS）的第三章展现，即本书的第3章。

显然，如果要开创一个美国证券交易委员会（SEC）监管的新的资产种类和全新的行业，就必须成立行业协会。这群企业家们共同撰写了《众筹中介规范倡议》（*Crowdfunding Regulatory Intermediary Advocates*，CRIA），与美国证券交易委员会（SEC）、美国金融业监管局（Financial Industry Regulatory Authority，FINRA，该组织负责监管美国证券）共同活跃在众筹监管舞台。他们呼声一致，齐心协力地为众筹平台共建了一个众筹融资的规范市场。他们还组织成立了众筹行业协会（Crowdfunding Professional Association），为初创企业、小企业和投资者们共同搭建了一个社交、教育和合作的平台。

2012年夏天，美国证券交易委员会（SEC）颁布《促进创业企业融资法案》（JOBS）第二章的最终条例，着手监管众筹。《促进创业企业融资法案》（JOBS）第二章要求美国证券交易委员会（SEC）解除对合格投资者大范围募资的禁令。最终条例允许企业家们通过公开途径如网络等吸引投资者，只要他们能够证明该投资者的信誉。在这之前，投资者承担举证责任，需要证明自己的信誉，而现在举证责任转移到了发行人身上。有人反对称，强制信息披露会让投资者产生抵触情绪，但也有人支持，认为像会计事务所等第三方信息为投资者认证，有利于保护个人隐私。

最终条例还明文禁止“累犯”参与证券发行，旨在减少资本市场上的诈骗。所有证券必须在发行前 15 天提交至美国证券交易委员会（SEC）审核。本书会在之后的章节介绍相关法案最新修改的详情。

2013 年 9 月，大范围募资的禁令正式解除。由于禁令解除刚生效不久，因此对投资和投资者的影响还有待评估。

本书执笔之时，美国证券交易委员会（SEC）尚未公布对《促进创业企业融资法案》（JOBS）第三章众筹相关条例草案的评估，众筹的历史进程尚未就此终止。相信众筹融资行业将在美国证券交易委员会（SEC）和美国金融业监管局（FINRA）的支持下蓬勃发展，并为他们思忖如何为众筹立法提供了丰富的评论、视角等素材。

与此同时，世界并没有停下前进的步伐，等待美国立法。英国已经在运作股权众筹和债券众筹平台；意大利已经通过众筹融资立法，限制发行人必须为高新技术公司，投资人必须由天使投资人领衔。尽管意大利率先立法，但是外界仍批评他们遗漏了那些最需要资本的企业——小企业。其他的国家依然在徘徊，如何创建众筹投资机制为民众谋福利。同时，世界银行等发展组织正在积极活跃地研究适合发展中国家的众筹模式。有没有办法可以让发展中国家在这个新的资产类别上超越发达国家？最知名的案例就是移动电话在中国的普及，让千千万万以前从来没有用过电话的人紧密联系在一起。

发展组织尝试解决的另一个问题是如何真正地让企业获得资源和资本。世界上大多数国家领导都面临同样的挑战，即如果利用补贴企业、创业和就业的专项拨款，把资金交付到万事俱备只欠东风的“对的”企业手里。这样的判断没有办法达到百分之百的准确，问题就转化成了这些企业是否能够有效地利用众筹投资及 / 或众筹平台，发出积极的“信号”，告知公众，这位企业家值得人们投资。世界银行及其他国家政府正在研究如何解决这个问题。英国政府进展最快，他们向英国债券众筹平台 Funding Circle 投资 2 000 万英镑（约 3 000 万美元），与之携手共同投资。

表 1—1 众筹投资发展时间表：法规日趋严格

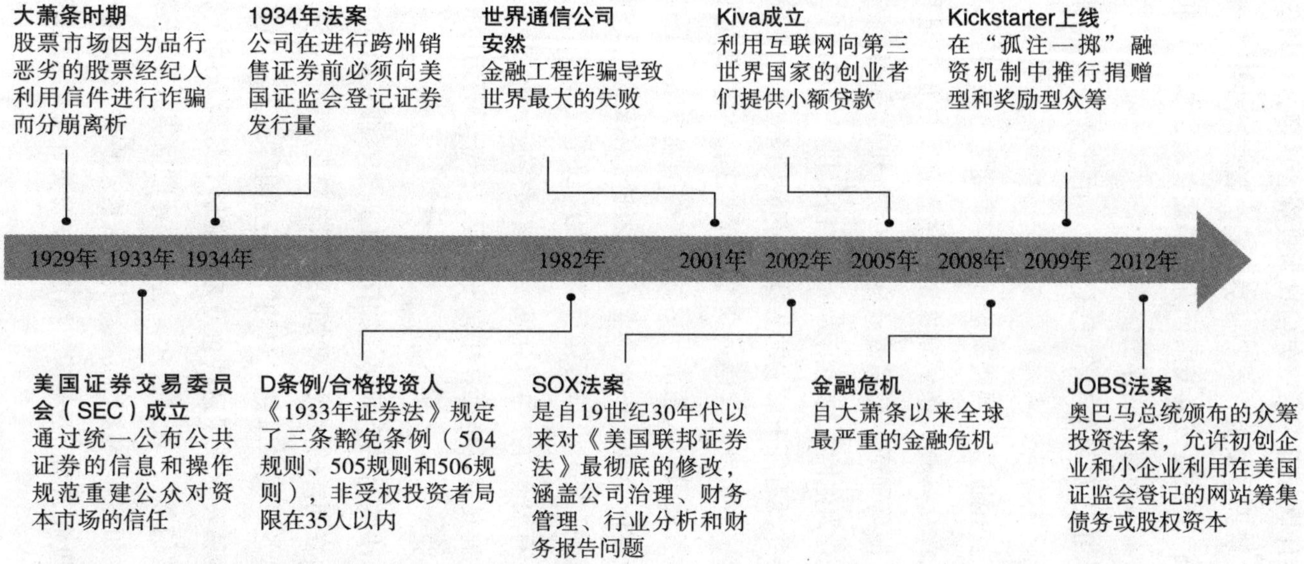

众筹是否会成为一项解决市场效率低下问题的新技术或商业流程呢？如果是的话，为众筹创造一个良好的生态环境的契机又是什么？社交网络时代开始时，只有社交网络。Facebook 向研发人员开放应用程序接口，鼓励各大公司研发 Facebook 应用，由此创造了一个有上千企业参与的生态环境，而已经在这样一个大环境中创造价值的数百家参与企业在其中发挥了巨大的作用。我们相信移动互联时代已经到来，也为能够见证它的茁壮成长感到激动不已。

众筹的历史跨度之长，至少有几百年的历史。而众筹投资却刚刚兴起，其发展前景广阔，但潜在的风险也很大，这就需要各行各业联合政府一起来应对解决。众筹对企业家、中小企业主、投资人及监管人来说都发起了挑战，对精明的企业家来说却是难得的商机，他们可以利用新技术来解决美国甚至全球的市场问题。这个新的资产类别就是在这样一种历史背景下诞生的。我们相信，如果众筹利用得当，那么展开商业创新、发扬企业家精神和促进经济增长等方面都将释放出巨大的潜力。

Crowdfunding

第2章
何为“众”筹

凯伦·克里根，中小企业协会（SBE Council）

二十多年以来，中小企业都面临着起步和发展资金短缺的问题，而我一直在为他们奔走呼号。是的，经济健康发展时期，资本的流动似乎是更自由了，但是大多数时候，很多发展潜力巨大的企业即使是在经济良好的时期，他们的发展路上也都横亘着一只拦路虎——发展资本短缺。过去五年以来，命运似乎待企业家不善。紧随大萧条而来的金融危机、政策的不确定性和脆弱的经济复苏形势都让企业家们的融资难上加难。然而，金融圈里发生了天翻地覆的改变，这正是人人争当企业家的好时机。

2012年，美国国会和奥巴马总统终于注意到了企业和创业团体缺乏可用资本的呼声，联手推出了应对政策——《促进创业企业融资法案》（JOBS），同意企业通过众筹募集投资资本。2012年4月，奥巴马总统签署了《促进创业企业融资法案》（JOBS），企业家和投资人备受鼓舞，同时迫切期待着美国证券交易委员会（SEC）通过决定众筹基本法则的第三章规定。

美国证券交易委员会（SEC）在面对《促进创业企业融资法案》（JOBS）第二章时，态度积极，解除了不合时宜的大范围募资禁令。2013年9月23日，追逐投资资本的企业家们得以向合格投资者进行公募，享受到了一路绿灯畅通无阻的待遇。企业家们能够开放地传递融资需求，这无疑是创业大环境的重大改变。美国现有

25.8 万名活跃的合格投资人，另外，2013 年 7 月政府审计局（Government Accountability Office）还审查确定了 850 万美国人的合格投资身份。因此，企业家们不仅可以接触更多的投资人，而且还可以达到更大的交易流量。尽管当时美国证券交易委员会（SEC）在改变法规上徘徊犹豫耗时过长，媒体关于《促进创业企业融资法案》（JOBS）众筹实行方案被叫停的报道甚多，很多人对《促进创业企业融资法案》（JOBS）的实施付出了万分的努力，追踪形势的发展确实会让人灰心气馁，但总算是迎来了胜利的曙光。《促进创业企业融资法案》（JOBS）激发了美国民众对众筹的兴趣，奖励性众筹融资迅速增长。此外，合格投资人对众筹融资逐步形成规模，随着大范围募资禁令的解除与生效，资本市场发展势头会越来越强劲，大家只希望美国证券交易委员会（SEC）不会出台有违《促进创业企业融资法案》（JOBS）的新法规，干扰众筹稳步前进的步伐。复杂繁冗的法规条例只会降低企业家们和创业家们的融资效率。

根据 Massolution 调查公司的《2013 年众筹行业报告》（*2013 Crowdfunding Industry Report*），2012 年众筹已经在全球募集到了 27 亿美元，比 2011 年增长了 81%。Massolution 调查公司估算 2013 年可众筹 51 亿美元，并且大部分资金会流向企业。因此，即使《促进创业企业融资法案》（JOBS）延期实施，企业也确实能够通过众筹成功融资，这的确是一个好消息。这些企业家们通过奖励型众筹、捐赠型众筹融资成功后，可以为其他企业顺利融资提供大量信息和分享策略，更好的方法也将层出不穷。此外，正如上文所述，各类众筹平台为潜力企业和合格投资人牵线搭桥，为企业家们创造了更多的机会，掌握了更多的知识，也拥有了更多的选择。

优质的企业家和创意

众筹筹资并不像在公园散步。根据 Kickstarter 的报道，44% 的项目通过 Kickstarter 平台达到了它们的筹资目标，而这个百分比与其他平台相比低太多。Kickstarter 要求企业 100% 的筹集目标资金［这也是《促进创业企业融资法案》（JOBS）对股权众筹的要求］。只有 33% 的技术项目成功募集了所需资金。因此，众筹平台也无法保证你仅在平台上为自己的事业或创意发布需求和情况介绍，就能筹集到所需的资金。然而，的确有更多的投资人了解到了众筹所呈现出来的优势和机会，这对企业家来说也是可喜可贺的进展。投资人只要相信你、相信你的创意或者是相信你商业拓展计划，你就有机会筹集到资金。

众筹让获得资本的途径更加民主、更加开放。不管你身在何处，你可以向很多潜在投资人推销你的想法和创意。你不一定要住在硅谷或者纽约，也不用绞尽脑汁去破解风险投资家已经关闭的社交网络，去争取获得融资的一线机会。你可以利用你的社交关系寻求经济上的支持。在股权众筹和债务众筹的协助下，你身边的“普通”投资人或国内其他地区的投资人都可以发现你，了解你，对你的企业进行投资，甚至经验丰富的天使投资人和风险投资人也有可能会在众筹平台上发现你。至少，对你而言，你的项目或创意的优势和劣势直接决定了你众筹的成功或者失败，而不是根本没有机会向风险投资人去陈述你的想法。

尽管众筹让你有机会接触到全国的潜在投资人，但切记投资人的期望值也是相当高的。随着竞争的日益激烈，企业家们必须充分做好准备，全面地展示他们的潜质和能力，对投资者来说，优质的商业机会和创意才是最重要的。事实上，沃顿商学院教授伊桑·莫里克（Ethan Mollick）在其2013年4月所著的最新力作《众筹动力学：成与败的决定因素》（*The Dynamics of Crowdfunding: Determinants of Success and Failure*）一书中证明了像我这样无论是《促进创业企业融资法案》（JOBS）通过前还是通过后都会一如既往地拥护众筹的支持者，都会有侧重地选择优秀的企业家和创意，进行详实地调查后，再决定是否要投资。

莫里克审查了2 000多个Kickstarter的项目，发现“业余投资人”和职业投资人的诉求是一致的。莫里克留意到：“尽管业余投资者和投资专家很多地方存在分歧，但是他们最终都会通过挖掘成功的潜质，来评估一个处在起步阶段的项目是否具备成功的能力。”风险投资家通过寻觅项目成功必备的品质来衡量项目的可行性，而众筹投资者也是同样的做法。

企业家们想要通过众筹扩大生意规模、推出新的产品和服务或者尝试为一个产品开拓新的市场，具备成功的品质对他们来说意味着什么呢？意味着一切与业务相关的事物——品牌、团队、机会、宣传与他们本人都应该彰显优秀的品质、充足的准备工作和势在必得的自信。

这一点在莫里克对成功众筹项目的共性研究中得到了验证。莫里克发现，如果企业家或企业创始人能够证明自己过去的成就，得到了富有影响力的第三方背书，在募集资金时就更容易成功。而录制一段精彩录像或者展示样品等都能够证明你胸有成竹的准备。但最根本的是，投资者们对融资的企业家们都怀有非常高的期望，从而对其要求也非常高。因此，展现自己的竞争力、可信度和准备充分对企业家们来说都是非常有必要的，而且企业家的创意或商机必须是可行的和优质的。

企业家们也必须明白何为众筹。我所遇见的一些企业家对众筹知之甚少，也不明金融行业的发展走势，对此，我感到非常诧异。巨大的改变正在发生，众筹必定会不断发展成熟，最终成为重要的融资工具。企业家们不仅需要适应这种融资工具的透明性，更要擅长利用社交媒体、录像及其他技术工具与顾客、供应商、潜在客户及金融家打交道。

很显然，了解众筹最佳的方式是访问不同功效的在线平台，搜索小企业项目，投资你认为不错的项目。你可以投入小额资金（如果你想得到额外收益，也可以投入大额资金）去研究众筹项目中的沟通交流是如何进行的，从寻求融资的企业家们身上学习他们成功和失败的经验，告诉他们你的意见，看看他们是如何回应的。一旦进入这个领域，你可以迅速感受到众筹文化的氛围，感受到投资者们想要从渴求资金的企业家们身上得到什么。

巩固众筹之基石：抓住重点

环游世界的经历让我有幸遇见了形形色色的人，无论女人、年轻人还是其他处于不同困境的人，他们都满怀希望，想要成为成功的企业家，渴望了解成功经营的秘诀。事实上，成功企业家的特质并不是秘密。这些特质就是：激情、自律、坚持、耐心、思想开放、灵活、追求卓越和服务意识。

很多企业家如果能够精心打造自己的人际沟通能力和领导力，走出自己的舒适圈，在不同圈子的人中游刃有余，那他们一定能够率领他们的企业登上新的巅峰。如果企业家们能够拥抱改变，而不是害怕，他们一定能够在变化莫测的市场中发现商机，抓住机遇；如果企业家们能够灵活敏捷地提出新想法，接受新观念，一旦条件成熟时，很快就能成为新的焦点；如果企业家们能够保持一颗勤学好问的心，那他们就能够掌握市场变化规律，赢得客户的支持，营造出良好的创新环境；如果企业家们能够做到多跟客户交流，他们就会对自己的产品和事物产生不一样的见解，更加了解客户的需求，引导产品的创新潮流，增强市场竞争力，开拓更加广阔的市场；如果企业家们打算通过众筹来融资，那这些就是成功进行众筹融资的必备技巧和方式。

众筹平台的创始人钱斯·巴奈特（Chance Barnett）认为如果企业家们希望通过众筹融资，那就需要重点扩展以下领域。

首先，企业家们需要在个人沟通能力的流利程度和熟练程度上苦下功夫。巴奈特称："归根结底，就是要知道如何向投资者们推销你自己和你的公司，重中之重在于一定要讲出一个精彩而有说服力的故事，让人们觉得你和你的企业是值得信赖的。"成功的企业家在沟通能力方面从不逊色，他们都十分擅长分享自己的愿景。他们的沟通能力让团队的人能够齐心协力地朝着一个共同的目标努力，他们的激情能够感染每一个人。他们知道如何去讲述故事，传达信息，打动人心。巴奈特建议，企业家门应该正确评估自己的人际沟通能力，真诚地询问自己的家人、朋友、员工、客户和同事，听听他们的答案。如何提升你的口才，形成自己独有的风格？你在谈话中是否经常一个人滔滔不绝？因此，在工作交流、私下与人谈心时，在录制网络视频、写邮件或者和朋友聊天时，在和投资人直接沟通交流时，你需要不断演练自己讲述故事的技巧，这对赢得投资人的垂青十分重要。

舍伍德·奈斯（Sherwood Neiss）是一名成功的企业家，创办了众筹资本咨询公司（Crowdfund Capital Advisors）。他在他的作品《众筹从入门到实战演练》（*Crowdfunding for Dummies*）一书中强调了有效沟通的重要性。他写道："企业家经常需要录制视频在互联网上融资，那么他一定要施展魅力，说话果断，博得众多投资者的欢心。"你不仅要做到有效沟通，还要做到高效。投资者向你发问时，你要能及时作答。也许有些投资者没有搞懂你的商业计划，你要能够迅速反应，进一步与投资者们沟通对话。奈斯还说："企业家与投资者的沟通速度、沟通频率和沟通契合度决定了投资者对企业家的信任度。"

其次，巴奈特也建议企业家们学会投资者的语言，对于投资者语言的理解有助于企业家与投资者畅通无阻地进行交流，并有助于他们在网上做演示、进行商业计划陈述和视频演讲时有效地组织语言结构，以风趣的方式提供尽可能完善的信息。巴奈特说：

如果你愿意花时间坐下来聆听两位投资者讨论一项投资，你就会发现他们对投资项目的描述与企业家的描述截然不同。他们可以在一两分钟之内讨论完大部分问题。投资人看待投资项目的视角是特定的。他们更多考虑的是整个市场潜力、管理团队的经验、目前和未来的现金流、有蕴涵的经济形势、公司和投资者的最终结果和退出策略。

巴奈特还补充道，投资人投资的不仅仅是项目，还有人。当然，企业家的项目创意是否优秀，大概可以让投资人决定是否投资，但是如果投资者不相信企业家的执行能力，投资计划也会泡汤。在这种情况下，如果企业家与投资人有过往交情或者建立了信任，绝对会有帮助；如果企业家能罗列出自己以往种种成功经营的范例，那么从投资人腰包里掏出资金并不难；如果得到了第三方背书，并在投资人的社交圈里有人跟企业家相识并相信企业家的能力的话，这无疑是锦上添花，可以一锤定音。

社交媒体对当今社会和市场的影响不可估量。如果你认真积累了“社会资本”，你就会惊奇地发现它在众筹中给你带来的好处。通常，成功的企业家都能够自己建立社会关系，他们知道怎么样和有用的人联络感情。企业家往往都是物尽其善地在社交媒体中通过利用自己的社会资本，促使众筹融资得以成功。

最后，企业家们需要观察自己身边的社会资本——其数量和价值。你的顾问、位高权重的朋友和客户、管理团队、投资人、媒体或者其他人，他们可以帮助你挣钱盈利。这些关系能够产生经济效益。也许你很清楚自己的社会资本，却没有通过社交媒体跟它们更加紧密地联结起来。或许你还没意识到，你个人的社交圈对争取众筹融资能够发挥很重要的作用。有的人通过支持你或者直接进行投资，认定你为一名成功的企业家。正如巴奈特所言，社会资本就是投资人社交圈中的某位朋友对其的“社会认可”，这就是最强有力的佐证。

这样的认可基于真正的成功，不仅依靠第三方背书，而且还要靠你在向投资者们汇报商业计划时，与之交流中赢得的信任。企业家的成功计划，就是他们知道自己想要取得什么样的成就，规划直达道路。计划与项目本身都淋漓尽致地呈现了他们策划项目时的细致程度和智谋水平。当然，企业家们有很多资源可以帮助他们完善商业计划，众筹网站也提供相关的指导和范例。一份内容完整、结构清晰的商业计划书能够答疑解惑，让投资者对技术支持、发展方向和潜在规模等一目了然，从而帮助其树立起投资的信心。

问题的核心在于企业家们需要证明其过去所取得的成绩，展现投资将会带来的巨大收益和成功，才能达到众筹投资者的期望值。如果企业家目前尚不能证明他们所取得的成就，那就需要继续勤耕不辍，完善项目计划，为客户提供更贴心的服务体验，在盈利的前提下想方设法扩大客户规模。巴奈特还在书中提到：“如果你能做好这两件事情，处理所有其他事情时一定会更得心应手。”

找到解决方法，满足需求

众筹之美在于简单纯粹——它满足了人们的需求。众筹将发起人、企业家与顾客、市场、意向投资人或买家直接联系起来，既省去了请价格不菲的市场调研公司和信息传递人员的费用，也不会听到怀疑的声音。公众会确定项目是否吸引人，以决定自己的去留。

如果发起人不认真对待自己的创意或项目，他们不仅得不到大家的支持，还会听到冷言讽刺，甚至直接没有回音。尽管如此，有机会接触到一群潜在投资人的好处是发起人可以不费吹灰之力从公众那里得到信息反馈，避免犯下代价太大的错误。本来是专门为企业家和项目服务的众筹平台现在也创建了投资者版块、顾问版块和专家版块，打造了一个多方受益的生态环境，以帮助发起人获得更多知识和信息。当发起人在众筹平台上上传了自己的项目信息，就意味着他们面前有巨大的成长机会和投资资本等着他们去争取。

显然，了解如何成功众筹集资的最有效学习工具就是去学习各种各样的成功案例。媒体的目光一直聚焦在成功获得百万元众筹融资的公司身上，比如 Pebble 智能手表，支持 APP 和可定制，在 Kickstarter 上融到了 1 000 万美元的资金，远远超出了最初 10 万美元的预期融资计划。还有苹果手机基座 Elevation Dock，用户体验相当不错，融到了 150 万美元，远超过预期融资 7.5 万美元。这两个精彩的成功案例再次说明了，只要能够解决用户的需求，众筹就必会伸出援手。很多人直接预订

Pebble 智能手表和 Elevation Dock 手机基座，为生产订单注入了资金。

企业家和创新研发人员越来越支持预售，以检验市场对他们产品的反应，以及是否可以引导潮流。Crowd Supply 等专业平台举办产品推介活动、提供专业技术咨询，并出售在其他众筹平台上获得支持的产品，满足众筹市场需求。Crowd Supply 还帮助反响热烈的产品活动（在其他众筹平台举办）保持势头，接手活动结束时超出预计的产品订单。Shopstarter 也提供同样的服务。Crowd Supply 还为需要邮寄产品的众筹活动提供快递业务，按时履约。众筹产品和服务的电子商务、客户关系管理、履约、后端支持等新兴商机和服务促成了众筹今天的成功，也为众筹赢来了一片光明前景。

众筹先锋们充分利用众筹的“众”检验产品的市场潜力，从而打破了消费者产品市场的陈规。进行预订的消费先锋也给企业家们上了宝贵的一课，告诉他们如何通过众筹去考察一件产品，如何营销众筹产品，如何策划预订活动，如何保证产品的追捧势头以及如何在活动后保证业务的持续发展。马克·海耶斯（Mark Hayes）在 Shopify 上撰写了一篇名为《如何在 Kickstarter 上成功地举办活动》（*How to Run a Successful Campaign on Kickstarter*）的文章，文中对 Kickstarter 上最成功的融资人进行了采访，向他们提出了一些在活动期间和活动之后做了哪些“正确”的事情、哪些“错误”的事情的问题。他们的回答值得我们深思。

“正确”之举

Pebble 智能手表的创始人艾瑞克·米基科夫斯基（Eric Migicovsky）认为他们做得最正确的事情就是在 Kickstarter 网站上上传了“用户秀”来展示 Pebble 智能手表的功能。支持 APP 的定制手表一方面可以通过蓝牙与苹果手机、安卓手机相连，另一方面则可以通过邮件和短信与订阅用户相连。“用户秀”实际上就是图片形式的 Pebble 智能手表的实用教程。“我们知道没有人会一觉醒来，无缘无故地产生购买一只智能手表的冲动。所以我们的工作就是找到合适的方式告诉潜在客户他们可以用 Pebbles 手表来做些什么。”米基科夫斯基在接受 Shopify 采访时说到。米基科夫斯基还找到了一个可靠的用户——他的母亲，并听取了她不少的意见。

成功的企业家善于挖掘问题，解决问题。他们会询问朋友、家人、潜在客户的看法，并对此进行市场营销调整，米基科夫斯基对 Pebble 智能手表就是这样做的。他们一定会让他们的产品或服务展现出满足客户需求或者解决问题的一面。显然，Pebble 智能手表做了不少正确的事情，才能跻身为目前众筹融资金额最高、最成功的项目。

神奇的 Coffee Joulies 饮品恒温器发明者戴夫·佩罗（Dave Petrillo）和戴夫·杰克逊（Dave Jackson）研发了一种外观像放大的咖啡豆的不锈钢物件，可以让咖啡保持在一定的温度不变。当他们在拿到筹得的最大一笔资金时，甚至不知道基本的客户关系管理方法。佩罗和杰克逊忙于众筹活动，无从发现自己的决策有多么明智：

我们做得最好的事情是在 Kickstarter 众筹活动结束以及 Shopify 平台上开始销售期间，让潜在客户自行选择订阅我们的邮件。我们当时甚至不知道，建设一个强大的邮件信息库对公司来说是多么重要的资产。开售时，向订阅用户发送邮件既简单，又价值非凡。

初创企业每天都要处理诸多繁杂的工作，很容易忽略重要细节。对企业来说，不忘初心是至关重要的。正如管理学大师彼得·德鲁克所说：“企业的目的是创造客户。”企业家们可以从众筹中获取非常有价值的数据，对数据的合理利用有利于促进销量增长和企业发展。仔细研究数据，可以找到对你的产品或服务表示感兴趣的客户，他们对你的企业来说都是不可多得的财富。

艾迪·蔡（Eddie Tsai）通过 Kickstarter 开发了顾客对翘胡子领带夹（Tsai Clip）的需求。在融资之前，他说：“宣传报道的确给我们带来了知名度。”只要知名博客上发表了对翘胡子领带夹的专栏报导，其他媒体报导就像滚雪球一样，越滚越多……Uncrate、Cool Material 等大型网站，还有 Hanlebar 杂志等媒体专门对翘胡子领带夹进行了宣传，点击率高，这对其火热销售有着重大的意义。

对自己创意、项目野心勃勃的企业家会努力做好每一件能够帮助他们达成目标的事情。很多企业不擅长将媒体纳入战略决策，在利用媒体开发顾客兴趣方面还有待加强。艾迪·蔡利用媒体让翘胡子领带夹得到了前所未有的媒体报道和关注，证明了普通媒体的力量无穷无尽，不一定非要 CNN 或 CNBC 进行采访才能掀起舆论浪潮，小众而专业的媒体和博客能够更好地宣传专业产品，进军细分市场。例如，如果你有一款特别的输油管，那就不妨为媒体宣传准备一个打动人心的背景故事。媒体报道可以适时支撑你的创业理念，增强众筹活动的影响力。

澳大利亚人罗伯·沃德（Rob Ward）和克里斯·比德斯（Chris Peters）近期就让车尾派对增添了不少乐趣。他们研发了一款装有啤酒开瓶器的苹果手机壳 Opena，并预感到这样的开瓶器会很有特色，会一炮而红。他们的预感在 Kickstarter 上得到了验证。很快，他们就进行到了以下阶段：

对我们真正有益的一件事是 Kickstarter 的众筹项目活动一结束，我们网上的商店已经筹备好了，随时可以上线。大量的媒体在我们众筹活动的最后一天进行了报道，我们预见到很多人会访问 Kickstarter 活动页面，但很快会发现我们在其平台上发起的项目已经结束了。我们并不想失去这些潜在的支持者，于是在 Kickstarter 上设置了跳转，直接链接到我们的网上商店，可以进行产品预订。

充分准备、先发制人的确是成功企业家的特性。Shopify、Big Cartel、Big Commerce、Vendder 等一条龙服务商业网站（turnkey e-commerce sites）让众筹成功的创业型企业没有理由不迅速朝着“真正的企业”过渡。成功的商业增长就是其成长的动力，所幸的是，21 世纪的企业家在专业公司和技术的帮助下将会变得更加有效率，可以大力地扩大规模。

“错误”之举

纽约城边的一群年轻工程师们发明的拉莫斯闹钟（Ramos Alarm Clock），可谓是集创新与新潮卖相于一身，很快就在 Kickstarter 上走红。这群年轻的企业家在他们的创业成功方面收获颇丰。拉莫斯的联合创始人保尔·沙姆特（Paul Sammut）告诉海耶斯（Hayes）：

我们做的决定很大程度上遵循了处理原型的思维惯性。常常有人提醒我们要将每一件事做到完全与众不同，而不是做同一件事情 500 次、600 次。我们为客户提供的产品在项目初期都看似容易，但在实际的生产过程中，最后提交的产品中都融合了很多复杂的创意。我建议在大批量生产前，认真地研究如何简化产品，将变化尽量控制到最小。

沙姆特的话让我不禁想起拉莫斯的至理名言——大智若愚，大道至简（Keep It Simple, Stupid，KISS）。正如沙姆特所说，从他的经验看来，完善核心产品一定是重中之重。在 Kickstarter 上为客户提供丰富的颜色选项是一方面，新产品较原始设计变化太大也说明了一些问题，并会付出昂贵的代价。沙姆特也认识到了与上百名支持者沟通交流的不容易，尤其是在没有员工辅助支持的时候。规划了未来发展的企业家们往往都会做好万全的准备工作，面对突如其来的问题时能够从容应对，如“假如众筹活动成功了，我该怎么做？”、“我们有没有能力来让项目成功，来兑现我们的承诺？”

杰西·菲利普斯（Jesse Phillips）研发了可以粘贴在墙上的新年年历。他为 Kickstarter 上的活动能够一举成功做了很多正确的事情，也销售了不少年历。但是，他对海耶斯坦白，他曾经也错失过一个很好的机会：

曾经犯的一个错误让我至今耿耿于怀。我居然没有为产品进行客户调查！如果我进行了客户调查，我会知道客户想要的是可擦拭的日历。因此，很多本来对日历感兴趣的顾客不使用我的产品，让我失去了成千上万份订单。我打算明年研发可擦拭的日历，但是那些顾客会回头购买吗？也许不会。如果我之前花一点时间去向人们演示我的产品，听取他们的反馈意见，那我就可以研发出使用价值更高的产品。可是，我当时害怕去了解人们的想法，选择了在 Kickstarter 上举办活动，而没有寻求可信的意见。

菲利普斯的真诚反思说明了市场调研的重要性，哪怕就询问身边的家人、朋友和同事的意见，结果也会不一样。菲利普斯本来应该问什么问题呢？什么可以让产品更加实用呢？菲利普斯这样激励大家：

错误并非是件坏事（一般情况下），错误能够锻炼人。换言之，不要因为避免错误而拖延创业。你永远都不可能掌握最全面的信息，也做不出最完美的决定。所以，从调研开始，认真投入你的事业，犯错，再从错误中学习、成长！

希望菲利普斯已经战胜了恐惧，敢于询问别人的想法。

纵横商界，难免会错失机会。如果你身边有顾问和导师，他们能够帮助你减少犯错。企业家在众筹平台上与投资人、潜在投资人和顾问交流时，常常会谈及“假如”、“你对此持什么看法”等问题。众筹融资平台在将企业家和合格投资人联系起来时，都不可避免地进行这样的互动交流。众筹平台营造了良好的生态环境，最终将会在企业家和投资人中牵线搭桥成功，一旦美国证监会最终确立《促进创业企业融资法案》（JOBS）条例，众筹将会发挥更大的作用。

小企业主如何准备众筹

准备股权和债务众筹的最佳方式就是组织。如果你的项目进行奖励型众筹或捐赠型众筹融资合情合理，为什么不尝试一下呢？如果你确定了要做，一定要努力达到理想的成果。这样的经历会让你的商业计划书站得住脚，也会让你可以与潜在投资者分享你的一些成功正面事迹。如果你的项目的确需要进行股权或债务众筹融资，有一些实用的方法可以帮助你在美国证监会最终确立条例通过后，开始股权或债务众筹融资。

调查所有众筹平台，研究哪一个平台与你的项目、企业需求契合度最高。不少专注特定行业的众筹平台如雨后春笋般地先后上线，随着众筹和众筹投资日臻成熟，众筹平台发展空间也就会越来越大。如果有众筹平台可以让你立刻与众筹社区交流，能够建立关系与信任，那你就可以在平台上上传简历资料了。

根据你的理想筹资金额，制订一个合理的筹资计划。你需要多少资金，如何使用这些资金来扩展你的商业版图？如何给投资人创造收益？如果你希望以股权或债务的形式进行融资，你要向投资者展示你将如何给他们创造效益。你所在行业的不同，收益的形式也不同。如果一个平稳发展的企业已有收益，那可以向投资人申请进行债务投资。只要在指定时期定期向投资人还债和支付一定收益即可，或者根据借款金额提前规定回报，这两种方式皆可。一家具有巨大发展潜力的公司支付回报前有一段初始孵化期，并且其年收入有提高的潜力或者该公司的潜在收购方对其十分重视。在这种情况下，股权融资比较合适。

建立社交资本。在社交媒体上，与你的社会关系如顾问、管理团队、重要的客户、咨询师、同事等认可你在商业领域所取得成就的人多进行往来互动。那你又该如何在众筹活动中有策略地利用你的人脉关系呢？

强化你的社交媒体人脉圈。社交媒体不是一时流行，尽管你可能现在尚未认识到合理利用社交媒体给你带来的收益率，也没有办法对其价值进行衡量，但是众筹之所以能够发展壮大就是得益于社交媒体的发展。如果你无心打理你的 Facebook，Twitter 和 LinkedIn 账号，不妨动脑筋思考一下如何让一天的发布、转发、点赞和一次或两次的消息分享变得更简洁方便。你有没有生产新的产品，提供新的服务或者进行特别促销活动呢？有没有特别的顾客跟你分享了好消息呢？企业有没有进入新的里程碑阶段或者达成了特别的目标呢？本周的最佳员工是谁？在社交媒体上分享这些新闻吧。普通人一天花费三个小时在社交媒体上。你的社交媒体关系，甚至他们的朋友和粉丝都有可能成为你的下一个投资人。

定期地更新企业进展，即在你注册了的众筹网站上更新信息。你可以围绕你的企业设计有吸引力的报导，与该众筹平台的投资人、其他企业家、专家和顾问之间建立友好的关系，夯实互相信任的根基。这些众筹平台本身就是社交媒体。与那些和你有着共同兴趣或者对你的企业有益的人保持联系。

通过信息更新增进企业目标和里程碑式的沟通。达成了阶段性的目标甚至超过了预期目标，都可以在你社交关系圈中进行宣传。这些信息可以吸引潜在投资人的目光，建立起信任感。

准备好接受投资。《促进创业企业融资法案》（JOBS）要求发行人必须组成公司或者是 S 类公司。你需要准备财务报表，并及时更新。如果你预计筹资 50 万美元以上，《促进创业企业融资法案》（JOBS）规定你的公司必须雇用审计专员。

这桩“买卖”如何？找一位有着丰富融资经验的导师进行认真学习。尽可能地寻求法律指导、调研资源方面的协助，如在 DocStoc.com 上，你可以找到募资需要的文件。试着增加公司的价值，也就是增加股份的价值。

大胆规划梦想。你是不是一心一意地想要发展企业？如果是，你应该本能地去接近那些能够助你成功的人脉、资源、信息、培训和关系。这样的眼界和自信会在众筹活动中自然流露出来。

像投资人一样思考。正如上文众筹平台创始人兼天使投资人和商业顾问钱斯·巴奈特所提及的，企业家们学习投资者的语言和了解投资者的思维非常重要。对寻找投资资本的企业家们来说，研究投资者和投资者作出投资决定背后的动机是明智之举。当众筹正式运作，经验丰富的投资者们的决策将会影响公众的思维和想法，新的投资者会追随他们的脚步。巴奈特和我的机构成员分享了他在这方面的个人经验。

像投资者一样思考的有用的方法之一就是你要能够说服每一个潜在投资者的“两个大脑”：一方面，你要向“理性”大脑推销投资价值或收益，博得信任，你需要尽力推销精心策划、值得信赖的商业计划和商业价值，去完成这桩买卖；另一方面，你也要能够赢取“感性”大脑的欢心。“感性”大脑偏重感觉，做决定时有自己的偏好。你要能够绘声绘色地围绕众筹活动讲述你的商业故事，刺激这部分大脑从情感上接受你。如果你能够说服两个大脑，博得它们的认同感，自然能获得投资。

焕然一新的环境

一想到众筹投资可能产生的影响力和辐射面，我便激动不已。不管你身在何处，都可以在任意一个众筹平台上募集资金。莫里克研究中的一项重要发现表明，众筹没有风投（主要投资创业企业）集中，这意味着快速发展的企业或创业公司并不一定有钱，对城中心、小城镇和乡镇地区的经济发展来说是件好事。众筹可以帮助当地的经济体因汲取本地投资而发展壮大。既然普通人都可以在他们信赖的项目上进行投资，那大多数人都会被带动起来进行投资，但愿他们会首选当地的企业。

此外，在风投中，女企业家仅占据风险投资家总额的4%~9%，莫里克根据VentureSource上的数据显示发现，在Kickstarter上运营成功的众筹项目中，女性发起人高出获得风投项目女企业家的15倍。众筹并不像风投一样持有性别歧视。众筹投融资在性别问题上相对中立。

不同年龄段的人通过众筹为他们的企业、创意和项目募集资金，同样让我感到激动。美国和世界都需要更多的企业家。全球的企业家都面临资金短缺问题，而众筹开放潜在资金，弘扬企业家精神，不失为一个前景光明的解决方案。

在美国，企业家精神发生了重大的转型。美国50岁以上的创业群体发展速度远高于其他年龄段的群体。事实上，美国40%自雇群体都是在50岁以上，但自1990年来下滑了20%。根据美国退休人员协会（American Association of Retired Persons，AARP）数据显示，80%的在第二次大战后的“婴儿潮”期间出生的人都计划退休后工作，其中大部分都打算自己创业。在这群重返商场的企业家之间，众筹的蓬勃发展无疑是大势所趋。他们有人脉、有经验、有财富，对社交媒体触觉敏锐，能够成功地参与到众筹投融资中去。

我最近特别喜欢的众筹成功案例是“珀尔奶奶（Grandma Pearl）的幸福手杖”的故事。89 岁的珀尔·玛尔金发现装饰“死气沉沉的黑手杖”大有市场，并成功地在 Kickstarter 上为她的幸福手杖融资超过 5 000 美元（预期目标是 3 500 美元）。孙子亚当（Adam）为她制作了效果非常棒的录像和页面资料以用于展示幸福手杖品牌，代言人为幽默、直率的珀尔本人。她成功筹集到的资金将会用在珀尔奶奶手工装饰手杖的每一道工序中，设计新颖的手杖，添置更多漂亮的装饰花朵，优化生产过程。她可能会在她社区中将部分活外包出去，或者雇用老年人共同发展事业。

正如幸福手杖的成功故事所示，众筹适合需要起步或急需资金扩大规模的小型企业。珀尔奶奶很快就达到了她的众筹目标，因为她的视频录像非常吸引人，故事也有卖点，不同的捐赠额度有特别的“奖励”。页面直接链接至珀尔奶奶给孙子（副总裁）的电话留言上，他们共同决定为捐赠人提供更加丰厚的“奖励”。

珀尔奶奶的故事和成功的众筹活动运作在主流媒体中一炮而红，而我也对珀尔奶奶充满了期待，毕竟她就是一个品牌。

老年企业家们将会在全国掀起一股新浪潮，影响力巨大。50 岁的人很容易接受社交媒体。事实上，根据皮尤研究（Pew Research）显示，50 岁以上的人是社交媒体增长最快的用户群体，超过前几年的“强劲用户”——年轻人。他们强大的社交资本光从数量上就可见一斑，加上雄厚的经济资本、良好的教育背景，将是众筹行业不可多得的资本。

众筹彻底改变了资本筹措和运作的方式。众筹不仅改变了资金流，还改变了产品和服务面市的方式，让人们有能力找到政府、企业和其他大型机构所不能提供的资金解决方案。

众筹将让企业家不仅有机会接触诸多潜在投资人，还将通过结构化、规范化的流程为企业家们节省时间和精力。除此之外，众筹还会打造一个良好的众筹投资生态环境，让企业家们有机会接触教育资源、专家和顾问等。美国市场才会出现更多功能强大、富有竞争力的产品。

时势造就了企业家，同时也造就了投资家。

Crowdfunding

第3章
数说众筹

| 卡尔·埃斯波斯蒂，Massolutions 市场研究公司 |

正如第 1 章所提，众筹作为形成资本的工具无疑是一件新鲜事。人们愿意支持普通的盈利企业一直能在社会进化中成为重要甚至闪耀的篇章，它之所以重要是因为我们常常被提醒齐心协力威力无穷；说它闪耀，在于供应商品和服务（比如公共设备物资）通常是盈利的，经济学家称其为“搭便车问题”（free-rider problem）。

当人们并不真正付出、坐等收益时，搭便车问题就出现了。作为个体，我们每天都会面临搭便车的选择；我们在浏览众筹活动页面时，就面临着搭便车的问题。如果一个众筹活动为解决一个公众的问题向公众募集捐赠，而不做出任何回馈，那就完美诠释了有的领域想要搭便车而不可能成功的原因。如果我们可以选择让别人承担解决公众问题的责任时，大家会发现，没有人愿意承担这种责任。然而，这些商业冒险正是众筹的根基！

它告诉我们，传统经济学的观念并没有涵盖人类行为的某些方面。传统经济学认为我们一直是为自己的利益服务的，我们所做的任何一件事都可以理解为对我们所处环境纯粹理性和自我为中心的反应。因此，行为经济学应该将众筹纳入其研究范围内。

如果众筹不是新鲜事儿，为什么直到 2012 年麻省理工学院才推选其为最有前景的破坏性事物，提交给美国总统奥巴马签署通过众筹占据了整整一个章节的《促进创业企业融资法案》（JOBS）？

答案是技术。今天，我们有机会使用各式各样的网上工具进行社交与沟通，而这在 Web 2.0 初期以前是不可能做到的。当时，和大部分公众（即，众筹的“众”）接触并且合作，呼吁个体在网上运作众筹活动并非易事。社交网络 2.0 时代才真正具有破坏性，产生了我们今天所熟知的众筹，正如本书所述，就是技术追赶人们的意愿——参与众筹活动、支持众筹活动、创建众筹项目和做出投资决定。

本章大部分信息来自 Massolution《2013 年度公司金融报告：众筹行业报告》以及我们的分析员和研究员的后续实地考察。本文基于 Massolution 市场调查公司的 C-STEP 方法进行了额外的分析。①

众筹市场

众筹指的是任何一种通过网络论坛的交流方式，就融资需求和融资目标向公众公开呼吁融资的资本筹集方式，而“公众”能够对此类融资需求自行进行评估。其范围指的是众筹“活动”，活动负责公司或个人是“活动所有者”。

众筹（及众包）背景下的公开呼吁通常是行动呼吁，例如，不针对任何特定接收人的呼吁支持或呼吁资本。这种沟通方式是根据感兴趣的接收人的反馈意见建立起来的，而不是发起人建立起来的直接沟通，相当于间接地筛选了利益相关方。

在众筹活动的公开呼吁中，发起人为活动所有者，接收人为任何决定支持活动的成员，众筹平台为他们搭建互动沟通的平台，活动所有人的个人沟通能力和发展决定了沟通的情况。

在 Web 2.0 大环境下，人际交流渠道骤增，这改变了公开呼吁的本质，也改变了众筹的本质。

众筹世界版图

2012 年，100 多万项活动成功地从公众手里募集了资本。就融资金额而言，众筹市场 2011 年融资金额增长了 64%，而 2012 年则增长了 81%，总金额达到 26.7

① C-STEP 是指“众筹：社会转型和经济效益”（Crowdfunding—Social Transformation and Economic Performance，C-STEP），是帮助众筹在不同地区不同领域中进行适用性分析和评估的研究方法。它为战略制定、机制设计、实施和执行达成目标提供了统一框架。——编者注

亿美元。相比之下，众筹市场还在不断扩张。

理解众筹市场发展的最佳方式就是从微观上分析，思考一下促使众筹成功其中的一个原因——“三层加速”。

当活动发起者向外界呼吁，寻求支持，刚开始的渠道一般只局限于亲朋好友——与活动发起者有亲密关系的人。从这些人中得到帮助可以达到一些目的：（1）募集原始资金（通常金额有限）；（2）向活动所有者圈子之外的观望者传达活动发起者诚信正直的信号；（3）活动发起者可以将范围延伸至亲朋好友的圈子中。

如果活动可以吸引公众的注意力，同时也能鼓动公众投资，最后一个作用就是活动范围的扩大有助于扩大影响力，支持者数量成倍上升。强调第三层加速的原因在于，活动应该吸引那些和活动发起者社交圈不同的人，争取赢得陌生人的支持。

适应这种社交关系才能在微观层面提升公众的意识，深化公众对网上众筹和众筹平台的了解同样有助于提升公众意识。随着国际社会对众筹模式的了解更加深入，国际众筹融资量迅速增长，这也是最好的证据。

尽管众筹为全世界提供资本接触机会的国家的数量日益增长，但是北美洲（特别是在美国）和欧洲的平台融资金额远远超过世界其他地区（参见图 3—1）。

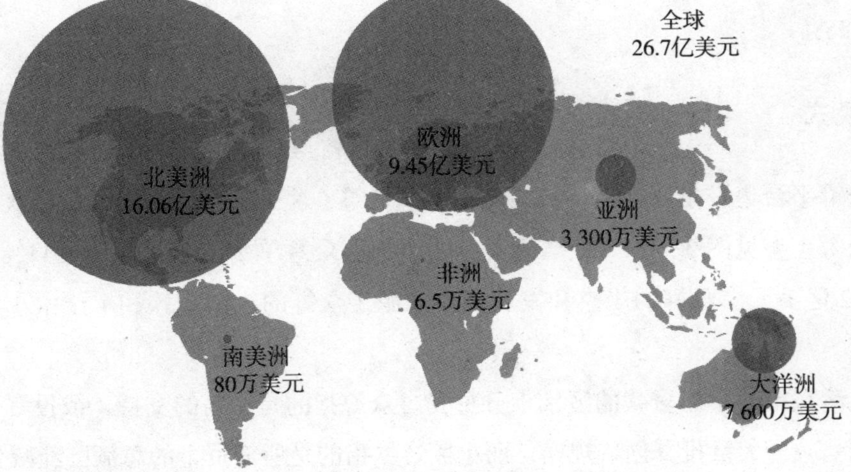

图 3—1　全球众筹规模：2012 年融资总额

（来源：2013 CF: Crowdfunding Industry Report. Copyright ©massolution 2013。）

北美洲众筹平台融资超过16亿美元，与2011年相比增长了105%。2011年，北美众筹融资市场增长了86%。

欧洲众筹市场集资接近9.45亿美元，与2011年相比增长了65%。如此看来，全球增幅最大的是欧洲众筹平台，2011年其市场仅增长了42%。

北美洲市场发展迅速的原因之一可能是北美洲众筹平台不像欧洲众筹平台存在语言障碍，这对如美国国内市场影响深远。

众筹作为企业的一种融资手段存在较为新鲜。市场正处于从需要支持的慈善企业转型到提供投资机会的盈利企业。因此，商业众筹的出现很可能会改变资金的全球分配。

北美洲和欧洲仍然占据市场总额的95%。尽管2012年亚洲和大西洋的融资量分别低于5 000万美元和1亿美元，但这两个地区的众筹额度正在不断向上攀升。

融资差距最大的地区很显然将会证明众筹无比强大的破坏性。南美洲、非洲、亚洲等国家因受资本差异的影响从小额贷款中受益匪浅，更加倾向于接受新的融资机制，发扬企业家的冒险精神。[①]

众筹平台也先后在南美和非洲涌现，预计发展速度很快就会超过其他众筹发展相对成熟的地区。北美洲和欧洲外的众筹市场从2011年的59%涨幅提高到了2012年的125%。

众筹模式

众筹平台集资主要有四种模式：捐赠型众筹、奖励型众筹、债务性型众筹和股权型众筹（参见图3—2）。最广为流行的债务型众筹单2012年增长了111%，总计达到12亿美元。众筹的规模和发展主要来源于众筹的小型贷款和本土中小型企业贷款。

认清众筹与小额贷款的区别十分重要。众筹指的是所需的支持（或投资）可以按比例缩减，大量投资创造规模；而小额贷款指的是所需资金的总额已经减少了。

这种小额贷款旨在解决的问题，在投资家看来就是尽职调查费用。如果对一个

① 可在Crowdsourcing.com上查明款项用途。——编者注

项目提案进行风险评估或奖赏结构评估所耗不低，那么这个项目应初具规模，值得花费这些力气。融资需求量少的个人无法提交类似项目提案，因此，小额融资机构制定了一些新的机制，比如减少发放贷款前的尽职调查工作内容。

我们发现众筹与小额融资相互交叉，产生了众筹型小额贷款和小额捐赠活动等衍生品。这种活动非常受欢迎，特别是在众筹活动成功之前，众筹融资者不需要眼巴巴地等着其他人的支持。有时候这种情况可以马上得到解决。

几年前，捐赠型众筹融资额最高，但是这种模式的融资量仅增长了 45%，总额为 9.79 亿美元。正如本书前言所介绍的，捐赠型众筹代表个人愿意不计私利。线上众筹最近几年利用捐赠在社会公益事业尤其是救灾活动中取得了巨大的成功。

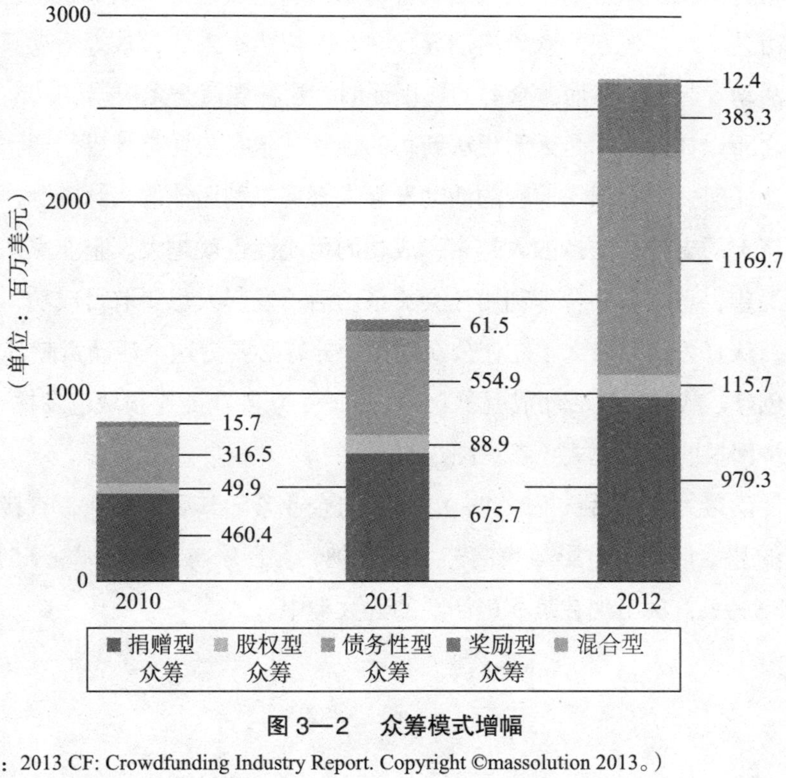

图 3—2　众筹模式增幅

（来源：2013 CF: Crowdfunding Industry Report. Copyright ©massolution 2013。）

由于诸多辖区的证券法规仍悬而未定，股权众筹的推广有限。一些国家允许股权众筹模式，2012 年其融资总额达到了 1.157 亿美元，与 2011 年相比，增长了 30%。在美国，股权众筹将在美国证券交易委员会对《促进创业企业融资法案》（JOBS）第三章有了法律明文规定后得以推行。目前，美国佐治亚州、堪萨斯州先行一步，已经制定了州内众筹法规。州内众筹就是活动所有者必须在规定的州内组建公司，众筹投资人仅限于该州居民。

不含金融收益的众筹（捐赠型众筹和奖励型众筹的结合）融资 14 亿美元，与 2011 年相比，增长了 85%。捐赠型众筹增长了 45%，剩余的增长来源于无经济回报的众筹活动。有时候，这种模式因有权选择捐赠而得到了发展。创业型企业和中小型企业最喜欢采用奖励型众筹，其欢迎程度可见一斑。广受追捧的产品或服务因得到了资金，从雏形到面市所耗时间被大大缩短。

最早推行奖励型众筹的一批人是录音艺术家、出版艺术家以及表演艺术家，以至于这种由艺术行业发起的众筹活动导致在今天依然有人认为众筹活动只适用于某种类型的活动发起人。然而，众筹的数据证明，这种观点毫无根据。

众筹之所以如此成功是因为想法新颖的独立艺术家需要与外界沟通，才能够为世人所识。任何一个有锦绣前程的活动发起人都可以利用他的人脉资源，将社会资本转为经济上的支持，支持的人越多，成功的可能性也就越大。企业家们对合理利用众筹的渴望，意味着要合理利用社会关系。活动发起人想要取得成功，就要扩大客户基础，认真去研究怎么才能让公众觉得十分有必要为这个活动贡献其力量。

尽管创新、慈善公益活动成就了众筹的名声，众筹在商业领域也发挥了其魅力，特别是经济回报的众筹模式（参见图 3—3）。

公益活动最为积极活跃（27.4%），商业与企业紧随其后（16.9%），接下来就是两类主要的艺术活动：电影与表演艺术（11.9%）、音乐与录音艺术（7.5%）。能源与环境（5.9%）首次出现在最积极活跃的五大类中。①

① Massolution 通过两个指数来评估众筹平台活跃度：项目成功案例和个人项目融资量。我们可以从这两个指数推算出 15 类项目的比较数据。条形统计图表中列出了最受欢迎的 10 大类别。样本中没有活动的项目类别算作 0%，某些特定类别全部样本高度活跃算作 100%。参见图 3—3。——编者注

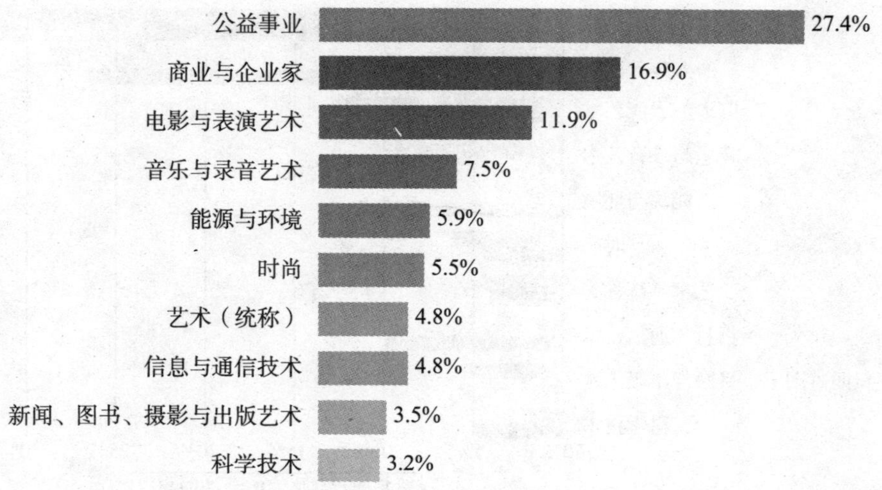

图 3—3　众筹平台 10 大最活跃项目类别活跃度

（来源：2013 CF: Crowdfunding Industry Report. Copyright ©massolution 2013。）

经济回报众筹 VS 无经济回报众筹

我们仔细研究最活跃的类别以及哪种众筹模式活跃度最高，就会发现一些有趣的现象（参见图 3—4）。

活跃度最高的公益事业采纳了所有的众筹模式，我们由此可得出，众筹本身就能发挥作用来满足应对公众或社会困难的需求。

商业与企业、能源与环境的众筹活动主要采用了经济回报形式。活动发起人的盈利心思不言而喻，现实问题是很难为能源与环境项目设计出合理的奖励结构。然而，一些新兴的专业众筹平台正在尝试解决这个问题，创建一个新的众筹模式，摆脱能源与环境项目对经济回报的依赖。

当我们对比两大艺术类别时，我们会发现电影与表演艺术类能够合理利用经济回报和无经济回报两种众筹模式，而音乐与录音艺术只有无经济回报众筹模式的支持，特别受到奖励型众筹模式的欢迎。人们对录音艺术家的文化偏见以及该类别相对较低的融资需求也许是音乐与录音艺术只能聚焦在无经济回报众筹的原因。

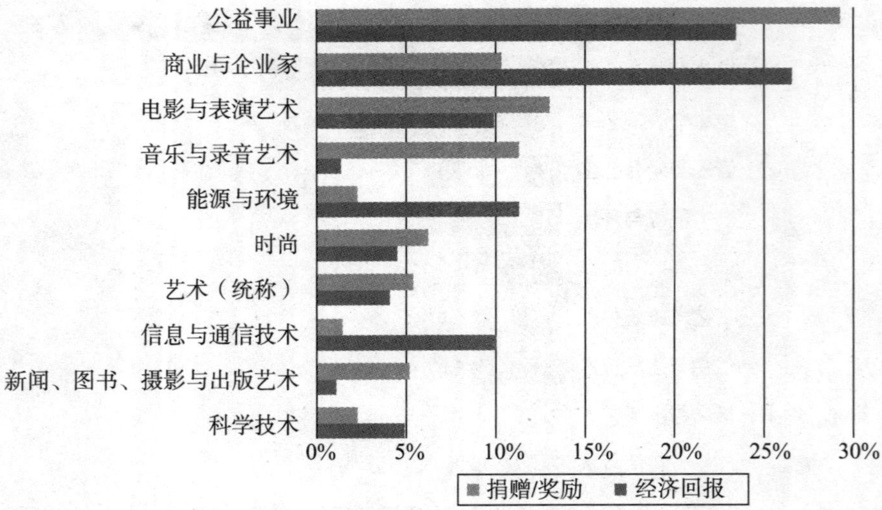

图 3—4　经济回报众筹与无经济回报众筹活跃度对比

（来源：2013 CF: Crowdfunding Industry Report. Copyright ©massolution 2013。）

捐赠型众筹

无经济回报众筹特别是捐赠型众筹广受欢迎，并适用于除了能源与环境以外所有受欢迎的项目类别。

公益事业类别不出所料，最适合采用无经济回报众筹，在平台上非常活跃。商业和企业因活动发起人的盈利目标略逊一筹。该模式在除录音与表演艺术之外的创意项目中也非常受欢迎（参见图 3—5）。

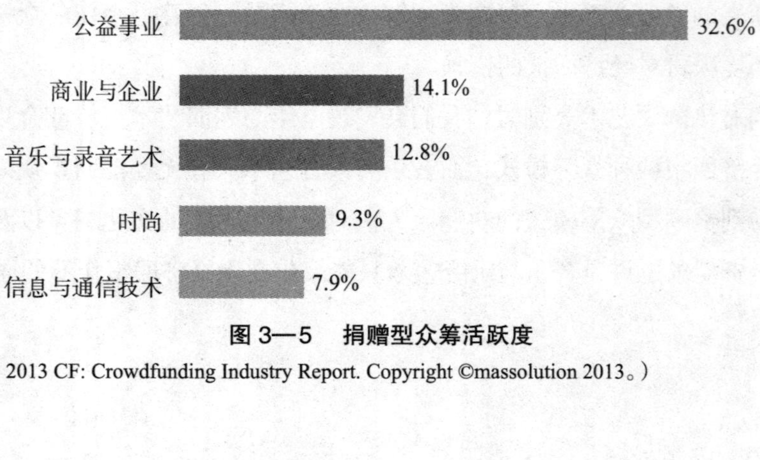

图 3—5　捐赠型众筹活跃度

（来源：2013 CF: Crowdfunding Industry Report. Copyright ©massolution 2013。）

奖励型众筹

毫无疑问，奖励型众筹最受媒体关注。采用奖励型众筹模式的项目（众筹投资人会得到非金钱的有形回报）范围更加广泛，如艺术家、企业家、企业等都青睐这种模式。

公益事业再次领跑，成为最活跃的类别。事实上，采用奖励型众筹的不同类别的活动大多相同，除了能源与环境类，其奖励型众筹还处于起步阶段（参见图 3—6）。

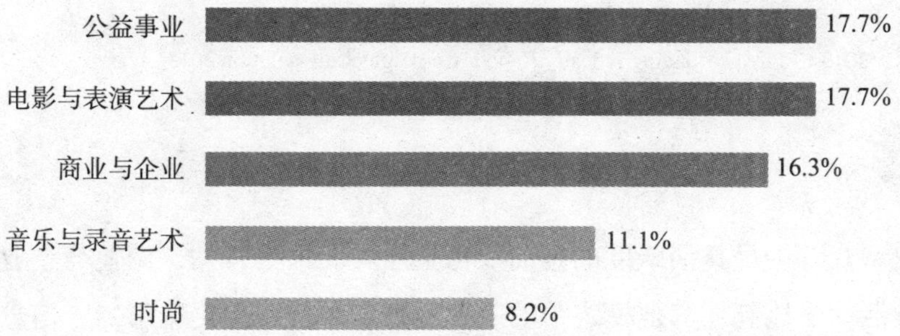

图 3—6　奖励型众筹活跃度

（来源：2013 CF: Crowdfunding Industry Report. Copyright ©massolution 2013。）

债务型众筹

日常生活中最常见的金融协议就是债务协议。债务协议规定了还债期限和借款利息，偿还总额则根据债权人与债务人达成的相关协议在其规定的期限内偿清。因此，债务型众筹无法提供其他金融协议潜在的高收益，也正是因为如此，债务型众筹模式仅局限于小型（发展相对稳定）企业。

债务型众筹中最为活跃的是商业与企业类，能源与环境类次之。公益事业和创新企业无法保障还款，较少采用此模式（参见图 3—7）。

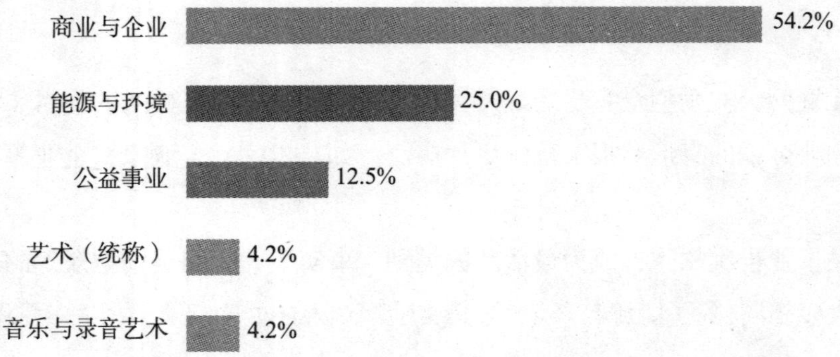

图 3—7　债务型众筹活跃度

（来源：2013 CF: Crowdfunding Industry Report. Copyright ©massolution 2013。）

股权型众筹

股权型众筹中最具活跃度的是商业与企业类。果不其然，商业与企业类最为活跃，公益活动虽比起在其他模式中的表现活跃度欠佳，但仍排第二。信息与通信技术活动从商业与企业类中脱离出来了，因为此特定分类有望成为股权型众筹的领头羊（参见图 3—8）。这样的划分与这个大类的特定的风险结构无关，而对该行业感兴趣的潜在活动发起人和投资人来说，更加容易进行辨别判断。

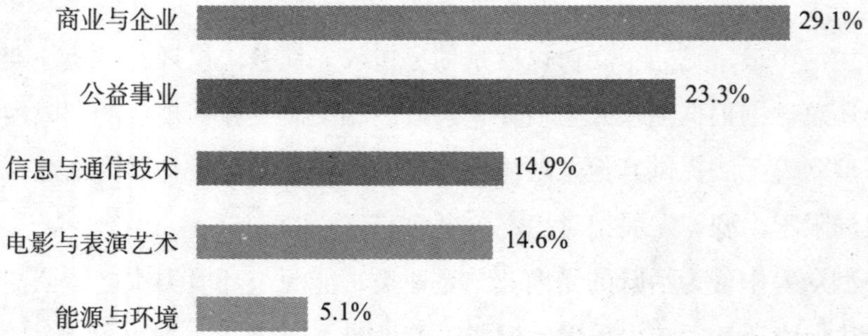

图 3—8　股权众筹活跃度

（来源：2013 CF: Crowdfunding Industry Report. Copyright ©massolution 2013。）

市场前景

新的众筹平台层出不穷。最新的调查结果可以让我们无论是从活动空间还是从范围上，都可以预见未来众筹市场的前景。除了对尚未上线的众筹平台进行了分析以外，我们还分析得出他们的地理位置分布，这对同一地区的众筹平台似乎很具有挑战性，但这对已经上线的众筹平台更为有利，它等于间接地告诉我们市场的成熟度。

毋庸置疑，北美洲和欧洲高居榜首。在调查样本中，86.4% 的有用众筹平台分布在这两大洲。亚洲与南美洲各自占 6.7% 和 4.3%，大洋洲 2.4%，非洲 1.9%。即将上线的众筹平台地理位置除了大洋洲和非洲外，分布基本一致，分布情况如下：北美洲（51.9%）、欧洲（26%）、亚洲（10.4%）、大洋洲（1.3%）、非洲（2.6%）（参见图 3—9）。

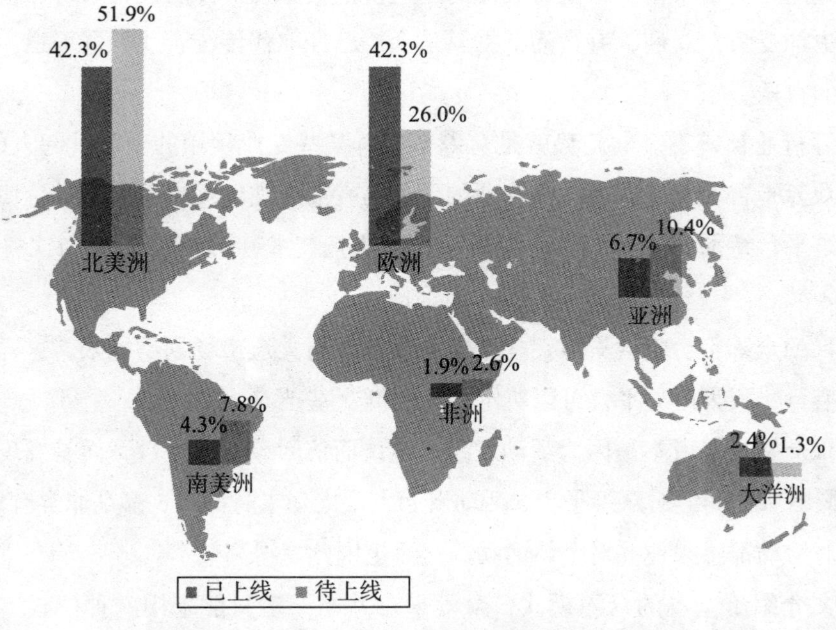

图 3—9　上线众筹平台与待上线众筹平台全球分布

（来源：2013 CF: Crowdfunding Industry Report. Copyright ©massolution 2013。）

已上线的众筹平台和未上线的众筹平台百分比的差异在于地区之间的发展成熟度。北美洲市场相对年轻，因为回报型众筹的规章制度在美国和加拿大尚未确立，北美洲地区还有大量的众筹平台万事俱备，只欠东风。

欧洲地区众筹平台没有面临规章制度方面的不确定性。欧洲的个体众筹平台完全凭借竞争优势进入市场。

亚洲、南美洲、非洲与北美洲都面临相关规章制度的不确定性，导致众多新的众筹平台无法上线。大洋洲的股权型众筹平台发展较为完善，其他无回报型众筹市场也发展得相对成熟。大洋洲市场规章制度已确立，与北美洲、亚洲、南美洲和非洲相比，它与欧洲市场发展更加成熟。

一览待上线的众筹平台，我们会发现未来的众筹市场将会更加灵活，项目发起人可以在同一个众筹平台上选择不同的众筹模式。

接近 55% 的现有众筹平台和 37.5% 的待上线众筹平台只提供一种众筹模式（四大类之一）。总体说来，待上线众筹平台所策划的众筹类型相对更加灵活，提供的众筹模式选择更加丰富。最值得关注的是经济回报型众筹（股权型众筹、债务型众筹等）更加受大众欢迎，有力的证据就是众筹已经取代传统企业融资渠道，成为企业融资的首选。

众筹行业长盛不衰的趋势就是众筹平台对某些专业领域的项目发起人的关注。奖励型众筹平台在保障普通小众行业的融资与发展方面体现出了宝贵的价值，比如有些众筹平台特别关注电子游戏、录音艺术、表扬艺术、房地产、食物与饮料、时尚、新闻等领域。

新兴的众筹平台将会聚焦在一个专业领域，与大众市场划清界限。这样的趋势会日益盛行，因为此类平台可以奠定相关的群众基础。

如果众筹投资者不是因为活动发起人邀请而访问该众筹平台，而是发现平台上的活动具有吸引力，对众筹平台、活动发起人及大众本身而言，都是非常有意义的。每个人对活动都感兴趣，对个体活动的交流也因此变得高效。

上文介绍了基本的众筹模式，众筹平台并非一定只能采用一种模式。众筹平台可以同时提供多种模式供发起人选择，但哪几种模式之间的结合可以增添新的价值，值得我们进一步探讨。

金融产品有时需要为投资人量身定做，符合投资人的风险预测，有时反映了复杂环境里的协议规定，复杂到让人摸不着头脑，而众筹市场的复杂之处在于众筹市场一定是为了满足活动发起人的需求不断进行调整的。这无疑证明了上文讨论的行业聚焦，我们由此预测众筹平台将会完善众筹模式，力求模式与活动发起人承诺公司在不同发展阶段的回报相匹配。

本章伊始，我们探讨了众筹的破坏性和技术进步对众筹破坏性的作用。我们认为众筹的流行并非仅仅因为时兴，而是技术的进步，让我们可以发挥自己的力量互相参与、互相支持彼此的生活。

通信工具的多样性让我们认识到与朋友联系、结交新朋友甚至与陌生人相处的重要性。另外，其导致的行为转变对众筹（众包）的发展远比我们想象的意义重大，例如，如今我们都在公共聊天平台、论坛上进行沟通。

总的看来，这代表着文化转型，至少是互联网上的文化转型。我们更乐于在网上进行公开交流，不需要在认识对方之前进行正式的引见或介绍。我们更乐于向大众呼唤——“公开呼吁”。个人和公司愿意进行公开呼吁，让众筹的人气直升。

本文中，我们认为众筹是众包模式的先进版本。人们已经习惯利用分散的网络技术去调动网民的力量来解决生活和商业上所面临的挑战。企业、创业型企业和政府都在利用先进技术调动所有的资源谋求发展，小至微观层面的工作，大至集思广益。

企业家们充分意识到了众包的潜力，如何挖掘众包的潜力却仍在探索中。企业家们不断在发挥自己的聪明才智，充分利用现有的社会资源和众筹平台，我们也可以得出结论：人们想方设法地将社会资本转化为商业价值，技术满足了人们的欲望。众包将社会资本转化成了解决方案；众筹将社会资本转化成了经济支撑。因而，众筹模式的演变注定是在结合众包模式的优点，拓展自己的融资疆域。

Crowdfunding

第4章 当前众筹市场动态

| 安德鲁·迪克斯、查尔斯·卢扎，众筹业内人士 |

众筹是最近几年才变成热门词汇，但是众筹的概念已存在一段时间了。互联网的诞生和随处链接的设备创造了一种新典范。环境因此改变，众筹的力量也证明了不同个体对创意或项目取得成就所带来的影响力。

今天，美国最受欢迎的两个众筹平台 Indiegogo 和 Kickstarter 已经成功激发了美国以及世界其他国家企业家和创新者的想象力，利用技术打响了资本筹措的革命运动。

Indiegogo 联合创始人、CEO 斯拉瓦·鲁宾（Slava Rubin）常常在他的演讲中提到，众筹在互联网之前就已诞生。本书中也提到，他最喜欢举的例子就是自由女神像的例子。美国的盟友法国虽然捐赠了自由女神像，但是运输至美国海岸安装、竖立起来，仍面临着资金短缺。

当时的纽约市长格拉夫·克利夫兰（Grover Cleveland）决定不动用公共资金。波士顿、旧金山等其他城市看到这个绝佳的机会，纷纷表示愿意支付竖立自由女神像的费用。于是，公众被邀请参与到资助历史上最有名的标志性雕像的建设中。

1884 年，知名报业出版人约瑟夫·普利策认为自己必须做点什么。他利用当时最先进的与大众沟通的工具——出版业，在仅印一面的《纽约世界报》上发动公众捐款支付建筑雕像基座的费用，以捍卫纽约城的荣誉，让纽约城的名声享誉各地。

众筹活动持续了五个月，获得了16万人的捐赠，最终筹得所需款项。捐赠者遍布全纽约城，小孩、商人、富人、穷人团结起来资助这一项目，总共筹资了101 091美元，相当于今天的630万美元。

如果你将自由女神像筹措的630万美元与2013年最成功的众筹项目相比较，自由女神像项目超过了Indiegogo的所有众筹项目和Kickstarter除了两个项目以外的全部项目，绝对有资格跻身众筹名人堂了。

尽管Indiegogo、Kickstarter等众筹平台将众筹推向了新的发展高峰，这两个竞争者也只诠释了众筹的部分业务。众筹迅速扩展到了不同的行业板块，可以细分成更多的类别和子类。

Kickstarter、Indiegogo及RocketHub皆为美国奖励型众筹平台的楷模，在美国之外也兴起了一系列类似的网站，例如，Pozible虽然扎根于澳大利亚，但最近也打入了美国市场。Pozible原名叫Fundbreak，于2010年创立，2012年为1 903个项目筹募资金580万澳元。

众筹奖励虽然让众筹家喻户晓，但众筹从业人员并没有停下优化其分类的脚步。以下是对不同众筹版块的分类描述：

- 奖励型众筹；
- 投资性众筹（众筹投资）；
- 债务型众筹（借贷型众筹）；
- 股权型众筹；
- 慈善型／捐赠型众筹。

随着众筹业务的蓬勃发展，我们可以看见众筹版块进一步在横向与纵向的扩张上细分，时间也会给我们带来更多的见证。今天，众筹平台在很多不同的领域跃跃欲试，以下是纵向版块的目标类别：

- 房地产；
- 电影；
- 太阳能与绿色能源；

- 旅游；
- 教育；
- 音乐会 / 活动；
- 图书出版；
- 游戏；
- 硬件；
- 应用与软件；
- 时尚；
- 游说与政治；
- 运动；
- 新闻；
- 科学；
- 医学；
- 啤酒；
- 农业；
- 矿业。

这个名单上的类别只会越来越多，不会一成不变。成功的版块会引来竞争，而势头不足的版块会逐渐衰退，并入其他平台。

奖励型众筹

引领奖励型众筹市场的两大平台分别是 Kickstarter 和 Indiegogo。虽然 Indiegogo 于 2008 年正式成立，比 Kickstarter 早一年，但 Kickstarter 被公认为是这两大平台的老大。

Kickstarter 自成立以来一直做得顺风顺水，截至 2013 年 12 月底，已经筹募资金 9 亿多美元。

尽管奖励型众筹平台运营模式基本大同小异，但也有两点不同之处。项目所有人为了说服资助者对项目、事业或产品进行投资，通常会提供“奖励”。众筹活动的奖励类别可谓丰富多彩，令人大开眼界。刚开始时，简单地道谢，感谢伸出援助之手，继而收到昂贵的礼物，或者甚至要求你成为即将开拍电影的监制人。

大部分众筹项目都为筹集所需资金制定了时间表，要求组织者或众筹投资人必须运用策略推动尽可能多的融资金额。目前，Kickstarter 活动时间从 1 天到 60 天不等。60 天也是 Indiegogo 的最长融资时间。大部分的项目计划时间通常是 30 天及以上，规划良好或专业的活动也都会设置可达成的目标，在发起项目之前，已经有人愿意为项目投入 30% 的目标融资额。从刚开始就把握住众筹活动势头，进而保证融资进展顺利。项目启动之初就完成了 30% 的融资将有力地吸引潜在投资人的眼球，营造一种从众心理，提高成功的可能性。

一些奖励型众筹项目的发起仅仅是为了确立市场的可行性，于是一个新的术语诞生了——预售营销（pretail）。一些有钱的公司精心策划了预售营销活动（后文详解），试水市场规模或产品需求。发起一个预售营销项目的前期费用远低于市场推广后的传统市场调研。通过奖励型众筹平台采集用户支持或客户喜好的样本已经成为很多创新型企业的锦囊妙计。

尽管现在 Indiegogo 和 Kickstarter 共同引导着奖励型众筹市场，但是它们仍各有特色。从战略上来说，Kickstarter 只接收“要么全有，要么全无”（all-or-nothing）的项目，也就是众筹融资人设定了一个目标，必须达到这个目标才能得到分配的资金。Indiegogo 除了“要么全有，要么全无”之外，还允许“灵活融资”。在 Indiegogo 上，众筹融资人要选择发起哪一种项目，如果他对支持者或者质疑项目的市场可行性的人的投入不是十分有把握的话，那么灵活的方式也许是更合适的选择。

这两个市场主导者另一个显著的不同之处在于，Kickstarter 对允许上线的项目进行了精选分类。Kickstarter 的管理层明确表示有些项目类别不能被通过，也常会因为某些项目的性质而否决该项目在 Kickstarter 上线。Kickstarter 拒绝过的不少项目都备受瞩目，在其竞争对手的平台上成功融得所需资金，甚至有时利用贴牌（white-label）方式自行众筹。

Indiegogo 将众筹活动的通过权移交给公众，从某些方面说了更具有众筹特色。

投资性众筹

投资性众筹应该会火遍全球。其实，你正拿在手上看的这本书就是在线募资时代来临的前奏。很多预言家预测众筹网站新技术所引发效率方面的改革会产生让人难以置信的数字，引爆资本分配过程的重大变革。

但是，初期公司和创业公司融资情况并不理想。很多资金都是来源于同一地区和自己的熟人。创业公司挖掘了朋友、家人和信用卡方面的资源后，开始接触当地的朋友圈和天使投资人。事实上，创业公司主要聚集在一些较为集中的区域，比如旧金山港湾区、纽约城，这两个地区高居风险投资的榜首并非巧合。距离优势确实存在。然而，朝阳产业的伟大创意并不会被邮政编码所拘束，而是取决于创意的质量和打造创意的人。投资性众筹有解决这些问题的潜质。

股权众筹

投资性众筹，也有人称其为众筹投资，在美国慢慢流行起来。英国、荷兰是最早允许投资人在众筹平台上对初创企业和小企业进行所有权投资的国家。

在英国，两个近几年成立的众筹平台 Crowdcube 和 Seedrs 控制了股权众筹市场。Crowdcube 最先成立，当时监管部门尚未批准网站进行众筹。Seedrs 获得了监管部门的批准，紧随 Crowdcube 其后启动。两个平台都在短期内取得过了不起的成绩。这两个开拓型的网站虽然拥有很多共同点，但也各具特色。

Seedrs 更加关注创业型企业，虽然不局限于创业型企业，但是很大程度上减少了融资金额。它采纳了代名人的形式，持有投资人的股份。Seedrs 作为代理人，代表的是股东的利益，要求融资成功的项目定期向投资人作汇报。Seedrs 最近宣布他们将会为泛欧洲地区提供股权众筹，扩张市场占有率。同时，Seedrs 自己众筹了 200 多万美元来完成自己的扩张雄心，为目前英国股权众筹的最高额。

Crowdcube 主要聚焦在初创企业和初具规模的企业，旨在达成大额融资。众筹融资成功时，投资者持有并控制股份，与平台的关系就此结束。小额投资人只持有无投票权的股份，大额投资人可收购有投票权的股份。

两个众筹平台均从英国政府实行的高度激励型税收补贴中捞到不少好处。种子企业投资计划（Seed Enterprise Investment Scheme，SEIS）和企业投资方案（Enterprise Investment Scheme，EIS）给予了投资人在风险行业取消投资的权利。在某些情况下，投资者面临最低的风险，促进了他们与这些可能增值的小企业之间的对话。而政府支持的初衷是因为一个运营成功的企业会给国内经济带来意想不到的利益，促进就业，增加税收。

澳大利亚小额募资平台（Australian Small Scale Offerings Board，ASSOB）素来被追捧为股权众筹的开山鼻祖。澳大利亚小额募资平台自 2005 年成立以来，很多小企业纷纷在平台进行了注册，吸引投资人。澳大利亚小额募资平台为未上市公司众筹融资 500 万美元，至今已成功融资 1.35 亿澳元。

而在美国，故事截然不同。人们通常会区分合格投资人与非合格投资人、“热门”众筹平台。美国证券交易委员会（SEC）推迟了赋予众筹法律效应的过程，众筹尚未进行公开运营。但美国证券交易委员会（SEC）公布了相关法律提案，并已进入公众舆论阶段，相关利益方可对此进行表态。股权众筹的相关法案已在 2014 年最后通过。众筹资助者一直引用国外众筹成功案例，而监管部门认为文化程度不高的投资人存在潜在风险，推迟是理所应当的。

有的平台通常接受个人年收入 20 万美元以上或除房产以外资本净值达到 100 万美元的投资，我们称其为受权众筹平台，其发展速度非常迅猛。

在美国，股权投资的私募配售市场一直很繁荣。但是招揽合格投资者的技术、广告的能力已经发生了变化，在 2013 年 9 月 23 日，一切都得以实现。私募广告通常指的是“一般劝诱”。人们对网站运用一般劝诱时的相关要求仍持有疑问，运营时可能需要证券自营商执照，一些众筹平台不得不停止运营，推迟庆祝。

在业内专业人士的一次聚会上，Bingham McCutchen 的律师发表了此番言论：“私募基金圈子和从业者担心美国证券交易委员会对‘一般劝诱’活动怀有‘就知道你会这样做’的心理”。

证券自营商执照是否会成为硬性要求，进行此类测试范围太宽广，未来几个月规则应该会得到进一步细化。

位于美国加州的 Fundersclub 是一家新成立的受权股权网站，宣称其会员已经募集 900 万美元，FundersClub 平台上的公司融资超过 1 亿美元。该网站采用综合处理程序，力捧优秀的初创公司。其会员投资额在 2 500 美元至 5 000 美元之间，规模远不及机构投资。FundersClub 与一些知名度高的创投公司合作，比如风投世界的传奇公司红杉资本（Sequoia Capital）、安德森霍洛维茨（Anderson Horowitz）、Y-Combinator、联合广场投资（Union Square Ventures），等等。

SeedInvest、RockThePost、CircleUp 之类的网站在开始向合格投资人推销他们的股权融资项目时，很快就确立了他们募资的可行性。506（c）规则允许募股的一般劝诱，众筹平台也可以推广他们的投资机会，但是因为合格投资人资格的认证存在疑问，美国证券交易委员会（SEC）可能会在短期内作出调整，该过程仍然错综复杂。

目前，众筹平台对一般劝诱仍然抱有疑问，导致他们对“在募股方面是否该进行广而告之”的问题犹豫不决。美国证券交易委员会（SEC）依然在考量最终规定，有质疑的声音认为他们会退回去放弃一些要求，直至本文撰写前，监管环境仍让人捉摸不透。

债务型众筹

美国与其他国家现在都涌现了债务型众筹平台。在美国，债务型平台 Somolend 抢占先机，开拓了大片市场，只有在俄亥俄州被认定违反了州证券法而惨遭挫败。

其他平台取得了更大的成功，如 LendingClub、Prosper。LendingClub 是其中的领先者，成立于 2007 年，截至 2013 年底，已债务融资 30 多亿美元，从融资开始起支付利息超过 2.7 亿美元。

Prosper 成立于 2006 年，声称是“美国有史以来第一个对等贷款平台”（America’s First Peer-to-Peer Lending Marketplace）。Prosper 刚开始让放款人和借款人以网上拍卖的形式商定利率，但是在 2010 年作了战略调整，变成了自行设置利率。它提供 2 000 美元至 3.5 万美元不等额贷款，利率在 6.73% 至 35.36% 之间。利率常常在变化，但是由于银行存款利息陷入历史新低，从而使其很快就吸引了投资者尝试对等借贷。Prosper 自称拥有 200 万名用户，融资个人贷款 7.4 亿美元。

申请人需要在线填写表格，所需时长不到 1 个小时，就可以提交申请等待通过。如果申请得到批准了，该批准在获得贷款之前都是有效的，或者 14 天后批准自动失效。所有的申请人都会获得 Prosper 专有的评分系统的“Prosperp 评分”，该系统能够辅助评估过程达到一致。如果债务融资成功，Prosper 从中收取 0.50%~4.95% 的中介费。

位于美国的小额贷款公司 Kiva 近几年借贷版块业务持续增长。自 2005 年成立以来，本着“在全世界消灭贫穷”的宗旨，这个非营利实体已经运作了 5 亿多美元的放贷。该平台的还款率高达 99%，并在全世界 72 个国家都开展了业务。

英国在 P2P（peer to peer，点对点借贷）领域遥遥领先，但若干平台在市场尚未规范之前，就已经抢先占住了市场。英国金融行为监管局（Financial Conduct Authority）计划审查对等借贷网站的业务，但是在这个过渡阶段，政府界限并未标明，不少平台趁机上线。

Zopa 成立于 2005 年，已经为个体借款人提供了 1.5 万英镑的贷款。Zopa 促成了 4.4 亿多英镑的贷款，仅去年一年就达到了 1.65 亿英镑。Funding Circle 自 2010 年成立以来，已借出贷款 2 亿英镑，真是不可思议。在 Funding Circle 上，直接借款给公司或个人可以得到高回报率，5.5 万名用户受到其劝诱，已经在该网站注册准备提供贷款。在该对等借贷网站上，申请人可借贷到从 5 万英镑到 100 万英镑不等的金额。

欧洲的此类借贷平台更多。随着技术和认证程序的进步，对等借贷平台在接下来的几年中应该会呈现迅速的增长。

慈善 / 捐赠型众筹

慈善与捐赠型众筹平台很快成为了之前为乐善好施的捐赠人服务的非营利机构的解决方案。今天，众筹活动在不同的众筹平台上扮演着不同的角色：有的帮助饱受磨难的人们；有的帮助因身处困境仅需要基本协助或经济援助的人们。非营利的长期众筹平台现在已经随处可见了。

在 2013 年春天的波士顿爆炸案中，众筹平台对很多经历这一悲剧的人给予的帮助就是一个很好的例子。很多人都受伤了，不少人失去了四肢，终身残疾。在这个不幸的时刻，慈善众筹活动在众多平台中孕育而生，朋友、家人、陌生人携手帮助那些有需要的人。GoFundMe、Indiegogo、GiveForward 等网站在慈善融资方面作出了很大的贡献。

今天，众筹融资平台遍布美国，甚至全世界。互联网的感性与互联性帮助那些经历大大小小困难的人打破地理位置的禁锢，在世界范围内融资。

506（c）（3）规则下的非营利机构 Watsi，为全世界有医疗护理需求的人们，致力于将其网站打造成低成本、高影响的众筹平台。Watsi 能够做到百分之百转账融资款项，得到了 Stripe、Heroku、Google、Teespring 等公司的无偿资助。该机构创始捐赠人中包括 Y Combinator 传奇人物保尔·格雷厄姆（Paul Graham）、谷歌最早的投资人之一洛恩·康威（Ron Conway）、乔伊·格林斯坦（Joe Greenstein），等等。这些人及其企业在各自的领域都取得了了不起的成就，现在通过帮助世界各地的穷人改善医疗来回馈社会。

上文提到的 Kiva 尽管支持需要支付利息的贷款，但是在借贷过程中毫不含糊。Kiva 主要依靠借款人的拨款的经济资助，它利用互联网的影响力和自身与全世界小额贷款之间的联系，为不能从传统银行获得所需资金的人提供贷款，还款率达到 99%。

截至本文撰稿的 2013 年底，捐赠型平台 Fundly 据称其 4.5 万个项目已经融资 3.2 亿美元。Fundly 允许用户创建和管理任意捐赠型众筹项目，可以是为爱人申请医疗服务，也可以举办当地的慈善活动、组织旅行和冒险，可以尽情发挥想象力。如果你觉得你的需求非常有说服力，可以吸引朋友、家人、邻居等的注意，得到他们的资助，那你就可以在 Fundly 上发起项目。

专业众筹平台

专业众筹平台已经在今天的众筹领域占据了一席之地。一些知名平台找到了大众产业的分支，并将其纳入到投资性众筹和奖励型众筹的范围。

房地产

专业的房地产平台发展势头良好，预计业务量将大幅增加。作为资产型投资平台，联手的投资人可以小额投资项目，坐收被动收益。过去只有互相有交集的人才能够进行的交易，或许很快就能够成为大众的资产类别。目前，美国此类众筹平台的房地产交易只对合格投资人开放。

Realty Mogul、Fundrise、Prodigy Network 都是房地产众筹领域中非常具有知名度的品牌。规模经济允许这些平台吸引充足的资金，最大限度地降低交易费用，增加投资人的收益。如果将房地产众筹与房地产投资信托基金（Real Estate Investment Trusts，REITS）进行比较，尽管这类的房地产投资信托基金显得更加庞大，但与真正的资产和个体投资人联系甚微；而房地产众筹的模式能够让投资人自行选择想要投资的房产，投资人也能够自己进行尽职调查。

Prodigy Network 已经在全球开展了业务，最近为了哥伦比亚首都波哥大最高的建筑进行了众筹。3 100 多名投资人为项目注入了 1.718 亿美元资金。Prodigy 自称这是众筹融资金额最高的项目。

IBISWORLD 预计全球的房地产市场将超过 5.2 万亿美元。房地产众筹平台有足够的空间可以为投资人提高效率，实现优厚的回报。

替代能源

替代能源项目在全世界都取得了成功。很多平台打着发展清洁能源和保护环境的旗号，大肆鼓吹投资替代能源可以获得丰厚的收益。荷兰的 Windcentrale 宣称他们以最快的速度促成了史上最大的替代能源众筹项目。2013 年 9 月，1 700 个荷兰家庭购买了一个荷兰风机项目的 6 648 份股票，13 个小时内募资了 130 万欧元。风机每股 200 欧元意味着年产电量接近 500k WH，是荷兰家庭每年的平均用电量。

SunFunder、Mosaic（位于美国）、Abundance Generation 和英国的 TrillionFund 都是典型的太阳能众筹平台。大部分平台都是根据规定产量的债务进行结构划分。SunFunder 竭力在第三世界国家为项目融资。能源的短缺一直被认为是第三世界国家发展缓慢和贫穷的原因。

硬件

预售营销策略的概念日渐深入人心，被认为是在大额投资前吸引市场注意力的有效手段，硬件和技术领域尤其适用。很多知名的技术产品如 Pebble 智能手表所发起的众筹非常成功，但是仍然面临着大量产品上线的需求。原创设计、索取原型并不难，真正困难的是协调大批生产、保证质量、规划好最划算的货运方式和交付运作。很多公司纷纷转向能够协助生产的众筹平台发起硬件产品项目。特别是美国的很多产品都在国外生产，如果能够找到生产过同样产品的工厂，绝对大有裨益。

Dragon Innovation、HWTrek 等平台弥补了这个空缺。位于波士顿的 Drago 已经与 GE、Electronics 等大公司建立了合作关系，台湾的 HWTrek 平台也与世界上一些大型电子设备制造商建立了直接的关系。苹果公司的代工商 Pegatron 与 HWTrek 签署了协议。HWTrek 预计未来众筹融资人可以在众筹平台上进行预售营销，然后在 Kickstarter 等其他平台进行第二轮众筹融资。如果产品在 HWTrek 上的发行取得了成功，它就可以在 Kickstarter、Indiegogo 等网站上融资成功，代表产品可以在几个星期内成功交付，与今天众筹成功的产品所需要的几个月、几年会有明显的改进。

电影

电影常常因为受到大家关注，投资额高，所以被认为是人们比较感兴趣的众筹类别。电影和录像在 Kickstarter 上排名最靠前。在 Kickstarter 所众筹的 9 亿美元金额中，1.83 亿多美元来自电影与录像类，占比超过 20%。对 Kickstarter 和 Indiegogo 来说，电影与录像类非常重要。尽管 Indiegogo 没有公布类别数据，据估计电影与录像类在它的商业模式中的位置也很显赫。两个平台都与电影业组织建立起了战略合作伙伴关系，在它们的网站上也为电影留出版块作势宣传。

Kickstarter 将电影类别进一步细分成五个子类：动画片、纪录片、叙事片、短片和网络剧。最受关注的项目往往是电影类项目，如 Veronica Mars（570 万美元）、斯派克·李（Spike Lee）导演的系列电影（140 万美元）、扎克·布拉夫（Zach Braff）导演的系列电影（310 万美元）都是毁誉参半。Kickstarter 上的三部众筹电影去年冲刺奥斯卡奖，让人们真正感受到了电影业正在发生变化。Inocente 在 Kickstarter 上筹集了 52 527 美元开拍电影，最终荣获“奥斯卡最佳短纪录片奖”。Kickstarter 专门为电影类开辟了精选链接和文件版块，包括圣丹斯电影节（Sundance Film Festival）、Shooting People（独立电影网站）、Directors UK、Rooftop Films，等等。Indiegogo 为了保持长久的竞争力，与瑞丹丝电影节（Raindance Film Festival）、Backstage（一款为电影项目智能匹配演员和工作人员的软件）建立了合作伙伴关系。Indiegogo 目前最有名的电影众筹项目是为电影“The Bounceback”筹资 63.8 万美元。

Seek&Spark 众筹网专做独立电影，它的独特之处在于资助者可以给电影项目出钱，也可以选择出力。电影完工后，资助者可以在电影发行平台上用积分兑换或者购买积分，直接观看电影。Seek&Spark 精心挑选每一部审查过后的电影，批准其上线。

一位特别的天使悄然来到股权众筹平台 Seedrs。知名基金经理尼克拉·霍尔立克（Nicola Horlick）在 Seedrs 上组织了一场股权活动，为新企业 Glentham Capital 10% 的股权融资 15 万美元。这个刚起步的基金管理公司计划监管 1 亿美元的资金（如果达成目标），之后为好莱坞影片融资。

众筹电影很快成为了降低风险的有效手段，又能同时保证影片的创意。一位有名望的导演可以对公众发表影片概念演讲以求资助，吸引真正的粉丝。

音乐会/活动

巴西众筹平台 Queremos 证明了其模式在南美洲的可行性。Queremos 已经向北方市场进军，发起了 WeDemand 众筹音乐会和音乐活动。这个平台的社会模式是在发起人选定音乐活动地点之前，评估市场需求。如果结论得出市场需求不强烈，音乐活动就不会举办。艺术家们可以免费登录网站，查看他们在某个地方是否有足够多的粉丝值得举办演出。

在线票务系统 Picatic 宣称已经为 6 900 项活动成功筹集 270 万美元。活动设计成用户网页，用户决定票价，直接销售，从而实现众筹融资。这种方式可以运用到除了音乐会以外的任何活动，如读书会、厨艺活动、商业活动，等等。如果要举办特别的聚会，Picatic 平台还可以安排邀请图书作者出席。

图书出版

大部分图书众筹转向了 Kickstarter 和 Indiegogo 平台，但是纽约城外的一家初创企业为图书众筹提供了另一个选择，为其打造了一个更加个性化的平台 PubSlush。PubSlush 旨在帮助所有有困难出版第一本图书的作者出版纸质书和电子书。它研发了一款定制化服务工具，在众筹过程中与作者合作，帮助作者运营一个成功的活动。PubSlush 的战略之一是成为一年做少量项目的独立出版人的首选。它相信自己可以扩大市场规模，进行市场创新。

啤酒

听到有些企业家会成立公司为啤酒和酿酒厂众筹，千万不要觉得奇怪。Crowd-brewed 就是通过采用奖励型众筹方式，在初期取得了一些成就。CraftFund 想要为新成立的酿酒厂提供股权投资。工艺酿酒行业年收入在 87 亿美元左右，如果美国证券交易委员会（SEC）同意非受权众筹的话，初创企业在工艺念旧行业应该能够大显身手。英国在酿酒厂募股方面做得不错，苏格兰的工艺酿酒厂 BrewDog 自己多次运作了众筹融资，目前正在进行另一次募股，2014 年 6 月融资关闭，计划融资 400 万美元，现已成功融资 300 万美元。

APP应用

Appbackr 声称已经众筹了 100 万美元用于研发和营销新应用程序。

AppsFunder 称他们近半数的投资人在不到 6 个月的时间内就有收益进账。AppsFunder 上众筹成功的应用程序项目还将采取收入分成的模式。

教育

Instagrad 是教育众筹网站，你可以在该网站上邀请亲朋好友为你的孩子捐赠教育礼物。孩子的专用网页一旦创建，随时可以捐赠礼物。你还可以在该平台上创建 529 子女教育储蓄计划。

Pave是一个不错的教育平台，呼吁个人为年轻人的未来投资。该网站相信如果年轻人掌握了有阅历的人的资源和智慧，人人都可从中受益。为年轻人的未来投资是影响力投资，赞助人可以支付年轻人的部分学费，当年轻人步入职场后，他应该连本带利地还款给赞助人。批评者将这比作奴役，但是大部分人认为直接给那些有抱负的年轻人投资比学生贷款应该更有成效，更能实现个人抱负。

奖励型众筹市场测试

众筹作为一种资本筹集的新手段，日益成为创新项目、产品和事业寻觅资金时的有力工具。然而，众筹的主要益处与金钱无关。众筹与众包活动紧密相连，能够在产品、服务的市场规模（或存在）方面提出有价值的见解。

预售营销：顾客至上

预售营销和预售商业这两个术语专门用来描述向市场推出新产品的公司的颠覆式转型。预售营销是一种以客户为中心的商业模式，强调在上市前和上市后客户反馈和参与的重要性。客户反馈可以在产品和服务发展过程中帮助决策。预售营销基于大众的需求优化产品或服务，这样在什么都没卖出去之前，企业家可以吸引更多的客户，提高客户满意度。

以下是这个活动的一些相关术语。

- 预售营销。利用众筹平台募集资金时测试市场和服务的一种商业模式。同义词为预售商业（precommerce）。
- 提前消费者（presumer）。预售型众筹活动的参与者，想要资助和得到他们相信的创新产品或服务。提前消费者受需求和喜好驱动。
- 客户所有者（customer）。提前消费者在股权型众筹中的同义词，“客户所有者”在他们所信赖的初创企业既是客户，又担当着股权投资人的角色。《促进创业企业融资法案》（JOBS）将非合格投资人的股权众筹合法化，批准这种双重性角色。

在工业时代，消费者市场青睐财力雄厚的企业家和公司，这些企业家和公司有资金在发售产品或服务之前测试消费者信心。如果一家公司有钱支付通过目标客户、调查数据等形式进行前期市场调查，那与预算有限的小公司相比，它就具有明显的优势。

此外，在传统上，生产成本是打入消费者市场的最大障碍。资源丰富的大公司在这方面与刚成立的小公司竞争，简直是胜券在握。

在移动互联网时代，很多免费或便宜的市场工具也找到了它们的市场。像 LaunchRock 这样的服务平台为企业家提供了在发行产品和服务之前收集潜在消费者通信信息的机会。同样，最小化可行产品（Minimum Viable Product，MVP）等术语不断出现，描述产品的水平是否足够有活力来测试产品或服务的市场需求，避免因早期过度研发产品或服务而带来不必要的风险。

技术的进步和实惠的海外劳工成本也让生产成本降到 20 年来的最低。今天，生产和技术的总成本已经达到了历史新低。3D 打印技术等领域的进步让硬件项目的快速仿形变得更加容易，互联网的高速发展打破了产品设计师和海外廉价生产商之间的通信障碍。

众筹成为实现市场测试目标的手段，同时进行产品、服务进入市场所需资金的募资。通过众筹活动筹集的资金，可以用来创造未来生产或新产品调研和发展的新工具。

众筹在不同的程度上提供了一个平台，活动参与者对所资助的活动畅所欲言。精明的项目创建者会合理运用反馈信息来塑造他们的产品和服务。

众包反馈

Indiegogo、Kickstarter 和 RocketHub 等奖励型众筹平台推动了企业家与提前消费者之间的沟通与交流。

例如，Kickstarter 提供了两种项目创建人与提前消费者互动的方法。活动发起人可以在 Kickstarter 平台的“资助者更新系统”上上传文字、图片和视频更新状态，也可以自己设定可访问人员。活动发起者更新的信息可以选择对公众开放，也可选择仅对资助者开放。活动的赞助人会定期在邮箱里收到更新的信息，并且可以对指定的信息发表评论。

2013 年 9 月 26 日，电子游戏研发公司 Stainless Games 在 Kickstarter 平台的“资助者系统”上通知电子游戏 Carmageddon 的资助者：即将上线的电子游戏重生（Reincarnation）的附加下载内容需要另行支付费用。资助者们很快就作了回应，指出活动网页关于“任何游戏更新对资助者皆为免费”的承诺，而资助者对“资助者系统”上的反应导致 Stainless Games 公司不得不修改他们的通知，承诺 Kickstarter 活动的所有资助者可以免费下载内容，并在资助者系统上更新了信息。资助者才转而声援他们的行为，使危机得以化解。

资助者还能够通过活动评论板参与项目的讨论。每一个 Kickstarter 活动都有自己的评论板，参与者仅限活动资助者。

RocketHub 也设有“资助评论”，但是不同之处在于，RocketHub 的评论是发表在话题里；换言之，项目创建人可以直接在页面的右边回复评论，以示对上一个评论的回复。RocketHub 的评论功能与 Kickstarter 的线性评论方式正好相反。它的另一个特别之处在于评论并不局限于活动资助者。任何有 RocketHub 账号的人都可以对活动发表评论。

群众智慧的陷阱

通常，群众智慧的理念常常被视为众筹活动的优势。群众智慧这个术语着重强调了集体的意见。荣获“默海德学者”（Morehead Scholar）称号的《纽约客》财经记者詹姆斯·索洛维基（James Surowiecki）等人认为事实证明，一群人的集体答案比一群人中任何一个人的答案都要更加高明，即使这群人中有相关方面的“专家”。

然而，群众智慧也存在着一些陷阱。众筹项目创建人应意识到什么时候该重视群众的意见。陷阱包括以下几种。

- 集体思考（groupthink）。集体思考是一种心理现象，意为集体中的成员由于想和集体中的其他成员保持一致而作出了错误的假设或决定。
- 搭顺风车（bandwagoning）。集体思考现象中更加具体的行为；集体中的一位成员认为假的是真的，很有可能集体中的其他成员会跟风犯同样的错误。

- 达克效应（the Dunning-Kruger effect）。一种认知上的偏见，一些并不聪明的人错误地认为他们比普通人强。
- 虚幻的优越感（Illusory superiority）。它与达克效应一样也是认知上的偏见，导致人们高估自己的优点，低估自己的缺点。

项目创建人在权衡群众的反馈意见时一定要格外谨慎。群众的反馈意见无疑汇集和凝聚了群众的智慧，在尊重他们的意见的同时，也要认真考虑群众提出的意见，不能忽略人与人之间的心理偏见。

管理公众反馈的意见

公众反馈的意见对项目创建人来说是宝贵的资源，但是管理反馈的意见对企业家来说则是挑战。企业家们对他们的项目通常很有激情，但是在发起众筹活动时一定要做好接受批评的心理准备。对任何众筹活动来说，接受批评和回应批评的能力显得极其重要。

搭顺风车、虚幻的优越感等心理现象结合起来可以产生很多错误的设想和概念。Kickstarter 为橄榄球主题电子游戏 Gridiron Thunder 策划的众筹活动，就是一个很好的案例。

在 Gridiron Thunder 活动初期，几名资助者向项目发起者 MogoTXT 承诺投资几千美金，而活动最后筹得到了 1 万多美元的投资承诺。于是便有公众质疑 MogoTXT 创建了虚假 Kickstarter 账号，自己给自己承诺投资，以制造项目虚假成功的景象。而真实情况是位于旧金山的 MogoTXT 公司获得了前美国橄榄球联盟（NFL）后卫、美国橄榄球超级碗大赛（Super Bowl）冠军斯考特·藤田（Scott Fujita）等人的资助。资助者承诺 1 万美元投资，就可以参加一场 VIP 超级碗聚会，其中有 8 个人得到了该奖励。

这并没有阻止群众在 Kickstarter 上发表评论，要求 Kickstarter 叫停 Gridiron Thunder 活动。一个评论者称："如果它还继续众筹下去，那就将是一场笑话了。"另一个资助者查看网络后发现与 MogoTXT 的 CEO 安德鲁·桓（Andrew Won）同名的人正处于法律纠纷中。这个问题很快被炒得沸沸扬扬，MogoTXT 被迫回应，甚至扬言要指控在 Kickstarter 评论区发言的某个赞助人，多家媒体纷纷报道热议这种行为是否可取。

案例：预售营销运作

我们将在这里审查众筹平台上几个知名的预售营销众筹活动。下文提到的所有活动在融资和市场测试方面都做了充足的准备工作，但并非所有的预售营销项目都取得了成功，我们要能够理解失败是预售营销的一部分，因为不是所有的产品都有市场。

Ubuntu Edge智能手机

Indiegogo 为 Ubuntu Edge 策划的众筹活动应该是网络众筹史上野心最大的奖励型众筹项目。Canonical 是一家位于英国的公司，负责研发和维护 Ubuntu。Ubuntu 是 Linux 系统中受用户喜爱的移动操作系统，可用于安装了 Linux 系统的电脑、平板电脑和手机。

Canonical 在 Indiegogo 上发起了目标融资额为 3 200 万美元的活动，用于研发顶尖配置的 Ubuntu Edge 智能手机。Ubuntu Edge 插进显示屏，配上键盘和鼠标，就是一个普通的笔记本电脑。手机配置相当高，蓝宝石屏幕、随机存储器 4GB、内存 128G、立体声扬声器。

最后，Ubuntu Edge 在 30 天内筹得了 12 814 196 美元，离它设定的目标还差近 2 000 万美元。尽管它没有实现自己预期的众筹目标，但它仍然是目前单个众筹项目融资额排名第二位的项目（融资额最高的单个项目是电子游戏 Star Citizen，它在不注重品牌宣传的白标众筹平台 IgnitionDeck 融资 3 000 万美元）。

Canonical 失败的因素有很多，其定价策略绝对名列其中。最早，手机定价是 600 美元，后来价格一直在上涨，最后涨到了 895 美元。久而久之，这打消了很多赞助人投资的想法。Canoical 最后调整了策略，将价格定在 695 美元，而此时距离 3 200 万美元的目标似乎已经有些遥不可及了。

信息自由法案（FOIA）机器

非营利组织“调查报告中心”（Center for Investigative Reporting）为了给 FOIA 机器筹措资金，在 Kickstarter 平台上发起了众筹活动。FOIA 机器是一个软件项目，旨在研发一个“像政府报税软件 Turbo Tax”一样的在线工具，新闻记者可以用它来推动处理根据信息自由法案提出的请求。

项目发起时，FOIA 机器已经完成了 Beta 测试，并已有 800 多名感兴趣的用户登记注册。Kickstarter 充当了将 FOIA 机器项目介绍给公众、募资、测试市场的媒介。

骑士基金会（Knight Foundation）和密苏里大学的唐纳德·雷诺兹新闻学院（Donald W. Reynolds Journalism Institute）给“调查报告中心”发放了补助金，承诺将视项目在 Kickstarter 上的反响决定下一步资助。项目结束时，“调查报告中心”从 2 000 名赞助人处融资 5 万多美元，证明了 FOIA 机器的市场需求。FOIA 机器也因此赢得了两笔补助金，共计 2.5 万美元。该项目融资总额达到 78 654 美元。

今天，FOIA 机器软件已经开始运行，在 www.foiamachine.org 上可以下载，其中也有 Kickstarter 赞助者们的功劳。

Spira跑步鞋

安迪·克拉夫瑟（Andy Krafsur）从小的梦想就是生产将腿部疲劳感降到最低的跑步鞋，于是他放弃律师的工作，转行去实现自己的梦想。他穿着鞋底装了弹簧的跑步鞋样品，打了几个小时的篮球，腿部不觉劳累。Spira 跑步鞋的概念由此产生。

克拉夫瑟在 RocketHub 上发起众筹活动时，已经完成了所有的调查、设计、生产机床安装。他在 RocketHub 上众筹订单，同时节省了市场营销推广的成本。

众筹活动非常成功，预期融资 2.5 万美元，最终实际融资 4.2 万美元，并引起了 A&E 电视频道（Television channel A&E）的关注。A&E 与 RocketHub 合作推出了创业项目，将刚崭露头角的企业家们介绍给观众，以促进创业项目的发展。通过创业项目，克拉夫瑟已推出了风靡全美的鸭子王朝（Duck Dynasty）真人秀节目主题跑鞋。结果如何？活动从 3 667 名资助者手里筹得 493 991 美元，几乎是目标众筹额 10 万美元的五倍。活动已于 2013 年 11 月 19 日结束。

经纪自营商进入“合格”投资人行列

经纪自营商是以公司或个人的形式代表客户交易证券，也可以为自己的账户执行交易。自从 2012 年 4 月《促进创业企业融资法案》（JOBS）签署以来，所有受权和未受权的众筹网站与经纪自营商之间的关系一直是讨论的话题，加之多方面因素导致问题更加复杂：首先，哪些交易需要经纪自营商的参与，定义的范围太过宽泛；其次，一般劝诱得到批准是否会对需要经纪自营商涉足的领域反而起到火上浇油的作用？2013 年，众筹项目是否需要经纪自营商的讨论进展得如火如荼。在此文提笔前，美国证券交易委员会（SEC）仍未对普通众筹或未受权个人众筹作出规定，所有的讨论都没有实际意义。在美国证券交易委员会（SEC）正式发表其对规范普通众筹的立场、提出相关要求之前，各种猜测都没有帮助。

美国证券交易委员会（SEC）交易与市场部总顾问大卫·布拉斯（David W. Blass）在 2013 年 4 月发表的演讲中，分享了美国证券交易委员会（SEC）内部的讨论：

《促进创业企业融资法案》（JOBS）引进的众筹网站在众筹募股方面发挥的作用有限。融资网站的作用有限（例如，它们不拥有客户的资金、证券、提供投资建议），因此制度对其约束宽松，只要其遵守美国金融业监管局规则手册（与登记注册的经纪自营商相比）的相关规定，就不必在美国证券交易委员会（SEC）进行经纪人登记。毋庸置疑，员工们一直在思考融资网站该如何注册，适用何种管理制度，从经验中判断是否有机会找到其他方法解禁其他经纪人受限的活动。

布拉斯还谈及了经纪自营商要求的其他挑战：

经纪自营商们十分清楚，如果没有豁免或减免，为其他人从事证券交易活动的人必须在证券法 15 节（a）条例的规定下进行经纪人登记。经纪自营商注册考试内容广泛，涉及证券交易的各类活动。私募基金从业人员在进行一些证券交易活动可能需要注册成经纪自营商，其中包括以下活动：

- 向投资人推销证券（股票或其他私募基金）；
- 劝诱或进行证券交易谈判；
- 操作客户资金和证券。

现在有不少人争议众筹私人配售向合格投资人募股不需要牵涉经纪自营商，但最近的一篇文章清楚地阐明“一般劝诱禁令解除后，美国证券交易委员会（SEC）正在密切审查网络平台的发展。”尽管解除禁令的深意大家都很清楚，但是执行起来可能仍需要向公众解释。布拉斯在最近的一次报告中提到：“鉴于众筹平台运作和成立的方式，众筹平台有可能要满足经纪自营商注册的要求。”他还提醒大家，如果众筹平台创建的是二级市场，他们必须遵守交易所注册的规定，如果违规，后果十分严重。

布拉斯关于众筹平台的言论是对众筹平台利用 D 条例私人配售法规募股的直接推断。最好的法规通常简单明了。美国证券交易委员会（SEC）考虑到一般劝诱降低了部分要求，但是没有明确经纪自营商注册要求的角色。

很多受权众筹平台与经纪自营商并无关联，员工也不持有必要执照。一些受权众筹平台与经纪自营商有业务往来，因此增加了交易成本。

I-Bankers Direct、CircleUp、MicroVentures 等公司为经纪自营商。贴牌供应商 CommunityLeader 与 Benjamin & Jerald 建立了合作伙伴关系，为众筹平台联手推出经授权的合格经纪自营商 cTrade。其他众筹平台也纷纷宣布与经纪自营商建立合作，如洛杉矶公司 Crowdfunder 与 WestPark Capital，EarlyShares 与 Point Capital Partners。

众筹平台 SeedInvest 更是公开宣布其非注册经纪自营商，不提供投资建议。ReturnOnChange、RockThePost、Wefunder 等也不是经纪自营商。

希望传统银行和基金公司很快进入该行业的呼声愈演愈烈。有的银行和基金公司选择与其他公司合作，有的选择自己创建交易平台，还有的则选择与能够快速扩大规模的第三方公司进行“贴牌”合作。

有人预测五年后所有投资银行将会以多种方式众筹，金融机构将会收购运作成功的众筹平台，或者创建自己的平台。

众筹——政治工具

众筹尚未在众筹业中施展其作为政治工具的魅力。这样的情况很快会发生改变。奥巴马总统 2008 年总统竞选捐赠数据分析如下：

- 300 万网上捐赠；
- 由 300 万网上捐赠带来的 650 万捐赠；
- 650 万中的 600 万来自于低于（含）100 美元的单笔捐赠；
- 网上捐赠总额 5 亿美元。

2012 年，数字有明显提高。奥巴马阵营网上募资 6.9 亿美元，该数字包括在网上操作的大手笔美元捐赠，但是大部分都是小额美元捐赠。

不同的人对众筹的定义不一样，有人认为奥巴马运作了史上最成功的众筹活动。

截至今天，尚无专门运作政治众筹项目的众筹平台。但是我们相信贴牌平台将会在接下来的选举中发挥更重要的作用，未来应该能够为各种各样永不枯竭的活动快速量身定制服务，提高融资数目。

在 Indiegogo 上专设了政治项目的版块。Indiegogo 从战略上资助政治项目，而 Kickstarter 并不支持。Indiegogo 甚至利用自己平台的数据分析了 2012 年政治界的资金趋势。

目前最出名的政治活动与土耳其有关。2013 年 6 月，一群土耳其人组织起来支持土耳其公民反政府抗议活动。事发原因是因为拆了一座公园建商场，政府的行为激起了数百万人的抗议。组织方有意向土耳其首相厄多冈（Erdogen）施加国际政治压力，于是便在 Indiegogo 上发起了活动，为在《纽约时报》刊登整页广告募资 53 800 美元，活动进行了 7 天，最终筹集到了 108 371 美元。

这次众筹活动成功地调动了人们当下的情绪来支持一个共同的目标，象征着众筹介入政治领域的美好前景。

加拿大众筹平台 Fundrazr 也瞄准了政治领域，他们运作了很多本土众筹活动。

世界上最大的众筹平台之一 ——Fundly，在此文执笔之前已经筹集 3.21 亿多美元的捐赠。“Crowdfunding for good”平台是纯粹的捐赠网站，接受任意类型的活动，如教堂、俱乐部、旅游、政治、自然灾害，等等，上面应有尽有。

Fundly 运作了很多政治募资项目。大多数项目是为当地竞选筹募资金，很明显，网站希望参与更多的全国性项目。Fundly 与客户关系管理平台 Bloomerang 合作提供“一体化募资工具”。管理捐赠者关系对所有慈善和政治募资活动来说都非常重要。

2013 年秋，第一家政治类游说网站 iLobby 创建。这个平台既开展众包业务又进行众筹运作。iLobby 想要成为专业的“政治说教”应用，为小企业和行业协会创造一个内部讨论和辩论的论坛。这个创业企业既遍布选区选民，又融合了技术和社交网络，势必会成为一个备受关注的众筹平台。

奥巴马总统任期将满，2016 年的选举预计将会白热化，我们可以想象得到，未来几年，政治性的众筹活动与其他领域的众筹活动一样将会发生巨大的转变。

非投资性众筹诈骗

非投资性众筹诈骗在众筹行业中受到的非议最多。非投资性众筹中确实存在诈骗，而且比人们所了解的多得多！我们将在下文中介绍奖励型众筹诈骗的定义，审查项目创建者在众筹平台从事诈骗活动时所承受的风险，引用众筹诈骗案的经典案例，并探索项目创建者可以运用的策略，以防止他们成为受害者。我们还将讨论投资性众筹诈骗，介绍投资性众筹业目前防范诈骗所采取的措施。

何为诈骗

诈骗，广义为“指以非法占有为目的，用虚构事实或者隐瞒真相的方法，骗取款额较大的公私财物的行为”。在众筹领域，诈骗指的是为了从众筹平台用户手里骗取资金而采取的撒谎、欺骗等行为。

2012 年 9 月，Kickstarter 为了减少奖励型众筹平台的诈骗行为，对他们的项目指南进行了调整。Kickstarter 联合创始人陈佩里、燕西·斯特里克勒（Yancey Strickler）、查尔斯·阿德勒（Charles Adler）在博客上发表了一篇名为《Kickstarter 不是商店》的博文，公布了其项目指南的变化。

新的项目指南强制要求在 Kickstarter 上线的任何一个众筹项目都应该含有“风险与挑战”版块，项目创建者应该公开透明地讨论项目风险和挑战。Kickstarter 创始人如是说，新的项目指南是“为了加强管理创建人的项目”。他们提倡潜在的项目捐赠人研究这个版块，评估项目创建者兑现承诺的可能性。

研发新的产品、引进新服务存在很高的风险，成功的路上总是充满了挑战。然而，一心想要众筹更多的资金、掩盖风险和挑战，往往很容易构成欺诈。

“善意的小谎言”不应该出现在劝说陌生人投资的场合。透明、诚实是至高无上的品质。项目创建者如果不能在筹资时保证这两点，应该做的事情就是先提高项目成功的可能性，再去向公众融资。项目创建者确信他们能够兑现自己的承诺，在讨论风险和挑战时就不会把潜在投资人吓跑，这才是发起众筹项目的最佳时机。

欺骗性众筹的风险

项目创始人涉足诈骗会怎么样呢？每一个众筹平台会在服务条款里说明他们对项目创建者的期望。Indiegogo 在他们“关于奖励的特别规定”的条款中指明了期望，网站相关信息如下。

你同意如下几点：

A. 所有奖励必须合法，符合本协议的规定；

B. 兑现奖励，及时回答所有与奖励相关的问题和评论。如果你不能兑现奖励，你将与捐赠人共同达成满意的决定，包括但不限于及时退回投资；

C. 根据本协议免责条例，Indiegogo 对奖励兑现、奖励兑现失败、奖励的质量不承担任何责任和义务。

此外，Indiegogo 的条款还明确规定，不管项目如何描述，项目创建者或所有者与项目受益人对未按照宣传活动中描述的捐款用途的行为（“滥用”）负有个别连带责任。

Indiegogo 采用了众筹平台的通用模式。简言之，众筹平台都小心翼翼避免承担项目创建者的责任。Indiegogo 在服务条款上加入了以上条例，明确指明了项目创建者担责。

如果你是一名项目创建者，你需要履行以下两个承诺之一：兑现奖励或返还资金。如果不能做到，那么你就面临着承担法律责任的风险。

基于诈骗案层出不穷，活动投资人可以诉诸法律谋求公正。活动投资人既可以指出募资演讲中的不实之处，也可以在众筹项目失败之后要求退返资金。法律诉讼律师咨询费远远高于个体投资人承诺较小额的投资，因此起诉项目投资人的法律案件可谓十分罕见。尽管如此，意识到投资有风险是十分重要的。

抛开法律责任不谈，众筹项目在网上永远存在，如果你发起的众筹项目不能兑现当初的承诺，会影响项目创建者的能力评估、信誉评估甚至职场生涯。

尽管项目创建者不能百分百地确信自己能够履行诺言，但这也无法阻止项目创建者发起项目。因此，项目创建者一定要在项目描述中清楚地传达信息。资助者有权利在做出决定前了解项目所存在的风险。如果不能准确、清楚地描述项目的风险，项目很容易被当成诈骗。

奖励型众筹诈骗案例

下面我们将讲述三例众筹诈骗案，每一个案例都以独特的视角呈现了构成了奖励型众筹诈骗的元素。有的案例比起其他的案例更加令人难以置信，但是所有案例都符合众筹的任何现实定义。

神户红牛肉干

Kickstarter 上的“神户红牛肉干”项目（Kobe Red Beef Jerky）由一个名叫 Magnus Fun 的公司创立的。Kickstarter 上另一个项目众筹纪录片 Kickstarted 的创建者，联系 Magnus Fun 公司，想要对他们的项目做一期访谈。在协议最终敲定之前，神户红牛肉干活动页面上就刊登了一份关于协议的声明。Kickstarted 项目组对此有所不满，当他们深入了解神户红牛肉干活动后，他们发现有多处与事实不符，可疑的地方逐渐浮出水面。他们把调查的情况发表在 Kickstarted 网站、Reddit 论坛上。Kickstarter 随后在资金交收前叫停了神户红牛肉活动。

数控机床Handibot

原创的 Handibot 在 Kickstarter 上募资十分成功，活动团队随后表示他们处于兑现奖励的最后阶段。然而，有骗子在 Indiegogo 平台上抄袭了 Handibot 的活动，让人们不觉心生警惕，不过很快 Indiegogo 的内部侦察团队就确定了该活动为抄袭，并及时叫停。

大西洋城末日

大西洋城末日（The Doom that Came to Atlantic City）自称为娱乐发展机构和出

版公司 Forking Path 打造的类似大富翁的桌游。活动在 Kickstarter 上募资超过 12 万美元，远远超过起初的目标 3.5 万美元；1 246 名资助者承诺资助该项目。Forking Path 未能完成游戏设计，这算不上诈骗。一名支持者向其他支持者更新状态，揭露项目失败的原因之一是募集的部分资金被用来“将公司搬回波特兰市，”这笔资金用途从未在原始的产品说明中提到，于是引发很多支持者（一些媒体人士）的争论，纷纷在爆料状态下发表评论，提议通过俄勒冈州司法部起诉该公司诈骗。项目创建者发表声明称他已经开始退回支持者资金，表明了自己更正错误的决心。

如何保护自己

众筹项目发起人想要寻求保护的最简单方法是在支持者面前保持透明与诚实。如果支持者在做决定之前了解了所有的风险和挑战，这样反过来可以让项目创建人在未来不用承担风险。

俗话说“说得漂亮，不如做得漂亮”，所有的项目创建者都应该将这句话牢记于心。例如，很多众筹平台要求项目创建者预估奖励兑现时间，项目创建者应该算进缓冲时间，应对在兑现冲刺阶段可能遇到的突发情况所带来的风险。项目创建者心中一定要铭记，一旦对公众许下承诺，如果不能及时兑现，很有可能就会被当成骗子。

此外，发起奖励型众筹活动是商业行为，值得重视的首要战略就是保护资产。

在美国，众筹项目创建者可以成立有限责任公司或股份有限公司，划清营业资产和个人资产之间的界限。各个州的有限责任公司和股份有限公司的成本受益各不相同，但通常都是成本效益较好的企业结构，创建门槛不高。在我的家乡俄亥俄州，申请成立有限责任公司非常简单，填一张表，支付 125 美元的申请费即可。不同的企业结构也有益于纳税（是的，众筹捐赠需要缴纳所得税）。

在支持者们没有获得承诺兑现而发起的法律诉讼中，公司将成为案件的主体，项目创建者的个人资产将被免责。本书中还有其他章节提及了如何成立合适的实体发起众筹项目。

投资性众筹真的无诈骗吗

在全球范围内，投资性众筹业萌芽阶段尚未发生诈骗案件。例如，澳大利亚小额募资平台自 2007 年开始运营。在撰写本文时，300 多家公司在该股权众筹平台上成功筹集资金，尚未出现一起诈骗。Crowdcube、Funding Circle 等平台上也同样没有发生过诈骗。美国专门为合格投资人服务的众筹平台也没有被报道有诈骗行为。

这是不是意味着众筹投资不会出现诈骗呢？基于数百个成功众筹活动的样本量整理得出的数据，暂无诈骗发生。《促进创业企业融资法案》（JOBS）第三章的目标是向美国的一般大众发放股权众筹。众筹的参与者希望能够促进目前的交易量数倍增长。随着行业规模的发展，侦查诈骗行为将会更加艰难。

不少公司顺应市场需求，提供诈骗侦查和股权众筹交易审查的专业服务。弗吉尼亚州的 CrowdCheck 公司就提供此类服务，并计划在美国法规允许非合格投资人参与股权众筹时，大力推动股权众筹募股尽职调查。

总之，放松对网络投资的管制的确会增大诈骗的风险。监管部门将平衡诈骗和为小企业、新兴企业开拓资金渠道的需求。众筹投资诈骗会导致全世界重新出台新的规章制度。众筹业内人士对此了然于胸，诚实的参与者在现阶段和未来也应时刻注意，谨防被骗。

CROWDFUNDING

A Guide to Raising Capital on the Internet

第二部分

众筹活动上线筹备

Crowdfunding

第5章
众筹活动运作筹备

大卫·费尔德曼
理查森 & 帕特尔律所（Richardson&Patel）

众所周知,美国证券交易委员会(SEC)必须要通过相关法规,以保证快速启动《促进创业企业融资法案》(JOBS)的实施。公司才可以通过众筹出售股权快速启动《促进创业企业融资法案》(JOBS)要求美国证券交易委员会(SEC)通过相关法规，在此之后公司可以筹资。但在本文撰写时，股权众筹相关法律尚未出台。也就是说，企业应开始思考如何在条件成熟之前做好筹资准备。当然，面临的第一个问题就是哪些公司会对众筹感兴趣？《促进创业企业融资法案》(JOBS)中一个重要条款规定公司在一轮众筹前 12 个月不能筹资。法案更为详细地规定了任何筹资加上其他资金在 12 个月内不能超过 100 万美元。例如，你可以在众筹之前筹资 50 万美元，然后在众筹环节再筹资 50 万美元。但是，如果你在过去的 12 个月内已筹资 100 万美元，则不可以再进行众筹。这一点很重要，这意味着有些公司将会发现自己没有达到筹资资格。我的一些客户需要持续筹集资金，这些公司就会发现没有达到筹资资格。谁将有资格筹资？对于处于刚起步阶段的公司这可能是他们的第一轮融资。我曾参与国会制定此法案过程，认为这也是众筹的主要目标——帮助初创企业在其最艰难的时候(即刚起步阶段)筹资。当然有些公司会发现他们也能够参与筹资。一家生物科技公司筹资 1 000 万美元支持其一年的费用，可能希望通过众筹来筹集下一个 100 万，允许朋友和其他人通过投资小额资金换取股票的所有权。其他的类似公司可能会寻求增加股东基数，这在你打算在某一时间点上市时显得尤为重要。在零售店上可能会提供客户投资自己心仪商店的机会。因此，那些需要持续筹集资金的运营公司可能不符合筹资规定。而很多初期起步公司则能够满足其规定。本章的目标是为那些创业公司或将要创业的公司制订商业计划、做好预算、明确他们的市场机会、准备项目及预测走势提供一些基本建议；在你筹集资金达到50万美元之后，学会处理财务报表审计是必不可少的。幸运的是，《促进创业企业融资法案》（JOBS）在这些事情上的要求非常明确。

撰写商业计划披露文件

市场上有数不清的书教你如何写详尽的商业计划。对于初创企业来说，最大的挑战是，你写的每一件事情都是想象的，坦白而言，你所写的计划以及对从商业上获得成果的期望在一定程度上就是推测出来的。

当我还在法学院的时候，我和一个朋友一起买下了一个广播站。在这之前，我们需要筹集资金。因此，我大约花费了一个月的时间写了自己的第一份商业计划书。不幸的是，我们在苦心经营了四年之后因投资失利卖掉了这个广播站。但正是通过这段合伙经营的经历使我真正成为了一名企业家。从这段经历中我得到了一种重要的教训，这也是我日后经常告诉我客户的：商业计划中最重要的一点就是，要预见到当你的计划不能按照原本的计划执行时，你该做好怎样的准备。

然而，我和我的合伙人发现写商业计划能迫使我们进行一些严肃的思考和战略研究（坦率来讲，我们还没有做到那一步）：我们要如何开展业务？我们的目标市场在哪里？更重要的是涉及财务方面的事情。因此，你可以将这个经验作为制定你的战略和达成商业目标的一条路径，而不是仅仅坐在那里空想投资者们想听什么。

《促进创业企业融资法案》（JOBS）实际上至少规定了你需要为投资者们的股权交易提供的信息。至少在投资者们了解相关信息的21天内，你是无法从投资者那里取得资金的。这些信息同样需要上报美国证券交易委员会（SEC）备案。不管你通过众筹集资多少，这些都是硬性规定。

它规定了项目中应包括基本信息、业务介绍、众筹者财务状况说明、筹资金额、资金收益的用途说明、预计出售股价、定价方法及众筹者资本结构。这些只是基本要求，《促进创业企业融资法案》（JOBS）赋予了美国证券交易委员会（SEC）酌情要求提供更多信息的权利，因此，将来可能在此基础上还会增加其他的规定。

基本信息

《促进创业企业融资法案》（JOBS）要求在披露文件中包含公司名称、法律状况、地址和网址，同时还要包括董事和工作人员（或担任相似角色人员）的姓名及持股 20% 以上的股东姓名。这些要求相当地简单易行。当我和委托人一起整合这些信息的时候，我们决定将管理层主要成员的介绍也放进去，尽管在规定中并没有要求这么做。

业务概述

虽然《促进创业企业融资法案》（JOBS）并未更具体地说明，我认为这一部分主要涵盖了商业规划中的主要话题，包括业务概述、市场分析、营销与销售以及详细的商品或服务说明。这将是披露文件中的主要部分。

如何做好业务概述，有人会提出每个公司都应采用的“电梯游说”理论。如果有人要求你在一分钟内或更短的时间介绍你的公司，你会说什么？要做出无懈可击的概述最重要的是，从宏观上来看整个大局的能力。坦率说，很多投资者甚至不会读完这份业务概述。

思考商业计划中的本质部分。有些就写得比较直白。我在自己关于广播站的商业计划中写道：“你好，我们要以此价格买下这个广播站，我们打算采用这样的音乐模式和计划去管理并推广它。”而在我们第一次与客户的会面中，我的一位客户这样说道：“我需要花一些时间向你解释我们的这项业务。”在执行概述中听到这样的话并不是什么好兆头。

很显然，你若想突出重点，就不要回避你生意中可能遇到的最大挑战。这有可能是你公司计划进入一个竞争比较激烈的行业，而你又很自信自己拥有更具竞争性的产品。请注意一定要进行诚实披露，你有权在你的计划中给予投资者合法积极无误导性的指向。

在业务概述及其他地方要尽量避免使用难以证明和浮夸的言论及观点，例如，“我们坚信只有我们公司才能达成我们计划中的目标”、“我们修改并制作了目前世界上最好的构件”，或者“我们的管理在行业内可谓翘楚”。同时还要尽量避免晦涩难懂的专业技术术语，尽可能采用简洁明了的语言，才不至于让你的客户读得两眼昏花。

下一步，市场分析也至关重要。我们花时间和精力研究并介绍了我们计划购买的广播站的地理位置，还涉及了当地的人口统计、潜在的不同音乐类型的受众程度等。我们尽可能地提供了相关市场中其他各种广播站的信息。

你应该深入了解这个市场并提供相关信息。如果条件不具备，就上网去查。你要进入的市场有多大？竞争如何？市场分布如何？行业内的公司规模大小如何？公开地调查你的对手很重要。你应该列出几个你的主要竞争对手，即使他们很强大。

接下来就是你的营销和销售策略了。我曾是沃顿商学院市场营销专业的一名学生，我认为几乎在每一份商业战略计划的核心部分里都应该包含营销策略。这也正是我喜欢广播的原因——它完全是以市场为导向的，无需制造任何小玩意，也不需要通过大量的前期投入来促进服务业务发展（阅读法律），如此等等。

营销不仅仅只包括销售。销售是营销的组成部分，且销售策略随着营销策略的变化而变化。这一部分的关键在于问简单问题：我们要填补市场上哪些尚未提供的服务？仅仅拥有炫酷的技术是不够的。如果市场对于技术关注度不够呢？在特定年龄段的某些人依稀还记得那些令人称奇的技术出现在市场的情景，例如四声道立体音响系统和索尼盒式录像机。而最近我们看到的是 3D 电视发展和推广的失败。

有些企业用不同的方式在做事。例如，微软公司的比尔·盖茨没有发明私人电脑，只是发明了在其上面营运的软件而已。许多公司也在这样做。盖茨的不同之处在于他的软件可以在任何一台电脑上运行，而其他公司包括苹果在内，只允许自己的软件在其硬件设备上使用。

因此，重要的是你要拥有自己独特的东西，并坚信这正是市场所需要的，也清楚为什么市场需要它。当你开始讨论销售策略时，你需要提出一种“独特的销售主张”。许多大的律师事务所都相当成功且利润丰厚，不过他们也是在最近才开始拓展和实施现代的营销手段的。如果你上网去查看十大律所中的任何一家的网站，你会发现你根本无法将它们区分开来。很明显，这种雷同化只能说明它们的营销路子有问题。

因此，将你的产品或服务与你的竞争对手区分开来是非常重要的。你之所以要选择特定的洗发水和航空公司，可能是因为它们的营销和推广比其他竞争对手的更加吸引你。你一定要确保在营销和销售策略中提到你是如何计划组织提升营销和销售团队的，假设你成功完成计划，你将会给予投资人什么样的回报。有的公司通过雇佣外面的销售代表来完成营销方案，而有的公司则通过内部销售人员来完成。总之，你现在就可以开始做出这方面的决策了，否则你将无法对业务运营进行合理的预算。

接下来就是关于产品和服务的说明。再次强调一下，即便你销售的是技术含量较大或者难以用非专业术语解释清楚的产品，你也一定要找到一种对非专业的普通大众来说一目了然的产品说明方法。尤其在众筹的时候，你整个的目的就是让每一个人投资，无论他们的收入、投资经验和智力水平如何。因此，你不妨设想一下，怎样才能让普通大众读懂你为之准备的众筹文案？即使这需要你花更多的语言去向大众解释清楚，你也一定要这么做。尽管《促进创业企业融资法案》（JOBS）并没有要求或建议美国证券交易委员会（SEC）去审阅这些文件，但他们也可能是这些文件的阅读者，所以你在写文案的时候，一定要把这个牢牢记在脑中。

当你无法确定什么材料应该包括在你所要提交的文件中，什么不需要包括时，不妨查阅一下美国证券交易委员会（SEC）所要求的材料。在你准备的文件中至少应该包括他们所要求的材料。而所谓材料，就是任何一位理性的投资者在他们做出投资决定时认为最重要的东西。作为一名证券律师，我每天都在帮我的客户分清哪些是合适的材料。我的准则是，如果我们用超过五分钟的时间去判定它们是否是材料，那它就很可能是。

《促进创业企业融资法案》（JOBS）要求项目发起者列出影响其业务的“风险因素”，这将在后面讨论。坦白来说，一位不明就里的读者在阅读大部分公司关于“风险因素”的陈述后都不会再进行投资。因为这全都是关于有可能发生的、令人悲观失望的坏事的陈述，如公司对其主要管理层的依赖、所面临的主要竞争挑战、需要筹集运营资金以及关键技术的缺失，等等。

当然，法案除了要求罗列相关“风险因素”条款之外，还要求制定相应的保障措施，以防止投资者之后的抱怨。的确，对于一个每人只投资几千美元（《促进创业企业融资法案》（JOBS）规定）且总额加起来不过 100 万美元的团体来说，是不太可能会联合起来提起诉讼的，甚至那些体面的集体诉讼律师也不愿意去接涉案金额仅有 100 万美元的案子。但是万事皆有可能。之所以要设置“风险因素”条例就是为了避免后续遭到那些“你没有告诉我，要是你告诉我什么，我一定不会投资”的抱怨。

财务状况说明

关于财务状况的说明是最基本的要求，《促进创业企业融资法案》（JOBS）规定：1. 筹资 10 万美元以内，需递交公司最新的收入完税证明回执和财务报表，由首席执行官确认保证材料真实可靠；2. 筹资 10 万 ~50 万美元，所提交的财务报表应由独立执业会计师按照美国证券交易委员会（SEC）所规定的流程进行审核；3. 筹资 50 万 ~100 万美元，财务报表要由独立的会计师事务所审计。但法案中并未规定该事务所必须要在美国上市公司会计监督委员会注册，而且会计师必须是审计上市公司的会计师。

《促进创业企业融资法案》（JOBS）还规定必须要有公司财务状况说明以及先前标注的财务信息。尽管法案起草者要求出具财务情况说明的目的并不清楚，但是如果我们参照上市公司规定中的要求，就可以了解到公司的资金流动性及来源，甚至是利润和费用的前后对比。当然这要求你不是一家初创企业。

创业失败的最普遍原因之一就是缺少足够的资金去运营。因此在你的财务情况说明中，详细分析你所需求的现金金额和你希望筹资的资金来源就显得尤为重要了。你是通过运营来筹资？出售股权？还是通过借款？如果你是一家初创企业，你要在理想情况下保守估计运营需要多少资金，在讨论中还要提及资金的潜在来源。

当然，当你询问大多数企业家尤其是初创企业的老板们，他们在最初创业的那几年中对自己的企业未来有什么展望时，他们都会在心中暗自发笑。因为生意初期有太多不确定因素，按照理论来预测生意未来的走向无异于投机。但无论如何，你尽可能为你所做的事制订好计划，你能做的就是你擅长的。

事实上，你的这个众筹计划首先会被普通大众审阅，包括那些经验不足的投资者。而我个人在看一份商业计划和财务信息时，通常会关注该企业对自己的业务未来将会如何发展的看法，而绝不是我认为这项业务会如何发展。当然，你在制订公司计划时存在着太多的未知，而你所认为可能会发生的事情恰好是我认为最重要的信息。我会据此判断你是否是一家理性可靠的公司。在大多数情况下，一些公司之所以失去筹措资金的机会，是因为他们往往高估了自己公司的实际价值。因此，在你搜集整理信息的时候，一定要牢记这一点。

资金用途及发行数量

《促进创业企业融资法案》（JOBS）规定需要在文件中包含以下内容：阐述筹资的目标及发行的资金预期用途、发行数量及截止日期、定期更新发行进展情况。

当然，在决定如何花钱之前，确定你打算筹集多少资金是一件明智的事。如上所述，每年通过众筹方式筹措的资金不能超过 100 万美元。专家们建议，初创企业通过众筹方式筹措的资金数额最好不要超过 50 万美元，以避免审计财务报表所产生的费用。所以当股权众筹合法之后，我们将会看到众多筹措金额为 49.9999 万的众筹项目。当然，你也可以在通过其他方式筹集 50.0001 万美元的金额。有趣的是，法案没有就众筹结束后的筹资额制定相关规定。

决定你要筹集多少资金的不仅仅是《促进创业企业融资法案》（JOBS）的相关规定，更为严谨的做法是仔细审核你的商业计划，评估一下还会产生哪些额外的资金。通常，会计师可以帮助你整理这些。筹措的金额通常会随着你不同的项目而有所浮动。也许你不需要筹集 100 万美元，甚至连 50 万美元都不需要。大多数人会遵循两个看似不太协调的原则来进行众筹：1. 所筹集的金额不要超过你所需要的资金上限；2. 考虑到众筹进展得没那么顺利，也要确保你筹到你所需要的每一分钱。

之所以建议你不要筹集太多资金，是因为如果你期望自己的企业得到快速发展，势必就会需要筹措大量的资金，而这会导致你相应的回购股份价格提高，从而稀释你自身的股份，对你的所有权产生不利影响。但同时，你又要确保你有足够的运营所需的资金。这的确是一个艰难的平衡抉择。

一旦你确定了筹资的金额，一定要详述这笔钱的用途，也就是“资金用途”（use of proceeds）。再次重申，法案中没有明确的规定。就大部分案例来说，仅仅说这笔钱是为了“一般企业目的”是不够的。你可以详列出如营销、产品研发之类的项目。同时，你还应该包括一个免责声明，以确保你可以改变你的计划和意图，进而改变相应的众筹组合。

你该如何决定资金的分配？这将取决于你的项目立项，其中至少应包括关于费用的预算，我们将稍后讨论。在这种情况下，当你决定如何来规划资金分配时，应该在心中随时想着投资者的需求所在。举例来说，相对于还债和购买股东的股权，投资者更愿意看到自己的钱被用在公司的发展上，或用于产品或服务的研发和推广上，而不希望看到自己的钱被用来给公司高管们涨工资。如果你将所筹措来的资金用在上述投资者所愿意看到的用途上，并且公司也因此而获得发展的话，那这将有助于减少你与投资者之间的冲突。

公司估值：证券定价和对资本结构的理解

《促进创业企业融资法案》（JOBS）中明确要求在文件中要详细标出出售证券时的价格。如果你对此不是很确定的话，那就应该通过某些方法计算出价格。如果你没有设定价格，那么在你确定定价的时候，就还需要重新进行发行。

确定定价是公司估值中最基础的一环。尽管这非常不容易，但它却可能是你在众筹过程中所做的最重要的决定。有各种各样合法的方法去对企业进行估值。但对于一家最有可能众筹的、处于起步阶段的公司来说，根本就没有任何财务历史业绩可用来帮助他们评估企业价值。因此，他们只有向前看，凭借着自己对公司未来的财务业绩的规划来进行估值。

绝大多数风险投资公司会告诉你他们关注的是你对公司未来三年发展的预期。例如，到那时你预计公司会有 200 万美元的营业收入。公司估值常用方法之一就是以收入倍数计算。无论是否是上市公司，公司的经济状况如何，以及并购市场状况如何，此种方法在行业内得到了广泛的应用。有时盈利的倍数可以低至 2 到 3 倍，而有时则可以高达 10 到 12 倍。

因此，你应该与你的顾问一起来确定你公司所在行业目前市场的回报倍数。例如，如果你所在行业市场的平均倍数为 4.5 倍，那么你可以说自己的公司市值为 200 万美元的 4.5 倍，即 900 万美元。但你应该注意的是，即使你的立项很成功，绝大多数投资者也不会认为你公司未来三年的价值能如你所愿，达到你的预期。

一般来说，严格基于未来收益倍数的估值方法有几种下调手段。首先，“折扣”因素与你的立项需要三年来完成的事实有关。如果在一切进展得很顺利，并能够达成目标的前提下，折扣因素对你需要三年的等待这一事实所产生的影响力势必会减弱。例如，如果折扣是 15%，那么你 900 万的市值一下子就减少到了 765 万。

第二个调整手段是用以处理当你无法实现立项目标时所面临的巨大风险。你的估值是基于公司过去的业绩表现也同样如此。通常，你的立项都是在最理想情况下进行估算的。几年前我帮助运营一家小型风险投资公司，对于初创企业来说，如果我们对其立项满意的话，我们就会直接将其估值对半。许多投资者和投资银行则采用别的估值方法。如果将其应用到我们上述这个例子中，那么它今天的价值将会是 382.5 万美元。

最初 900 万美元的估值似乎减少了不少。但请记住上述例子中的公司是一家初创公司。下一步就是要算出你要出让多少股权给投资者。一旦你知道你需要多少投资及公司的估值，那这就是一道简单的数学计算了。在上述例子中，382.5 万美元的估值被称为“投前估值”（premoney value）。公司的价值则是由你集资来的资金一分一分地累计起来的。因此，如果你众筹到 100 万美元的资金，那么“融资后估值”（postmoney value）就是 482.5 万美元（382.5 美元加上 100 万筹集资金）。那么这 100 万美元应该占多大比例呢？将 100 万除以 482.5 万，你就能计算出应将公司的 20% 出售给众筹投资者们。

因此，一家预期第三年盈利 200 万的公司应该出售其 20% 的、价值为 100 万美元的股权。再次提醒，这只是一种方法和一个例子，现实中的情况千差万别。最后，你需要搞清楚你将出售给投资者的实际股权的价格。这取决于很多因素。如果你的公司是有限责任公司，那投资者则被称为董事会成员，拥有董事会成员权益。这些权益可以是股票或者其他可以数字形式呈现的权益，但更多的是用简单的数学来表示股权的占比。这样在我们的例子就简单容易了。100 万美元可以购买 20% 的股权，那么 10 万美元可以购买 2% 的股权，1 万可以购买 0.2% 的股权，以此类推。

在上市公司，你要出售的是股票。当然在某些情况下，公司的衍生证券也可用来出售，比如优先股（preferred stock）或可转换债权（convertible debt）。我们还是以普通股票为例进行说明。一旦你和你的顾问决定好你愿意拿出多少股权来流通（众多因素会影响此比例），向大众发行适当比例的股票。比如，如果你最后拿出 50 万流通股，众筹投资者们将占有 20% 或是 10 万股。100 万买 10 万股，每股价格为 10 美元（100 万除以 10 万股）。这就是你每股的发行价格，也是《促进创业企业融资法案》（JOBS）要求你披露的。

《促进创业企业融资法案》（JOBS）还要求你详述你公司的所有权情况及资本结构。这就意味着你要明确写出谁拥有公司股权并承担公司债务。如果是从银行贷款，也要如实披露出来。尽管目前还没有清晰的最终指导文件出台，但报告中应该披露有多少未偿付的流通股及利息。法律要求你的披露所发行证券细则、与其他公司证券的不同之处、如何确定之前讨论过的价格、将来如何估价证券以及各种相关事宜的风险问题。同时，报告中应披露其他证券，如你已发行的股票期权。

法律所要求披露的还包括与少数股权相关的风险因素、公司动向（如公司的出售）以及与利益方相关的交易。你可以选择适当添加风险因素，但是要避免大而化之的问题，如“经济形势变好或变坏”和“公司正处的行业是一个周期性非常强的行业”等诸如此类的问题。这里所指的风险因素应该只针对本公司。

审查 VS 审计财务报表

筹集资金的额度在一定程度上取决于你是否愿意让一家独立的会计师事务所花时间和金钱来审查和审计你公司的财务报表。根据《促进创业企业融资法案》（JOBS）规定，如果众筹环节的筹资额低于 10 万美元，那这一步就可以省掉。如前面所提到的，筹资额度在 10 万美元到 50 万美元之间的需要审查，而筹资额度在 50 万到 100 万美元之间的则需要审计。

《促进创业企业融资法案》（JOBS）没有规定财务报表的具体回溯年限。筹资额少于 10 万美元的只需要提供上一年度的纳税申报证明。由此，我们可以理解为这同样适用于财务报表。上市公司一般要求至少提供两年的财务报表，若成立不足两年的公司则从成立之日算起。

在筹资额不超过 10 万美元时，如果没有会计师审核，由公司自己准备其上一年度的财务报表，其中应包含“资产负债表”、“损益表”、“股东权益表”和“现金流量表”。这在《促进创业企业融资法案》（JOBS）中并没有作明确规定。是否需要有财务报表注释（该注释普遍都会很长，并用来解释一些会计条目和会计政策）在法案中也没有明确规定。如之前所提到的，由公司首席执行官确认的、在所涉及的各个方面都保证真实完整的。

筹资 10 万美元到 50 万美元之间需要审核什么呢？在审核过程中，会计师们只看财务报表本身，不看其他任何备份、收据之类的有关报表数字的文件。他们对报表进行核对并提出问题，不审核任何工作文件。

筹资 50 万美元以上所要求的审计则是另一回事。在审计过程中，审计人员会查看部分报表中的工作文件。他们还可以从你的开户银行获知公司的现金状况，或是从律师那里了解公司是否有未结案子或相关的法律威胁。这些都需要花一些时间，通常审计人员至少要在公司的办公地点花上几天时间来审查这些文件。如果有库存，他们还会去查看。

所有这些说明，如果你的公司处于初创阶段，那基本上财务报表的内容或审计都会比较简单。但即使新公司实际上没什么需要审计的，也必须遵循一定程序。如果公司成立不足一年，只需要审计公司成立以来的部分即可。

此时审计的意义何在？当公司成立只有几个月的时候，审计真的能够为投资者提供有用的信息吗？也许不能。对于其他非公开发行中的合格投资人和非合格投资人（不超过 35 人）来说，如果材料对投资者意义不大的话，那就不一定被要求审计财务报表。合格投资人一般被要求至少有 20 万美元的收入或者是 100 万美元的净资产，这其中不包括他们的居住房产。

我推测，在诠释《促进创业企业融资法案》（JOBS）时，立法者们认为，即使只能筹资 100 万美元，但发起人也可以从潜在的一大群人中筹资。举例来说，如果从每个投资者手中筹资 250 美元，共筹集 100 万美元，那么就有 4 000 个投资者。即便筹集的金额很小，国会也会担心其中某些投资者可能会得不到正确的信息。记住，在其他非公开发行中，你很难找到超过 35 个非合格投资人。

因此，在选择会计师为你准备财务报表（如果不是自己准备或由内部人员准备的情况下）和选择审计人员为你审计财务报表的时候，一定要确保上述人员都是经过仔细而广泛的挑选的，确保他们拥有丰富的行业经验，并有和处在发展阶段的公司共事的经验。当然还要进行价格比较，但为保证质量，也不要选择价格最便宜的会计师事务所。有些服务供应商的灵活性很高，相比现金报酬，他们更愿意接受股票。而审计事务所则不可以这样做，否则会影响其独立性。他们的报酬不应受到公司筹资的影响——在其工作完成后就必须支付报酬。所以，要确保你有足够的现金支付。

预算、立项和预测

在理想状况下，当你准备立项和预算时，就可以在会计师的协助下开展工作了。他们会和你一起讨论你的计划与预期、行业运作模式、如何克服困难等诸如此类的问题。最后你会发现你在某个立项中所投入的资金金额需要坚实的财务基础，而另一些数字只不过是书本上的猜测而已。

同样，在理想状态下，正如某些人所说的，你不需要准备两套立项方案——一套是你真正预算出来的，另一套则是为投资者准备的。这显然具有误导性，还有可能被予以实施，我个人很反对这样做。有些公司会根据不同的假设情况，如利润的预估情况、不同人员配置或费用水平来准备多套方案，然后将其呈现给投资者们。

如你所看到的，在准备这些具有前瞻性的信息过程中，大多都是基于你对公司整个业务作出何种预测。你公司的营业收入是多少？头绪何在？以我们的广播站为例，我们通过作了一些事情来预测我们潜在的广告销售收入。首先，我们设法（通过合法手段）了解到我们竞争对手的收费标准。然后我们开始招聘几个销售人员（两个），并讨论如果每位销售人员每个星期能招揽 3 到 4 单广告，收入达到 X 美元时，公司将会达到一个什么样的位置？这些都是预测的重点——有多少销售人员以及他们要用多长时间可以做成一单？我们通过与我们熟知的、富有经验的广播站销售人员交谈所得到的信息来作出预测。

这也帮助我们计算出了另几项预算。我们很清楚我们需要给销售人员开多少的工资、需要多少的办公室人员等类似的事情。我们还找到了一种通过卫星发送的、特殊的音乐模式。其结果是，自从我们只用向卫星公司支付发送大量内容的费用后，我们每月都要向电台主持人支付一笔固定的费用。

如上所述，通过事先周全的考虑和调研，你会对公司的成本甚至费用上限有一个合理的判断。那么你该如何做第二年、第三年甚至更长远的计划呢？大多数人的建议是，事先预设好一个特定收入和费用增长比率，并在此基础上做计划。公司的业务能否快速提升？大概需要多少年？比较切合实际的合理预期是多少？同样重要的是，投资者们能够接受的合理预期是多少？

如果你真的相信你公司的收入可以在 3 年内从 0 增长到 100 万美元，那你有可能是对的。但我认为更多的可能是，很少有公司的生意能按自己所预期的发展。因此，即便你坚信这是有可能的，并向投资者们传达这一信息，那有可能会在他们中间炸开了锅。尤其是你的估值是基于立项顺利且超额完成的情况下。这就是所谓的“曲棍球效应”，项目所呈现的的确是真实的场景，但却鲜有投资者相信。

回溯到我做风险投资业务时，我们都对一家消费品公司感兴趣，它的 3 年计划非常保守。正如他们所说的，他们公司的盈利状况很好，而且他们对此也很有信心。随后，我们建议捆绑他们的大部分回报以换取该项目 75% 的利润。但由于他们强烈反对，我们只好放弃了这笔生意，其实我们很清楚他们并没有自己所言的那样有信心。

下一个问题是决定你的预算和立项是否采用现金制记账。我们都知道会计有两种计算方法：现金制和权责制。在现金制中，所有的收入和费用都以现金的进出来登记账目。现金必须是来自于产品销售收入才能被记为销售。而且只有在实际发生支付时，才能被记入费用，不能提前记入。

权责制则更加理论化，其中可以包括一些非现金项目，特别是费用支出中的折旧和摊销费用等。在权责制中，在你预售发货时就可以记入销售，而不是等到收到货款时。无论是否采取现金制还是权责制，你都应与公司顾问商议你的预算和立项到底采用何种方式记账。

小结

在众筹法案最终通过时，美国证券交易委员会（SEC）还会有更多的信息公布。然而仅仅就《促进创业企业融资法案》（JOBS）来说，明确要求公司为投资者提供坚实而完整合理的披露文件，并在美国证券交易委员会（SEC）备案。因此，请把你的时间花在为公司未来发展而制订切实可行的计划上吧。

Crowdfunding

第6章 保护知识产权

迈克·艾伦和特勒蒙·诺里斯（Tremayne M·Norris）
斯特普托及约翰逊事务所（Steptoe&Johnson,LLP）

知识产权（IP）资产对于全世界的企业来说，无疑是最宝贵的资产。知识产权是我们日常生活中所看到的发展最迅速的创新驱动力。知识产权通常涉及创作和想法，这些创作与想法足以让法律保护其创作者的权益。典型的知识产权有专利、版权、商标和商业秘密。从智能手机、平板电脑到音乐、书籍、商标和秘方，知识产权保护了激发创新所需的创造力和智慧。尽管知识产权十分重要，大众经常误解知识产权的构成，不了解应在何时以何种方法来保护知识产权。

未能识别、定义并最终保护知识产权意味着此类权利的丧失。由于在众筹过程中，自然会涉及向大众公布某种创作、创新和想法，如果没有任何保密或非披露信息保障措施，那由此所带来的此类风险会在众筹平台中尤为突出。

本章将简介知识产权并提供一些最佳实践措施以保护众筹中的知识产权。

众筹平台上保护知识产权的重要性

众筹的概念并不新颖（自由女神像就是通过向公共发出奖励邀请筹资而建成的），互联网时代的到来和以实物型回报为基础的众筹网站急剧增加让众筹越来越流行。传统上，私人或小企业在寻求资金的时候，一般会求助于银行、风险投资基金和其他私人募资如朋友或家人。每个案例中，即使是相对不太复杂的募资者也会要求预期借款人或投资者签署一份保密协议的合同。保密协议的前提是一方得到关于另一方想法、概念或创新的信息都应该保密，在没有得到另一方的同意前是不可以使用或披露该信息。保密协议之类的文件让创新者在分享其想法或发明时，不用担心其宝贵的知识产权会被剽窃。

像 Rockethub、Indiegogo 等之类的众筹平台让发明人及项目创造者可以快速有效地向各种潜在客户推广自己。众筹网站上的表现也可以作为一个项目是否值得进一步大规模投资的初步指标。比如，雄厚的资金支持更让你坚信，你的想法一旦完成，你就会做得很好。

在推广中获得的高效率代价是失去保密协议的传统保护。的确，如果可能，逻辑上很难要求所有潜在项目支持者在目睹项目之前签署保密协议。关于违反保密协议的处罚会更加困难。简单来说，现代众筹平台所提供的高效的代价就是缺少保密性保护，随之而来的风险就是知识产权损失。

不是所有的项目都是一样的。一些项目的公开可能导致重要的知识产权的丢失；然后，有些项目的公布导致知识产权丢失的可能性则很小。因此，对于所有的网上众筹平台用户或潜在用户来说，了解工作所需的知识产权基本知识、披露风险和保护知识产权方法很重要。

美国和其他国家承认知识产权保护是一项重要工作并加大了知识产权保护的力度。这种保护既激励了大众继续创作新的想法，同时也让大众放心：只要新的想法可以被保护并且创作者是原始发明人，那么大众所投入的时间、精力和金钱就不会被浪费。如果没有这一制度架构，知识产权的蓄意剽窃将会泛滥成灾，创新也会陷入停滞。试想一下，如果新技术一研发出来，马上就会被人抄袭，那人们将失去愿意投入资源去研发新技术的动力。

专利：保护你的创意

全世界每天每秒都会产生新的创意。这些创意是我们过去以及未来技术进步发展的重要基石。有些创意可能是制造出某种电子或机械设备，抑或是电视购物中看见的某种便利小工具，还可能是隐形的电脑软件及相关产品，它们提升着社会中产品和服务的速度与效率。不论是哪种形式，在它们或相关信息提交给众筹网站之前都应得到极力保护。保护这些创意最普遍的方法就是申请专利。

专利是发明者对其发明的合法垄断。专利保护发明人独家制造、使用、进口、销售、提供出售的权利，禁止专利中涉及的项目进口至美国。专利本质上就是发明人与公众之间的合同，禁止发明人之外的人使用此发明，以窃取发明人对社会的创新性贡献。专利自有效备案日起有效期为 20 年。

可获得专利的主体可能包括新颖而有效的工艺、机器、技术、组装或任何由此带来的新颖有效的改进。一般人通常认为发明就是他们日常生活中可以用到的和触摸到的物品，如智能手机、最新的运动装备或者是你能在布鲁克斯东商店（Brookstone store）找到的商品。不过，可获得专利主体的“流程”项目相当广泛，为那些解决需求的方法提供了保护之门。例如，搜索引擎搜索相关答案的方法、智能手机处理应用请求的系统和全球定位系统定位并提供实时方向的应用，这些都可能满足专利保护条件，并主要取决于这些方法价值的高低。在如今计算机软件为主导的世界里，发明者们应该意识到这些处理流程是目前获得专利保护的重要主体之一。

专利的组件

专利首先由发明人向美国专利商标局提交专利申请，专利审查员审阅申请。

一项专利的申请通常包括以下材料：

- 一份详述材料，应包括发明的制造和使用具体细节信息；
- 权利要求书，限定本发明的范围；
- 帮助理解发明物重点的图纸。

要重点理解的是详述中可能会公开发明的多种案例，然而，只有权利要求书中的实体才是发明真正的组成。专利审查员审阅的申请叫“非临时”专利申请，包括上述提到尚未被审查员批准同意的专利材料。在“非临时”申请中，发明人应展示其发明的新颖实用性，且在申请提交时，必须保证该发明在此领域是非显而易见的。如果以上条件都能满足的话，专利审查员就会批准同意申请并签发专利。

在审查过程中，专利审查员会审阅申请，并很有可能发出官方审定书。审定书中会详述审查员认为能否授予申请者专利权的原因。在典型案例中，审查员会因搜索研究发现有先前技术存在，排除了“非临时”专利申请的专利性，从而会拒绝该申请。这也意味着先前技术与申请者所宣称的新颖性相当一致或类似，并且在此申请备案之前，其已经进入了公共领域。收到披露专利审查未通过原因审定书之后，发明人有机会修改其专利申请以绕过先前技术，或者是直接拒绝接受此判定，跟审查员理论其应该通过的理由。专利审查员可以签发附加审定书，发明人也可以继续上报回应，直到专利审查员同意此申请并签发专利。另外，发明人在无法说服审查员签发专利的情况下可以放弃专利申请。

众筹风险与临时专利申请

专利保护对于众筹领域来说尤为重要。一旦发明人向大众展示其发明，美国专利法将为发明人预留一年时间提交专利申请，否则其将失去申请专利的权利。基本上，发明人自己公开披露发明在美国专利法规定下将会成为“现有技术”，专利审查员可以以此作为依据来拒绝发明人的非临时申请要求。因此，在个人将其发明上传至众筹网站平台之后，他有一年时间去提交申请，否则将永远无法获得相应专利保护。

发明人可以通过另外一个机制来绕开时间限制：提交暂时申请。暂时申请相对没有那么正式，通常专利审查员们不会来审阅这些申请，所以其比非暂时性的申请便宜。在提交暂时申请之后，发明人可以在一年之内提交非暂时申请。暂时申请的好处在于，虽然后来才提交非暂时申请，发明人可以将暂时申请提交日期作为其发明的假定日期。这样一来，在暂时申请提交日期之后，但在非暂时申请提交日期之前的类似技术公开披露不能作为排除发明专利性的理由。

暂时申请让发明人能够在众筹平台上公开其发明，在一年之内受到一些形式保护，以免被他人抄袭。在这段时间内，发明人在去提交非暂时专利申请前，就可以判断其发明物能否为大众广泛接受，从而再来决定是否投资。相对于非暂时申请，在向大众披露发明细节前提交暂时申请是明智之选。

美国发明法案

《美国专利法》在最近一次修订之后，要求众筹者们加强其想法在平台公布前的保护。2011 年 9 月 16 日，这些修改在《美国发明法案》中被制定成法律。在此法案中，美国专利制度由“首先发明”制变为“首先申请”制，这也和大多数国家运作方式一致。在之前的制度下，如有两方都宣称自己是发明的第一发明人，专利将会授予能够举证其是第一发明人的一方。关键在于，能够举证其发明形成最早日期的一方将获得专利。这个日期概念甚至可以早于专利申请日期。然而,在新的“首先申请”制度下，专利将授予最早提交申请一方，不管谁是最早实际形成发明概念的人。

“提交申请速度”是美国专利法的实际重大改变，对众筹领域有着重大影响。因此，在“首先申请”制度下，众筹平台用户在向大众披露发明之前，寻求专利保护势在必行。否则，大众中某一人就可能让真正的发明人无法得到专利保护。举例来说，设想这样的情景：一位发明人通过众筹平台需求资金支持来生产制造其发明物。如果她在没有专利保护的情况下向大众披露她的创意，大众中的某一人即可剽窃其想法，并在技术上，抢在真正发明人提交申请之前提交专利申请。在“首先申请”制度下，尽管剽窃者并没有真正发明申请的发明事项，但剽窃者的专利申请优先于真正发明人的申请。

真正发明人阻止此行为发生的唯一方法就是证明此人剽窃她的想法，这实际上会非常困难。困难在于真正发明人应首先意识到这个专利，目前有上万个专利需要强行执行。因此，在这种情况下，真正的发明人意识到专利的可能性很低。更为重要的是，真正发明人需要提供关于剽窃者的实际可信证据。当发明在众筹平台上向一大批人展示之后，就很难去证明了。这些调查的花费很容易就超过大多数人所能承受的底线。因此，要避免陷入这样的困境，发明人应该在众筹网站上向大众披露信息之前，就申请专利保护。

我们一般建议先咨询知识产权律师，并尽可能在众筹平台公开披露之前提交暂时申请。尽管这样做有额外的支出，但其收益远远超过其风险。确保尽早保护发明对于获取高价值知识产权权利至关重要。

著作权：创造性作品的保护

一份专利并不能保护所有类型的独创。想想那些创意十足的作家、摄影师和作曲家。艺术作品并不涵盖“事物过程、机器、制造和组成”——专利保护的主题。换而言之，专利保护想法，而著作权保护创造性作品。

当然，美国已经意识到需要鼓励和激发艺术家们继续创造艺术作品，以满足大众欣赏的需求。相应地，作家、摄影师、作曲家和艺术家们可以以版权形式为他们的作品寻求保护。著作权包括原创作品著作者。被著作权保护的著作者作品包括以下：音乐作品、文学作品、电影动画、建筑作品、雕塑作品及舞蹈作品。著作权赋予其所有者的独家权利有如下几种：

- 复制品；
- 向大众展示或分发作品副本；
- 创造与著作权作品有关的衍生作品；
- 著作权的保护有效期一直持续到作者过世后七十年。

与专利的不同之处在于，著作权保护想法的表达而不是想法本身。相应地，一旦艺术家向大众展示其作品，那原作者只能阻止他人复制其作品中所展示的形式。著作权不保护普遍或大众信息，也不保护在有形媒介上不成型的作品。

从作品被创造出来时，就会自动启动著作权的保护。因此，其获得保护手续和专利不同,没有如登记或出版之类的手续。不过,拥有联邦登记著作权有一定优势,如:

- 有著作权的公开记录；
- 他人提起著作权侵权诉讼时要满足一定要求；
- 为版权有效期设定了显而易见的证据；
- 在侵权案件中增加可行的救济方案，如支付法定损坏赔偿或承担律师费。

可获得著作权材料的众筹风险

尽管已经有艺术作品保护存在，每一位艺术家在众筹网站上传他的作品之前，都应考虑联邦登记。例如，大众中的某一员尽可以剽窃已经上传到众筹网站上的艺术作品，在未得到原作者的允许使用此作品。只有在进行过登记后，原作者才可以对剽窃者提起诉讼，以阻止其占用作品并获得赔偿。

在另一个案例中，有两人都宣称自己是同一本作品的原创作者。如果其中一位拥有此作品的登记而另一位没有，那么根据法律，拥有登记的作者就会被认定是作品的真正拥有者，即便这位并不是真正的创作者。登记在案著作权认定的有效性在著作权侵权诉讼中也可以使用。案件中的侵权者（被告）可能会辩解此著作权是“无效”的，并由版权办公室（Copyright Office）以各种理由错误授权。但是，在著作权被推定为有效前提下，侵权人要去证明版权办公室错误地授予了著作权十分困难。法律认定版权办公室和美国专利商标局一样在向作者授权前，完整全面地调查了著作权的有效性和价值。被告侵权人要提供清晰有力的证据去推翻版权办公室的授权，而这一项工作非常困难。

在作者未为其作品登记的情况下，另一种较好的措施是在向大众展示时，在作品上使用 © 标志或“著作权”或“著作”二字以告知作者权利。通常，使用著作权符号、文字或缩写，紧接着是第一次出版年份，然后是著作权所有者名字就可以完成。

商标：来源或出处的命名

商标是一种产权，用来保护那些用来鉴别商品或服务来源的词语、短语、符号、声音、气味或颜色。“谷歌”（Google）一词表示一家在线搜索引擎公司，“放手去做”（Just Do it）是耐克的标识，美国全国广播公司的时钟孔雀标志等都是商标之一。商标可以反映一家公司的身份和名声，就像大众倾向于将这一记号和商品来源联系在一起一样。只要标识仍在使用且及时办理了续期申请手续并通过批准，那么对商标的保护就是无限制的。

商标权利源自于图标的使用。因此，对“想获得商标保护，就必须在联邦或州政府进行图标登记”这一点并没有明确要求。不过，和著作权一样，在美国专利商标局（USPTO）进行商标登记有以下诸多益处：

- 为商标的有效性和所有权提供初步证据；
- 商标的所有权提供相关推定通知；
- 将商标使用权从本地区域延伸到美国全国；
- 允许他人搜索，以便知悉其已存在；
- 在拥有独家商标使用权五年后满足无争辩的条件。

商标的众筹风险

商标权建立在使用之上。毕竟，商标是为了表明来源和出处的。而且大众在商标未使用时，也不会将其与某种特定来源联系在一起。众筹平台上商标设计的主要风险会在项目创造者推广某一产品、品牌或该产品还未实施的市场战略时出现。例如，某一企业家为其吸引人眼球的、设计独特的新项目寻求资金。如果企业家还未出售、制造、或市场推广以此新设计为标识的产品或服务，那剽窃者可以辩论说企业家还未将其吸引人的设计作为“商标”使用。另外，鉴于商标权是建立在使用之上的，那就意味着其对该品牌尚未确定任何权利。此时，该企业家所面临的风险是，万一有人看到了该图标，且在他之前使用该图标，即便是基于可能使用该商标，那也建立了对于该商标的优先权。可见，在众筹之前提交商标申请，能够保护其免遭上述案例中的潜在损失。

从保护的角度来说，进行初步商标估值是很明智的商业决策。例如，一个项目的创始人使用另一项目或产品推广相关的商标时，可能就会卷入商标侵权诉讼中，成为被告人——尤其是这个项目或产品在商业上非常成功。一般来说，进行商标搜索是一个比较好的方法，尤其是在众筹平台上使用前。搜索既可以帮助你辨别所选商标是否有相似或相同的商标正在使用，也可以帮助你避免前期在某产品或服务图标上投入巨大财力，却因他人的优先使用权而不得不修改图标的悲剧事件发生，从而也避免了诉讼。搜索内容可以是联邦或州商标记录、公司名称、产品名称和域名。一旦十分确定没有他人在使用此图标时，图标主人就可以在图标边角上放上“TM”的标识，每当使用时，就可以告知他人此图标已作为商标在使用。在美国专利商标局批准登记后，该图标持有人只能使用带有 ® 的图标。

商业秘密的保护

上述提到的知识产权保护——专利、著作权和商标都是授予创造者和创新者权利，以便其前期向大众披露相关事宜获得保护。就专利而言，发明者必须详细地向大众披露发明物的制作和使用细节，以获得独家权利，禁止他人使用。著作权和商标创造者分别为满足大众的喜好提供受保护的作品或为大众区分商品和服务的来源。

然而，公司业务的某些领域可能是不愿意向大众，更重要的是不能向竞争对手披露。一家公司实体或个人有时会保留某些商业行为不去披露，以保持自身的竞争优势。例如，这类机密信息可能是酱汁或饮料的配料或清洁产品的配方比例。在任何案例中，这类信息的保护就被称为商业秘密。

商业秘密就是那些公司保密的信息，能够帮助公司在竞争中保持优势。美国大多数州在决定信息是否为商业秘密都需要遵守《统一商业秘密法》的规定。该法规定只有满足下列情形的信息才可被称为商业秘密：1. 信息未被大众广泛知晓且通过适当的方法不容易确认，可以带来实在或潜在的独立经济效益；2. 他人通过其信息披露或使用可以获得经济利益；3. 已经采取适宜方法保护信息的机密性。

可口可乐的碳酸汽水秘密配方就是典型的商业秘密。保护商业秘密没有任何限制，只要公司采取适当措施保证信息机密性即可。

商业秘密没有专利排他性。正因为如此，商业秘密所有者不能阻止他人利用已经向大众披露的商业秘密。商业秘密让其所有者有权追究他人对商业秘密的挪用、偷窃或不当泄密。不过，商业秘密所有者无权过问他人独立发现的商业秘密的信息，或反向工程师在其工作中发现的商业秘密中的信息。因此，如果他人独自用你的“秘密配方”分析它，获得具体配料并重新制作出该配方，那商业秘密所有者就无法阻止反向工程师使用或告知他人此秘密。

商业秘密的众筹风险

通常，商业机密的相关权利在其公开披露时就会终止，无论是意外、无意的还是有意披露，所以商业秘密所有者不应通过众筹网站向大众公开披露其商业秘密。

无法在众筹网站上公开商业秘密不应对其所有者造成困扰，他们可以在不涉及商业秘密的基础上提供其他大量产品信息。

但是，公开披露原则中也有例外。在保密协议下披露商业秘密不会将其转化为公共领域的一部分。本应保密的人在保密协议下公开披露商业秘密也会导致所有者权利的终止。因此，强烈建议所有者只跟自己信任的个人分享其商业秘密。向所有者的雇员披露商业秘密不会将其自动转化为公共领域的一部分。再次重申，雇员在公司以外公开披露商业秘密可能会终止所有者的权利。

简而言之，拥有商业秘密权利最重要的部分是按照《统一商业秘密法》分类标准选择商业秘密的内容。更具体地说，就其是否会带来独立经济利益，并在他人通过适当方法难以确认的情况下带来竞争优势进行一项测评。一旦做好决定，剩下的就非常简单：保持信息的机密性，更为重要的是不要将其上传至众筹网站上。

知识产权组合管理：最佳实践

无论是第一次发起众筹还是经验丰富的公司利用众筹来测试其产品或创意，意识到项目中可能引起争议的各种知识产权权利，充分了解在网上众筹活动中使用这些知识产权资产的利弊，对于任何人来说都至关重要。事实上，有些项目中包含多种知识产权类型。

知识产权组合的发展对于辨别所有潜在知识产权资产及对其所采取的保护措施来说，都是至关重要的。如果你的项目或产品取得了商业上的成功，即便是没有取得任何成功，那未来的某天，当你试着兜售自己的理念甚至出售公司时，这些未雨绸缪都将会给你带来经济回报。

尤其是在专利领域，专利组合的顺利开发和成功管理对于新兴公司和技术来说至关重要。因此，应考虑采取切实的措施，为强大专利组合的开发建立起常规的程序，这些措施包括以下内容：

- 尽早识别重要的专利组合开发；
- 主动利用专利保护，以为该组合开发筑起防卫之墙；
- 从战略角度去开发产品或服务，以减少涉及第三方专利的侵权争议。

我们之所以采用上述措施是为了向投资者和竞争对手展示我们的商业智慧和相关法律的复杂性。

如本章所言，知识产权权利种类繁多，在众筹平台上未受保护的公开披露会带来各种风险。因此，在网上众筹之前，应对知识产权权利有一个基本了解，并清楚如何保护这些权利，这将具有重大意义。

Crowdfunding

第7章

了解投资期权

雷金纳德·钱伯斯
前白宫研究员，白宫国家经济委员会

将众筹模式延伸至期望财务回报的投资者中，是基于回报的众筹模式的重大尝试，投资人只希望他们能够及时收到预期回报。投资者与公司之间的关系是一个长期话题，投资者影响着公司未来的运营。

在回报模型的众筹中，线上用户投资风险企业时，会对于企业能否发放回报持不确定态度。很大程度上，投资性众筹比基于回报模型的众筹更加危险，风险更高。对于前者，投资者期望的不仅仅只是回报，他们还希冀投资收益。除了这些不断增加的期望值，投资刚起步的私人小型企业天生比投资那些更加成熟或上市的公司风险更大，通常前者提供的披露信息和历史信息更少。因此，投资性众筹要求更完善的监管，以保护投资者。

华盛顿的政策制定者们在撰写2012年的《促进创业企业融资法案》(JOBS)的相关众筹条款时，希望在为小型企业提供资金来源的同时，保护投资者。监管者们希望投资者们拥有足够的披露信息和安全的平台，以免受到欺诈，这样，他们就可以正确地评估其投资机会。而让特定投资者通过众筹获得投资收益并不是监管者们的目标。投资者依传统方式投资同样可能遭受损失——由对完全合法完整披露的企业的投资不当所引起的。那些打算利用投资性众筹的企业应充分理解并努力满足投资者的期望，否则两者之间的关系会随着投资者未收到预期收益而变得紧张起来。

本章将探讨企业在决定是否通过众筹引进投资者时应重点考虑的事项。

引进投资者的决议

从外界投资者中寻求第三方资金的决议在公司发展进程中非常重要，它对公司未来成功有着重大影响。企业家应仔细考虑投资者带来的利弊。

企业一般在以下情况下应引进投资者：

（1）企业自身资金不足以支撑企业达到其目标；

（2）无法为资金增长提供足够现金；

（3）回报模型的众筹不适合公司；

（4）寻找相当规模资金，超过正常回报众筹金额①。

引进投资人有相当多的好处，合适的投资人将会为企业发展提供增长资金、经验和技能。企业趋向找外部投资者的典型项目包括以下几种：

- 购买新设备设施；
- 发展或发布新产品或服务；
- 偿付高利率债务；
- 进行重大营销活动；
- 接触新客户或进入新市场。

优势

企业引进外来投资者有众多的积极意义。他们会成为企业的拥护者，为企业的成功保驾护航。更重要的是，投资者拥有广泛的关系网有利于企业发展。特别在众筹案例中，一家拥有众多投资人的企业与单纯从机构筹资的企业相比，众筹企业的忠实追随者会积极推广他们投资的企业。这对于尚处在树立市场品牌的起步阶段的

① 市场研究公司 Massolution 的最新报告中显示，2012 年全球平均融资规模回报模型的众筹为 2 300 美元、债务型为 4 300 美元、股权为 19 万美元。2013 众筹行业报告 34 页：http://www.crowdsourcing.org/research.——编者注

企业来说，效果是立竿见影的。

其他方面的优势还在于以下几方面。

- 企业发行债券时，利息费用可以减税。
- 外部投资者通常不会要求控制企业日常运营。
- 若企业筹集股票资金且不是股息支付的优先股，企业就不用偿付投资人，除非有流动性事件发生，如合并、收购和公开募股等。
- 拥有股东在借贷额外资金时更加简单，其潜在贷款人风险更低。因为债务所有人在企业资本结构中地位高于股东，企业破产时早于后者得到偿付，在资金结构中有股票保底。

劣势

尽管引进投资人会带来诸多好处，企业在向投资人筹集资金前，也要考虑其相应的劣势。最主要的劣势在于，会潜在稀释企业家的所有权权益。不同于回报模型的型众筹，投资人仅仅获得现金投资的回报，而企业筹集股票资金时，企业家要将一部分所有权下放给投资人。除了这个主要弊端外，不是所有企业都适合基于回报模型的众筹方式。从已有的案例中来看，尽管对投资人来说，此模式缺少回报收益，但这些有着足够“魅力因素”的创意和商业项目（如艺术作品、社区发展重点举措和高科技产品等）已经成功通过回报模型筹集到了资金。没有上述因素的企业或需要寻求更大规模资金的企业则会考虑投资性众筹，他们给予投资者的回报要比平均水平高很多。

管理团队也应意识到自身应尽的管理义务，与众多股东沟通是任何发行证券众筹活动的一部分。投资者们希望定期收到企业的运营信息，了解企业发生的重大事件，如出售公司、收购对手公司、推出新的业务线等。即便有众筹平台的帮助，这项意义重大的工作还是会让管理人员从企业日常运营中分心。

另一个需要考虑的弊端就是众筹的企业资金结构中有众多投资者（可能有成千上万人）。今后当企业希望或需要筹集机构资金，从而买断众筹投资时，就须先得到众人的同意，这使得众筹的吸引力会大打折扣。一些平台正在试图解决这种担忧，通过集中投资者成立投票委员会，其委托人则是唯一实际备案众筹股权所有人；或者是让所有投资人签订股东协议，设立条款明确在何种情况下可以投票。还有一种选择是集中所有众筹股东成立有限责任公司（LLC），但众筹平台在使用这种方法或其他聚集机制时，应小心被认定为“投资公司”，进入《1940 投资公司法》（the Investment Company Act of 1940）的监管范围[①]。和一个公司打交道对于机构投资者来说很有吸引力，这意味着和众多众筹投资者的沟通更加便捷。

投资者的一般义务

所有公司所有者在做决定之前，都应考虑引进投资者所应负的相应责任后果，并应始终铭记与投资者之间的关系可能会持续数年，要定期向其汇报公司运营状况。此外，强加对引进投资者的监管义务具有重要意义。

在投资债务时，大多数投资者重点关注的是，是否有潜在升值市场去交易债务工具以取得现金收益。随着现有债券的风险增加（包括从债券到含有债券和股票特征的混合型金融工具及纯股票），投资者希望其额外的风险能够带来更高的回报。另外，投资者会持续关注其资金使用情况，并希望能够定期收到企业的进展信息。在《促进创业企业融资法案》（JOBS）的第三章中，要求通过众筹筹集资金的企业向美国证券交易委员会（SEC）和投资者提供其财务信息及其运营结果。满足这些要求，处理投资者的预期是企业家应仔细权衡的重要义务。

监管义务

介于以下情况，投资小型企业须承担实际风险：

1. 这些投资一般缺少流动性，转售这些证券的市场有限；
2. 大约 66% 的新企业在其成立 10 年内要么失败，要么消失。

与大规模上市公司大量随手可得的信息及研究分析相比，小型私人企业投资

① 依照《1940 年投资公司法》规定，在一家公司（如企业、公司信托、合伙或有限责任公司）发行证券并在其业务中涉及证券投资，即可认定为投资公司。除非其有不超过 100 个投资人或其每一个投资人拥有大额投资资产。参见：www.sec.gov/answers/mfinvco.htm.——编者注

环境非常不透明。因此，可能出现的欺诈及内部交易很容易给投资者造成更大的损失，从而承担过多的风险。监管者经常提及的涉及散户的债券直销的潜在陷阱有：（1）20 世纪 80 年代的仙股事件对市场所造成的混乱；（2）“炒高抛售”案就是在 1992 年放宽《1933 年小规模股票发行证券法》504 规定的背景下发生的①。其结果是，监管者重点保护散户投资者，对涉及投资性众筹的平台和发行方附加诸多义务。

在《促进创业企业融资法案》（JOBS）第二章，众筹豁免提案对于合格投资人来说，还不至于成为过重负担。一旦美国证券交易委员会（SEC）的立法生效，在《促进创业企业融资法案》（JOBS）第三章中有关发行的众筹豁免提案中，包括非合格投资人在内的所有投资人将承担重大监管义务②。美国证券交易委员会（SEC）新增的规定将成为对现有投资者的保护规定中的最高准则，包括《促进创业企业融资法案》（JOBS）第三章的规定在内，并涵盖以下内容：

- 一年内发行人的筹资不能超过 100 万美元；
- 筹资 10 万至 50 万之间的发行人财务必须由独立的会计师审查；超过 50 万时应进行相关审计（委员会须就审计要求制定具体规定）；
- 发行人每年都应向委员会及投资者披露其公司运营及财务情况；

这些应尽的义务意义重大，企业们通过众筹筹集资金之前应充分考虑这些义务。

---

① 20 世纪 80 年代发生臭名昭著的仙股欺诈案。那些没有任何资产、收入或雇员的公司在向投资者承诺丰厚回报之后开始变脸。尽管有些股票收到回报，但大多数完全是欺骗性的，在其完成首次公开募股（IPO）之后就消失了。另外，1992 年修订的《1933 年证券法》504 规定中，美国证券交易委员会（SEC）取消了出售价值上限为 50 万美元证券的登记要求，同时也废除了一般征集和转售限制，将这些纳入委员会小企业计划中一部分。参见：Small Business Initiatives,Securities Act Release No. 6924, 57 Fed. Reg. 9768（proposed Mar. 20, 1992）; Securities Act Release No. 6949, 57 Fed. Reg. 36,442。依照 504 规定，“炒高抛售”中证券发行人向投资者预售证券，不需要登记或披露。正因如此，那些不诚实的股票经纪人会采取抬高股票的方式，通过制造有大量需求的假象，将其高价出售给那些不明真相的投资者。一旦股票售完或清空后，虚假的需求和价格就会崩塌，给投资者造成巨大损失。1992 年的条例 4 在 1999 年被重新恢复，参见：Revision of Rule 504 of Regulation D, the “Seed Capital” Exemption, Securities Act Release No.7655,64 Fed. Reg.11,090（Mar.8,1999）.——编者注

② 美国证券交易委员会（SEC）裁定《促进创业企业融资法案》（JOBS）第二章在 2013 年 9 月 23 日生效，其第三章的建议稿在 2013 年 10 月 23 日发布。——编者注

非合格投资人与合格投资人

委员会历来就特别关注对非合格投资人保护，认为他们比合格投资人单纯。结果，面向非合格投资人的发行限制及披露要求更加繁琐，一旦《促进创业企业融资法案》(JOBS) 实施后，在其第三章规定下，这就是包括非合格投资人在内的众筹发行实例。管理人员在考虑分析实施何种发行时，应考虑上述情况。和《促进创业企业融资法案》(JOBS) 第二章下合格投资人唯一的发行相比，如果《促进创业企业融资法案》(JOBS) 第三章中众筹发行成功的话，则会有潜在的广阔市场，这将会成为接受更多繁琐的第二章义务的合法理由。然而，在相对温和的第三章中，投资者的投资限制可能意味着更多投资者需要筹集足够资金，任何企业都应对这么多股东进行有效管理。①

合格投资人、发行人及众筹平台应继续关注美国证券委员会就这一定义的立法。除了《多德 - 弗兰克法案》(*Dodd-Frank Act*) 修正合格投资人定义以外，比如个人的原始住房不能算在 100 万美元资本净值的计算中，对于合格投资人的定义在过去几十年内都没有改变。根据 2007 年美国证券交易委员会 (SEC) 的数据以及 2006 年 7 月的通货膨胀率来对其门槛进行计算的话，个人收入在 20 万美元和联合收入 30 万美元的收入门槛应分别提高至约 38.8 万美元和 58.2 万美元。个人净值资本为 100 万美元的应升值至 190 万美元。鉴于合格投资人的定义没有受到通货膨胀因素的影响，这就会将很大一批对投资事宜不那么精通的投资人涵盖进来，监管者也注意到这一点。值得注意的是，《多德 - 弗兰克法案》规定从 2014 年开始，如果有修改的必要的话，那以后每四年美国证券委员会会要求整体审查一次有关合格投资人的定义。因此，众筹平台和企业依靠《促进创业企业融资法案》(JOBS) 第二章规定的合格投资人众筹时，应注意关于合格投资人的定义有可能会在下一年有所修改，这将会影响到这类投资人。

如果所有投资人都是合格投资人，那么《促进创业企业融资法案》(JOBS)

① 在《促进创业企业融资法案》第三章规定下，个人投资者的年度最高投资额限制如下：(1) 若投资者年度收入或资本净值少于 10 万美元，上限最高为 2 000 美元或其收入或资本净值的 5%；(2) 若投资者年度收入或资本净值大于或正好为 10 万美元，上限最高为其收入或资本净值的 10%，不能超过 10 万美元。参见：Jumpstart Our Business Startups (JOBS) Act, Pub. L. No.112-106, 126 Stat. 306 (2012), Section 302 (a).——编者注

第二章的众筹规定则可以使用。这一章的优势在于没有限制众筹的规模，而且其限制和披露要求比该法案第三章的要求要简单得多。至此，对于企业对合格投资人进行发行的监管责任（以及对投资者的持续披露义务）比非合格投资人牵涉的发行要低。

除了上述义务外，企业还要尽到对重大责任披露的义务。在《促进创业企业融资法案》（JOBS）第三章规定下，立法接受《1933 年证券法》新的 4A（C）条款范围内的诉由，尤其是针对众筹，要求发行者对要求披露信息中的重大误导及遗漏负责的诉由。当然也没有任何要求证券发行人负责的意图和规定。新的 4A（c）条款中有关责任的规定是对《证券交易法案》10b 部分以及 10b-5 细则中一般反欺诈条款的补充，而这些都将会被运用到众筹发行中。因此，企业在进行证券众筹发行前，应征询法律人士的参考意见，以保护自己免除潜在的责任。

对投资者的教育义务

在企业决定是否通过众筹引进散户之前，应考虑到投资者潜在的常识基础。投资者对于投资了解得越少，他们对于相应的风险意识就越会不足，有不切实际的收益期望。研究表明，大多数的美国人对金融常识的了解普遍不足。在 2009 年针对美国成年人的调查中，受访者在平均 5 个金融常识扫盲问题中只能答对 2.72 个，48% 的受访者不知道共同基金的风险比单只股票的低很多。在 2001 年的调查中，只有 52% 的受访者知道共同基金不偿付回报担保率；56% 的人知道长期来看，股票的收益率最高。

在《促进创业企业融资法案》（JOBS）第三章发行规定中，筹资平台需要告知投资小型企业的风险，为投资人提供相关教育资料。企业在众筹时，也应该充分了解将要成为其企业投资者的信息，尽量让那些了解投资风险、对企业期望实际并对收益期望合理的投资人成为其投资者。如果投资者有不切实际的预期，在融资之后，企业将会遇到各种问题。管理人员应谨慎地利用这些规定，仔细地挑选教育投资者，并允许管理人员自己决定他们想要的个人成为企业的投资者。

另外，为了更好地分享知识，帮助投资者建立起对初创企业合理的期望，众筹中介可以建立电子公告栏，允许潜在投资人和其他公众之间就各自的众筹进行交流。

《豪斯众筹法案》(*House Crowdfunding Bill*)的早期版本中就有公告板要求，但却在《促进创业企业融资法案》(JOBS)第三章中消失了。在《促进创业企业融资法案》(JOBS)下，美国证券交易委员会(SEC)有权制定“保护投资者和大众利益”的补充条例，并被允许在第三章规定下提出“设立资金平台公告板”的要求。即使规定中没有就公开论坛作出要求，企业应挑选那些允许此类公开沟通的平台，这样可能会减少因投资者对相关知识了解不足而给企业带来的麻烦。允许公众在公开沟通渠道中就企业家、企业和投资风险进行分享，有利于保护投资者免于欺诈和做出错误决定。除此之外，根据记者詹姆斯·索罗维基(James Surowiecki)的理念——“即便一个组织中大部分人的信息不足，不够理性，但组织依然可以做出正确的决定”，这种开放还可以让众筹平台用户充分发挥大众的智慧。

让投资者的参与最大化

在进行投资性众筹活动的下一步之前，企业家应搞清楚那些潜在投资者投资自己企业的动机。对于部分投资者而言，决定投资不仅仅是为了经济回报。

历史上投资人参与回报模型众筹时，不仅仅只把这类投资作为交易经验，更多的是一种社会关系经历。Indiegogo 公司的创始人戴安·瑞格门(Danae Ringelmann)对议会成员说道：“当人们意识到什么对自己重要时，他们就不会仅仅提前购买面包或运动跟踪器，他们会在自己身边创造真实的生活……有时这可能只需花费一杯咖啡的价格，但他们却因此变得更加充实和强大了。”正是这种内在的社会/关系需求因素，在 2012 年从那些本不期望或需要经济回报的人那里筹集到的金额就超过了 10 亿美元[①]。作为第一个且是最大的回报模型众筹平台，该公司的研究表明，人们会因为以下四种原因投入资金：

1. 人——他们喜欢运营该项目的人或团队；
2. 热情——他们对该创意或项目抱有极大的热情；
3. 参与感——他们希望成为超越事物本身的一部分；
4. 收益——他们希望有所回报。

① 2012 年，捐赠型众筹和回报模型众筹的金额分别是 9.793 亿美元和 3.833 亿美元。——编者注

前三个因素（人、热情及参与感）已经在全球的众筹活动中得以充分体现，并在一定程度上反映到参与美国投资性众筹活动的投资者的身上。企业在进行投资性众筹时，尤其是与社会影响有关联的企业，应将这些潜在投资者的考虑事项纳入考虑的范围内。

另一个众筹的重要因素是有关企业在寻求资金时对于来自同一社区投资者的吸引力问题。众筹平台的投资者更可能从交易地域的审查中获益，投资者能够协助在该地区的业务发展和管理人员的工作。此外，如果有大量本地投资者参与到最初的众筹中来，这对于外地投资者来说，无疑释放的是一种信任和质量保证的信号。拥有本地投资者的另一个优势在于可以解决潜在不利的选择因素（如只有二流企业才会选择众筹，一流企业会通过更传统的方式筹资，如银行和风险资本）。

另外，企业与其当地投资者的紧密联系让这些投资者成为企业忠实的宣传者，同时也是企业最早的客户。这对于刚起步的企业来说意义非凡，即可以提升其当地形象，又可以促进社区与企业的联系。当地投资者们也会从中获益，企业会更加努力经营以取得成功，来帮助社区发展。

除了要意识到合理利用当地投资者的重要性外，管理团队合理利用其社交网也同样重要。宾夕法尼亚大学的伊桑·莫里克（Ethan Mollick）教授对著名众筹平台 Kickstarter 上大约 5 000 个众筹活动的研究支持了这一观点，他发现 Facebook 上好友超过 1 000 人的公司更容易获得成功。那些和企业家关系密切的人在众筹早期应投资该企业，以帮助那些关系疏远或没有联系的人建立起信任及社会认同感。在以回报型众筹为主的平台 Indiegogo 上，极有可能获得成功的众筹，其 30% 的资金来自他们本身的关系网。另外，英国股票型众筹平台 Seedrs 数据显示，如果至少有 30% 的投资者能够调动他们的社会关系人成为投资者（如朋友、家人、其他众筹平台的外界关系成员）的话，那企业就更有机会筹资成功。要想稍微减轻管理人员在实施众筹计划前对庞大的社交网络需求的压力，企业应选择那些拥有活跃投资者且能够将投资者的兴趣与赚钱的机会连接起来的真正众筹平台。

资本范围

在通过众筹融资之前，企业家应该明确：（1）投资者的不同动机是基于他们所投资的资本类型；（2）此项资本的成本。由众筹平台所提供的资本类型一般是收益分享协议型、债务型和股权型。收益分享协议型和债务型的投资者更倾向于关注现金收益。从某种程度上说，投资者承担的风险更多，因为他们极少得到现金收益，而且还要等到未来某个不确定的时间点，才可能有套现的机会，所以他们对投资回报率的期望值会更高。

投资者对于资本成本的计算很大部分出于对与投资机会相关联的风险的评估，并可以根据所提供的资本类型的不同来部分抵消。在决定选择收益分享、债务还是股权众筹方式融资之前，管理团队需要评估投资者预期的范围和资本的潜在成本。

收益分享型

在众筹的框架下，收益分享协议是很简单的合约。在此合约中，企业同意在固定的时期支付其总收益的一定百分比给投资者，直到这些投资者获得事前约定的投资回报。这就意味着，每销售一份商品或每提供一次服务，投资者都会从中分一杯羹。一旦投资者得到事先约定的投资回报，企业就不再向他们支付任何收益分成。收益分享协议不是证券工具，也不像债务型和股权型，如果企业破产，投资者通常没有对企业资产的追索权。与投资者签订收益分享协议的优势在于：（1）创业者不需要像股票发行那样放弃任何在企业的所有者权益；（2）与债务工具常规的定息支付相反，收益分享协议对投资者的投资回报是随企业的盈利波动的。而收益分享协议的劣势在于：（1）风险比债务更高，因为投资收益与企业盈利挂钩，而盈利是不可预测的；（2）如果企业不能立即盈利，则会变成一项长期投资提议。这些劣势使得收益分享比债务更贵，并促使投资者要求更高的投资回报来弥补其承担的更大风险（但是收益分享还是比有更大内在风险的股权便宜）。

债务型

债务是指发行人就从投资者处借来的借款偿还投资者本金加利息的责任。利息按固定的时间段和时间间隔支付。债务处于资本结构的顶端，一旦企业破产，债权人优先股东，通常也优先于收益分享协议下的投资者得到清偿。从投资者角度而言，相对于股权和收益分享来说，债务处于资本结构的顶端，降低了债务工具的风险。因而债务型投资者通常对投资回报的要求没有股权型和收益分享型那么高。另外，股权风险更大，因为它不像债务在固定的时间段可以获得现金收益支付，就像之前提到的，股权持有者套现通常是在重大的流动性事件发生时才能实现，如公司出售或者企业资本重组（例如举债清偿股东、出售企业少数股权和公开上市）。因此发行债务证券有特定的优势。

承担固定支付的责任能让管理团队自律，而且因为利息支付通常没有变动，更易于预算。另外，正如前面提到的，债务的优势是让利息支付支出减税。最后，债权人没有董事会席位或者投票权。

债务也有潜在的实质性的缺点需要考虑。债务实质是赌企业未来强大的盈利能力来偿付债务和利息。经济或者企业经营下滑的时候，偿还债务是极其不易的。而且，债务工具要求的按期缴纳的利息费用既占用企业的现金，也限制了管理层调配资源到其他优先项目上的能力。同样值得注意的是，如果企业债务违约，有可能不得不放弃对企业日常运作的控制而转交给债权人，并依据条款处理债务问题。

股权

股权投资者期待的投资回报最高，因为他们在企业资本结构最底层，承担的风险最大。一旦企业破产，股权投资者只能等偿还完债务投资者的债务后之后，才能得到补偿。而且，股权投资者只有在管理层选举时才能获得现金流通，套现的机会更是少之又少，即便有，也比债务和收益分享的少。同样也因为这样高的风险，股权持有者的资本成本比收益分享和债务工具高。

从公司的角度来看，股权的一大优势是投资者承担所有风险。如果企业经营失败，股权持有者无权得到任何现金支付。股票发行后，企业获得更多无固定套现要求的现金，这能让管理层能够集中精力将现金用于企业发展。股权投资者必须从长远的角度看待企业，并理解创造一番事业需要时间。

从企业的角度来说，发行股权有几个劣势。最大的劣势是稀释管理团队对企业的所有人权益。而且，股东对企业有选举权，根据股东持有企业所有权的比重，可能会产生董事会代表，并对重大决定有控制力，所有这些都会让股东分散了企业的控制力（比如，关于管理层薪酬、企业的销售、兼并其他企业以及上市等决定）。

众筹为小企业提供了大众化融资的极佳机会。但是，伴随投资者因融资而带来的责任、义务和期待，管理层应谨慎评估。若企业正在高速增长，但现金流并不充裕，可以探索股票型筹资；若企业变现能力很高，发行债务或者收益分享协议可能是更好的选择，尤其是在两者的资本成本都比股权低的时候。

第8章 与投资者或“赞助人”沟通

乔伊·肖弗莱尔，Leverage PR 公司

正如本书其他章节所讨论的，《促进创业企业融资法案》（JOBS）第二章已经过时，而第三章关于“给予非合格投资人投资私募融资的能力”（比如股权众筹）正在酝酿中。关于什么时候这些规章制度可以生效的预测很多，但可能需要一些时间。第二章从发布到执行用了将近一年的时间。而且在第二章中，美国证券交易委员会（SEC）所履行的职责是取消之前对普遍劝诱（general solicitation）的禁令。

普遍劝诱和关于“管控一家公司筹资交易的宣传”的规定让人感到困惑。为搞清楚这一点，我找到了 Ellenoff、Grossman and Schole 以及 Sara Hanks 律师事务所的合伙人以及 CrowdCheck 的首席执行官道格·艾利诺夫（Doug Ellenoff），想问个明白。

道格是一位资深证券律师，凭借自己在新兴的众筹行业的经验，他经常受邀出席美国证券委员会和美国金融业监管局（FINRA）的会议，讨论提出的法规及其执行问题。他是众筹中介监管协会（Crowdfunding Intermediary Regulatory Advocates，CFIRA）董事会观察员，同时也是众筹行业许多门户网站的代言人。

道格提醒发行人及其顾问在美国证券委员会颁布的新的 506（c）规则下推动大范围募资时要非常小心，尤其要注意规则中关于“不良行为者”（bad actor）条款和投资者的核实过程。

为了参与 506（c）规则股票发行，发行人必须保证所有参与此次众筹的人都不能有不良证券交易行为的历史，或者被称之为“不良行为者”。被认为是“不良行为者”比被判定有罪或违反规定范围更广，因此，企业家最好咨询他们的律师以确定他们在 506（c）规则下所进行的大范围募资是否合规。在道格看来，证券监管者还会关注参与其中的投资者是否已经通过适当的方式并完全地被企业家核实为可靠的。第二章特别规定，企业家须采取合理的行为核实投资者在规则下是否可以信任。记住，标准可能随时会变，企业家一定要实时保持信息的更新。如果采取未经允许或者不合理的行为不仅会导致筹资失效，被免除发行权，也会使自己面临挑战。

除了担任 CrowdCheck（一家众筹行业内处理尽职调查过程的公司）的首席执行官，莎拉（Sara）还是美国证券交易委员会（SEC）国际公司金融办公室的负责人，她领导团队起草规章制度，制定监管融资过程的新规则。作为 CFIRA 董事会的观察员，莎拉一直在与美国证券交易委员会（SEC）一道监管新规则的执行事宜。

莎拉认为发行人在与投资者沟通时遵循“3W”原则很关键。

- 什么时候（When）。什么时候可以与现有的或者潜在的投资者进行交流？当企业即将发行证券或发布重要信息的时候，其沟通原则是不一样的。
- 能说什么（What）。证券欺诈是一个复杂的法律领域。你也许认为只是对你的产品或者企业作出了乐观的评估，但美国证券交易委员会（SEC）却认为你对客观事实作出了虚假的陈述。两者的区别在于什么会被认为是欺诈。你一定要就公司沟通的内容征询专业的意见，并确保你所说的内容有相应的备份。
- 在哪里（Where）。你在哪里可以传播这样的沟通？美国证券交易委员会（SEC）的相关规则决定了企业可以在哪里与他们的投资者进行沟通。但有些沟通方式（如社会媒体）可能会备受限制。有些规则规定你可以在某些场合披露信息，但在另一些场合却禁止披露。因此你一定要了解这样的规则。

在老的规则下，为了免除证券的登记注册，发行人不得不与投资者产生预先存在而且实质性的关系。在 506（c）规则下，只要股票发行的投资人是合格投资人，初创企业、私募投资基金及其中间机构等所有发行人就会被允许进行普遍劝诱。这意味着你可以利用社会媒体、广告、网络研讨会还有公关去营销你的项目，好的营销手段仍然适用。尽管企业媒体一直鼓吹普遍劝诱对初创企业的资金需求是万能灵药，但也需要了解相关的规定。一个你完全不熟悉的人几乎不可能单凭你的 Twitter 文章就决定给你投资。在重塑投资者关系的新时代，专注目标营销和公关让人们知道你的公司在寻求投资将变得越来越重要。例如，在某次会议中，对着你的目标听众演讲，或在媒体访谈时提到你的筹资事宜。如果你即将开始筹资，必须确保你和你的员工对你们的书面沟通持小心谨慎的态度。即使是市场营销部门针对高价值目标客户发送的、一篇对大家而言都毫无伤害的商业拓展推文，也有可能导致你失去私募（private placement）豁免权。

发行者的困境

很多发行人到了要开始筹资的时候，在资金方面往往是真的到了山穷水尽的地步。这种对钱的急需往往会导致他们过于乐观。99 Funding 的经纪自营商克雷格·古斯（Craig Goos）将这类发行人喻为儿童读物《维尼熊》（*Winnie the Pooh*）里面的“跳跳虎”。他这样对我说道：“他们对自己的生意相当乐观，而且倾向于在夸大好的一面的同时，又美化不好的一面。”相反，当你真正发行证券的时候，你需要像《维尼熊》中的屹儿驴（Eyeore）那样，应该以书面的形式向投资者解释他们可能会赔钱的种种可能性！

之所以要持保守态度的另一个原因是与美国证券交易委员会（SEC）针对对客观事实的虚假陈述或者遗漏陈述客观事实的条款有关。从字面意思来说，这意味着你要为所有陈述负责，无论作出这些声明的人是你、你的管理人员、总监、财务和会计人员，还是其他出售你公司证券的人。这不仅仅是他们需要了解的信息，而且还是他们必须事先明确的信息。因此，你要确保你的团队里没有一只“跳跳虎”，急于向债务打开大门。归根结底，你要为你的团队所做的一切事情负责。与你花在法律方面的费用相比，发行证券可能筹集到的资金就显得微不足道了。

在筹资过程上花费了大量时间后，我可以很有把握地说，如果发行人能明确阐述投资风险，会受到投资者的尊重和重视。没有什么比对股票发行的风险遮遮掩掩更能赶走投资者的了，在日常的运营中，这些被忽略的风险也会显现出来。值得庆幸的是，《促进创业企业融资法案》（JOBS）第三章条款规定要告知众筹投资者其投资风险，而且通过测试保证他们了解他们所涉及的投资风险。第三章条款下的众筹门户网站目前正在为发行人开发自动化程序技术，包括在投资之前让投资者观看解释投资风险的视频和观看视频后接受的测试。

社会关系在众筹中的价值

任何潜在筹资人所罗列的清单里，最重要的事项是开始与那些在未来某一天可能会给他们投资的新人建立关系。更确切地说，就是不要跟潜在的投资人现在就谈论将来的股票发行，而是首先要与他们建立关系，让他们看到你在自己所在的行业是十分资深的，并让他们了解你性格优势——密切的关系比任何其他融资方法都快。

很多人采用“用心经营，水到渠成”的方式去开展众筹活动。但是，2012 年 6 月 Kickstarter 的数据显示，54% 的众筹活动都没有达到他们融资的最低目标。失败的首要原因是他们没有在开展众筹活动之前，建立和拉近与潜在投资者的关系。在基于奖励的众筹活动中，人们希望看到众筹者有一个强大的支持者网络，不管他们能起多大作用。假如你周围最亲近的朋友和家人都不信任你，就别指望别人相信你了。基于股权的筹资更是如此，投资者会判断市场和执行的风险。通过向投资者展示愿意为你投资的潜在客户群体，你要尽最大努力来提供其所需的社会证据，从而说服投资者相信你的想法是可行的。

关于社会关系在众筹中的重要性，已有人进行了相关研究。亚利桑那大学和马里兰大学的研究人员调查了债权众筹网 Prosper.com 的 56 584 项贷款请求，发现如果债务人有一个或者多个朋友是其债权人，那么他们能贷到足额贷款的可能性就会翻倍。有意思的是，他们发现 95% 有亲戚朋友做债权人的贷款申请中，只有 4.4% 的筹款来自朋友。内布拉斯加大学的一份相关研究发现，如果债务人信誉不好的话，社会资金就会显得尤为关键。有朋友参与投资，不但会提高筹到资金的可能性，而且还会有较优惠的条件。

沃顿商学院教授伊森·莫里克（Ethan Mollick）对 Kickstarter 的类似研究发现，Facebook 上关联朋友的人数与筹到资金的可能性有着直接的正比关系。如果一个人在 Facebook 上有 10 个关联朋友，筹到资金的可能性是 9%；如果是 100 个，可能性是 20%；如果达到了 1 000 个，可能性会上升到 40%。尽管一个人 Facebook 账户上的关联朋友并不一定是他们真实的朋友，但是它可以成为项目所有人人际网络延伸的一个媒介。这些数据的真正意义是社会关系真的很重要——人们希望看到还有谁在给你的项目投资。当基于股权的众筹合法化之后，这一切都会变得更加重要。投资者会通过你的社交网络看看你的亲戚朋友是否处于对你的足够信任而去投资，是否你过去的同事和老板认为你有足够的资质和实力能承担这一切。不管你喜欢还是不喜欢，这些都会被用来评判你的性格和职业道德，因此，你最好能在社交网络中如鱼得水，这无疑是衡量成功的一个重要指标。

如果没有强大的支持者、客户和潜在投资者的网络支持，那发行人会很快失望的。在捐助或奖励型众筹网站，通常成功的筹资活动最初的 25% 筹资来自亲戚朋友。这些数据说明只有做好充分的准备才能成功。这意味着你应该建立一个稳固的网络形象，以及一个参与并积极响应你的请求的、高质量的社交网络。这一切的核心在于，在发起众筹活动之前，一定要和你的众筹投资人进行充分沟通。

建立你的网络形象

如果你是一个想发起众筹活动的发行人，你需要在网络之镜前仔细认真地审视自己，看看这个世界是怎么评价你的。当你去找别人投资的时候，这些人做的第一件事就是不辞辛苦地在网上搜索你的信息。因此在你发起众筹之前，不妨先在谷歌或者必应上搜搜自己，看看会出现什么样的信息。搜索结果里有关于你在行业内的专业性的相关报道吗？你的文章常被高端出版物或者行业博客引用吗？你有一个跟你的众筹活动相关联的网站吗？你传达的信息清楚吗？你的品牌反映的是真实的你吗？假如你的公司不是你的，你还会把自己辛苦赚的钱投进去吗？你为什么会投呢？如果你的回答有一丝迟疑，那你一定要在开始众筹之前花一些时间解决这些问题，因为成功的第一步是保证你能胜任这一角色。

当你在网上搜索到关于自己的信息时，你的网络形象是否看上去像一位专家？当其他人提到你们公司及员工的数量和质量的时候，你是否感觉良好？

积极的宣传是融资过程中可使用的最有力的方法。它不仅可以提供验证和信用，还可以通过提供高质量、高流量的反向链接到你的网站，从而提高搜索引擎的最优化。

在这里提醒一下：假如你无论以何种形式参与了任何欺骗性行为，即便你没有被定罪，那搜索结果也会出现这些内容，在这种情况下，你最好不要进行众筹。社会媒体的确有让人无处遁形的效果。如果你的过往历史有任何问题，那这些有问题的历史就会被揭露出来。这样媒体会借机报道，使全世界都知道。

与具有影响力的人建立联系

介于普遍劝诱的禁令已经被解除，那些在506（c）规则下发起众筹的公司现在就可以合法地说他们正在融资。只有极少数（如果有的话）你不熟悉的人会对募资范围的扩大作出反应。除了使用低劣手段外，向陌生人极力推荐一家公司往往会被当做耳旁风。俗话说：“在没有耕过的土地上播散种子是很难生根发芽的。”所以最好的办法是在融资前与具有影响力的人建立联系和接洽。

一旦你有了网络形象，也做好了宣传的准备，那就开始寻找具有影响力的人——那些在你所处的行业内很有吸引力并很有社会影响力的人，去接触他们。和业内人士接触是很重要的一环，因为他们明白你要干什么，也可能会对你的项目感兴趣，进而愿意为你投资。试图去说服别人了解你的生意甚至你所在的行业是一件艰巨的任务，倒不如抓住那些懂行的专业人士，从而节约你的时间和精力。

如果你从事过销售的话，你就会很清楚，若你从高层着手，自上而下开展工作，然后顺藤摸瓜，会让你更容易谈成生意。寻找你行业内的高层人士并为他们提供价值是提高你社交网络质量的妙招。这不但可以开创你的事业，而且在你发起众筹活动时也会树立起高大的形象。想一想你和业内精英建立了广泛的社交圈，他们在 Twitter 和 LinkedIn 群里和你一道探讨新闻，这该会是多么棒的一件事情呀！

为具有影响力的人提供价值，获得他们关注的方法有很多：1. 为他们介绍潜在客户。如果你要接受某家媒体的采访，不妨找到那些具有影响力的人，问问他们是否也想被采访（当然是在记者也同意的情况下）；2. 在不同的社会渠道分享和赞美他们的观点，一定多做几次才能有效果；3. 评论他们的专栏文章，为出版物或者流量很大的行业博客写专栏，邀请他们接受采访。

如果你不能确定该接触谁的话，不妨搜索一下 Klout.com 或者行业内的 LinkedIn 群。一旦《促进创业企业融资法案》（JOBS）第三章条款中的股票众筹合法化，二级和三级的社会关系也有可能参与投资。因此现在就开始梳理行业内或相关行业的二级和三级的社会关系，去深入地了解他们也是非常有价值的。试着在你 LinkedIn 账户的联系人里找到这些人。

在 Hootsuite 这样省时的社会媒体管理工具里设定关键词提醒，是在 Twitter 上找到具有影响力的人的好方法。我们建议在 Twitter 上建立一个你想接触的具有影响力的人员名单，然后倒入 Hootsuite 工具中，每周转发或分享他们的内容。你也可以将此方法用在那些你想让他们报道你的记者身上。一旦规则公布之后，这不仅是你接触潜在投资者的好路子，而且还可以得到媒体报道，找到客户、经销商和员工，以及其他有可能帮助你发展事业的重要股东。

建立目标清单

任何一位好的沟通者都会告诉你选择听众是营销和沟通过程中最重要的部分。找到潜在的支持者和投资者同样也是如此。在你开始接触有影响力的人、朋友或者亲戚之前，你首先要确保你有一个足够大的受众圈。第一步是编辑你的联系人清单。我建议建立一个客户关系管理系统，如果你没有这样的资源，也可以用一个 Excel 表来代替。从 LinkedIn 上下载你所有的联系人，从 Twitter 和 Facebook 上梳理你认为可能会给你融资的各类资源。清单列好后，将这些人细分为 A、B、C 三类投资者。

- A 类投资者是最有可能投资的。例如过去与你关系很好的老板、导师、有钱的亲人和朋友；你积极参加的协会或组织的领导；或者了解你所在行业的其他人；以及对你的执行力深信不疑的人。另外还包括那些与你有着密切联系而且想要帮助你建立清单的人。
- B 类投资者是那些觉得你的众筹活动很有吸引力或者想要进一步了解你、可能会给你投资的人，或者在承诺之前对你进行尽职调查的人。这些人包括行业内有影响力的人、行业内活跃投资者和专业领域的熟人。

- C 类投资者在你的筹资活动获得大的成功之前或者你的名声传播到让他们注意到你之前不大可能会投资。比如社会媒体或者其他熟人。

你细分完你的清单后，你会在 A 单和 B 单上每个名字后面填上可能的资金数量。清单上的资金数量一定要保守，因为除非这些数字是你筹资目标的三倍以上，否则你不会开始你的筹资活动。清单准备就绪后，你会开始着手接触潜在支持者，你会花 80% 的时间放在前 20% 最有可能投资的人身上。

与潜在投资者和支持者再次接触

一旦《促进创业企业融资法案》（JOBS）第三章条款生效，很多急需用钱的初创企业就会抓住机会去说服他们的亲戚朋友来投资他们的事业。但一般来说，最好不要找那些你长时间都没联系的人。规则一旦开始执行，你就要像之前接触有影响力的人一样，先接触你社交网络中的人，然后再引导他们去门户网站看你发布的筹资信息。你现在要做的就是去接触他们，做一些能帮助到他们的事情。

你可以想象一下，一个多年不曾与你联系的老同事突然给你群发了一封链接到众筹交易室的电子邮件，你会作何反应吗？我相信如果几个月前他事先联系你，并向你推荐了一个潜在客户的话，你现在接受这封邮件的可能性会更高些。

在融资界流行一句老话——“如果你想要建议，那就要寻求钱的帮助；如果你想要钱，那就寻求建议”。当你第一次找到最有可能投资的前 20 位投资者时，一定要向他们请教关于你众筹活动信息、战略或整体商业计划的意见。然后问他们，如果他们看到像这样的筹资活动发布，是否会投资？为什么会？或又为什么不会？他们的投资不仅能够帮助你增加你的筹资额，还能让他们参与到你正在从事的项目中。让他们参与进来，能帮你深入了解他们在商业或个人生活中的真实想法。如果你的问题问得好，还能让你进一步深入了解他们的能力和投资的意愿。另外，你还可以请他们介绍业内愿意为和你有同样想法的人投资的其他 A 类投资者，并将他们添加到你的清单中。

社交媒体很重要

既然你此时正在读我们这本关于社会融资的书，那说明你已经很理解社交媒体的价值所在了。正如人们所说的，很多人对它十分狂热。多年来，社交媒体已经被很多营销圈内的人吹捧为解决一家公司所有问题的灵丹妙药。如果换个角度看社交媒体的话，它不是一种营销方式，而是通过一种简洁的方式与忙碌的人进行联系、沟通和接触的方式。我已通过社交媒体接触到了畅销书作家、大公司的首席执行官、顶级记者和其他许多具有影响力且忙碌的人。我公司已经取得的成果包括通过社会媒体渠道预约到了众多高层次的客户，创造了数以百计的例子，甚至通过我们在 Twitter 上联系的具有影响力的人，帮助我们的客户获得他人的收购。归根结底最重要的是，社交媒体是有效的——如果你能积极发挥它的作用的话！

线下任务

尽管网络的形象至关重要，但没有什么比传统的面对面的沟通更好的了。如果你将来想发起众筹活动，你同样需要现在建立你的线下人际网络。如果现在你还没有一个强大的社交圈去建立这个网络的话，你要尽一切可能去结识新的朋友。在此，我为客户提供的建议有以下几点。

- 加入业内的一些协会，尝试进入委员会或成为志愿者以充实你的简历、结识朋友。
- 在贸易展会和行业活动上发言或参与这样的活动。参加此类活动是建立新的社会关系的妙招，但是作为发言人，能够为你结识利益相关者打开大门，其效果是你难以想象的。另外，能够有机会在此类会议或活动上发言，也能够为你的简历增添不少亮点。
- 参加社区的商业社交活动。尽管你的关键目标在于行业内的重大事件，但加入商业网络群体是一个让你与可能是潜在投资者的其他企业老板接触的好机会。
- 加入像企业家组织和 FoundersCard 一样的核心组织，他们的会员里包括强大的合格投资人网络，这些投资者本身过去就是成功的筹资人。

得益于社交网络建立的过程

如果你花时间建立和筹备您的社交网络，所得到的好处远比让别人给你投资要多得多。事实上，你可能会发现自己的销售额剧增，甚至不需要花你之前想象的那么多的钱！

天使投资人以及《嘲笑华尔街》（*Laughing at Wall Street*）的作者克里斯·凯米罗（Chris Camillo）正在寻找一种具有一群来自不同背景的财务支持者参与的商业模式，这些支持者不仅是投资人，而且还是可以帮助组织成长的商业战略伙伴。

凯米罗说："企业有机会让这些投资人作出比融资更大的贡献，"他接着说道，"花时间研究以投资者为基础以及需要专业知识的社交网络或社交网络联系人，可以帮助你加速达成公司的使命。"这就意味着不仅仅是按你的方式去筹资。聪明的钱和现金之间有着很大的差别。每位潜在投资者都应被看作是公司成长过程中的一个伙伴。从战略角度出发，如果要做得对，在你筹资准备的最后阶段，你应该有一个可用于投资的社交网络，而且这个网络可以向能帮助公司业务发展的合伙人和客户推介。你能得到的额外好处是，这些投资人在投资时也会更加开心和得心应手，他们会感觉是自己在控制这项投资。

到现在，也许你们当中的很多人还会在摇头——那些已经筹得很多资金的人会对着协议摇头；那些还没筹到任何资金的人也会摇头表示怀疑。我现在很明确地告诉你，你不仅要找钱，还要找到能够为你所用的投资者。筹资是一个艰难的过程。然而，如果你做好了充分准备，有一项没有被高估的生意，并已经穿戴好，准备登台表演的话，那它就不像过去认为的那么难，毕竟投资者都想让自己的钱运作起来。

投资者关系：你准备好到步入婚姻的殿堂了吗

接受一个投资者就像步入婚姻一样，它是一个长期的承诺，要求你要百分百地对那个人负责。很多人认为找到投资者就像追寻完美伴侣一样，一旦你得到，那生活就完美了，所有的辛勤工作就宣告结束了。但这就像领结婚证一样，无论你多么急需他们的钱，你都不要轻易签字生效，除非你做好了准备并愿意所做的一切只是为了取悦他们。你拿的是一个人辛辛苦苦赚来的钱，这也是你生活中做的最严肃的事情。你必须做好准备，愿意定期向他们报告进展，回答他们的问题，无论沟通有多不舒服、有多难都要尽力将它做好。更具挑战的是，你可能要向数百甚至成千上万的投资者作报告。针对普遍劝诱，《证券法》标准 D 条例和《促进创业企业融资法案》（JOBS）第二章条款将私有资金投资者人数从 500 人增加到了 2 000 人。

在《促进创业企业融资法案》（JOBS）第三章条款中，众筹融资对于投资者的数量没有限制。就投资者关心的项目执行而言，如果没有一个全面的投资人数的管控，任何筹资人都可以轻易地把融资美梦变成投资者关系噩梦。

挑选筹资人时要慎重

虽然《促进创业企业融资法案》（JOBS）和众筹允许增加发行限额内的投资者总人数，但仔细评估与你一起走过红地毯的人也是十分重要的一件事。利用该法案第三章条款筹资的发行人通常是小企业，公司的首席执行官通常身兼数职。挑选哪些投资者可以参与发行和投资金额的最低限额的关键在于，要记住每个投资者的相关成本，并确保其中包含了整个投资周期中额外的沟通成本！此外，还记得聪明钱的提醒吗？就像你想要娶个聪明的配偶一样，在你的交易中你也会想要聪明的钱。

你需要时刻牢记的另一个重要因素是，越小的投资者他们为投资付出的越多。在别人看来区区 2 000 美元的投资，对有些人而言可能是整整一个月的工资。认真考虑设置最小投资限制和筛选潜在投资者就显得尤为重要了。最后，你要决定谁可以为你公司投资。如果有人畏缩或需要做大量工作才能说服他们和你一起投资的话，那这样的人你一定要谨慎考虑是否应该接受他们的钱，如果真的接受他们投资的话，要投多少合适。如果你仔细地挑选你的投资者，等这些工作完成后，你的生活会变得简单很多，你的事业也会更加成功。最重要的是，如果你知道人们对给你投资的金额很满意，那即便是在最艰难时期的晚上，你也会睡得很香。

另一个让众筹如此吸引人的地方是，它给予了潜在投资者去监管缺乏足够经验的发行人业务甚至生活的机会。社会融资就是这样。你联系你的家人和朋友，换句话说，就是在联系你整个的支持系统。就像亲自经历或目睹过火车事故才能够感同身受一样，只有经历了初创公司失败的人才知道，最糟糕的事情是发行人拿了亲戚朋友一大笔钱而让彼此的关系受到影响。虽然根据收入或者投资者的投资额，《促进创业企业融资法案》（JOBS）设置了保守的限额，但没人想在感恩节成为那个为了你家而损失钱的人——即使只损失 100 美元而已。为此，最重要的是在放下你的“酷爱”（Kool-Aid）牌饮料之前，在寻求投资者之前，诚实而客观地评估一下自己的业务。

良好的投资人关系始于自我推销

如果你夸大了成功的可能性，表达过于乐观，或者拿潜在的但是并没有实现的东西去欺骗他人，那么你就有可能违反了《证券法》。此外，更坏的情况是，乐观的发行人不得不面对失去亲人和朋友的支持和爱的结局，这些亲戚朋友过去很相信他们，而现在却认为他们存在欺骗。如果这都不算糟糕的话，那就加上失败的筹资会被搬上社交媒体的可能，成百上千的人都会在 Facebook 页面上讨论你的公司的失败！你能想象吗？

虽然很多人可以理解你的失败，但很少有人能尊重那些他们认为撒了谎的人。正因为以上原因，寻求众筹（或大众化筹资）的人要相当谨慎，而且一开始就要把所有的风险因素一一都说清楚。将来会有更多的立法措施来保护投资者，最后还要保守地预估，尤其是财务预估。最专业的筹资者会告诉你，进行第二轮融资最简单的方法是第一轮融资时能够夯实基础。

一些发行者喝太多自我的“酷爱”牌饮料，以至于他们真的相信自己很快就会变成百万富翁，让别人来投资就是在帮别人一把。如果你也是这样，那请你在思考融资项目前放下你的“酷爱”牌饮料。当然，也许那样你可能会冒出个好主意，但相信你不喝的时候，会有更多的好主意冒出来。最重要的是你的想法得以执行以及你身后的团队。如果不关注风险，你会经常失败。因此，以一种正确的方式开始你与投资者之间的关系，并谨慎地预估投资的结果，不仅要告诉潜在投资者公开筹资的好处，还要告诉他们存在的风险。

持续沟通是关键

融资后，你需要每隔一段时间就定期进行一次沟通，至少每季度沟通一次。

虽然是定期沟通，但目标是高级别的沟通，不需要详细到日常运作。发行人应及时更新所取得的成绩、当前运作状况、未来的目标和投资者可以如何提供帮助的信息。

尽管沟通有时很简洁而且是非正式的，但它永远不能被略过。如果一款主要产品上市截止日期或之前你说过的一笔交易的日期被改动，那一定要发送简短的电子邮件通知投资者，让他们知道这些事情被延迟。这将节省你接听电话和回复电子邮件的时间。

最艰难的沟通往往是最重要的。没有人愿意告诉他们的投资者，他们丢失了一个重要客户、没在截止日期前完成任务，或经历了一次重大挫折。但这些都是最需要向投资者报告的事情，尤其是众筹项目的投资者。消息一旦传出去，你最不希望发生的是，与业务相关的重大问题在 LinkedIn 的公司网页上被揭露。如果真的有问题，你需要控制消息的传播，而且你需要告知投资者。这样不仅可以让你的投资者长期感到满意，而且也会让你避免潜在的法律问题或违反证券法。什么都不说是你可以做得最糟糕的事情。

简而言之，良好的沟通对企业很有好处。你听说过“千名粉丝成就一家成功的企业”这句老话吗？众筹的功能之一就是它将你的粉丝团结在一起帮助你的企业成长。定期与投资者们沟通业务进展，告诉他们可以如何帮助他们的投资增值。你不仅要确保投资者们知道你上一季度的工作进展，还要让他们了解你未来几个季度的工作计划。这可以让他们知道自己从哪里可以帮得上你的忙。如果你有消费产品或服务，发送社交媒体消息让他们去发布。您需要接触不同的行业吗？你正在寻找人才或还有其他的需要吗？让你的聪明钱投资者从你更新的信息里知道这些需求。谁知道他们会为你打开什么样的门呢？

另外，还要提醒你注意的一点是，你可以给投资者提供加入你的业务的机会，但千万不要强迫，在提供机会时也不要太强势。同时，一定不能泄露任何涉及机密或专利的事情。如果你不确定的话，最好请教一下你的律师。把投资者看作是一种无偿的资源，在企业运营时，你可以看看是否可以从他们那里获得帮助。这不仅可以节省你的时间和金钱，还可以让投资者更多地参与其中。

专业化沟通

这就是为什么投资者人数多的公司会聘请外部投资者关系公司来执行他们的沟通策略：首先，正如前面讨论的，在与投资者沟通中，每个公司都要遵守一定的法律法规；其次，失败的投资者沟通，如果做不好或做得不够专业的话，会导致大量额外的电话和电子邮件，这会让本已经很忙碌的首席执行官们不得不去回应。当与投资者沟通时，专业和恰当的书面表达非常关键。我强烈建议，所有的众筹发行人去投资低成本的投资者关系服务业务。我之所以这样建议，是因为你需要在某些时候做某些事情，以遵循某些规定，投资者关系服务将沟通过程规范化，让人们感到更加得心应手。

众筹是一种新鲜事物，而对许多人来说新鲜往往意味着疯狂。在投资行业内工作过一段时间的投资专业人士都非常清楚，就其核心而言，融资的整个过程不可能完全与众筹不同。本质上，你只是把营销过程搬到了网上。它的目的是在降低总体融资成本的同时，提高标准化和透明度。

尽管众筹开始成为主流，但很多人仍然不是很了解它。很多人认为它只能用于为开发技术产品或者电影融资，他们还没有来得及理解正在发生的新的资产类型的发展。

正是因为它的新，目前在市场上存在大量的错误信息。最初的众筹投资者，特别是那些动机简单的众筹投资者，很可能会对他们的投资深感不安。如果你发起的是在线融资，一定要确保你所做的沟通是定期而专业化的。这不仅仅因为它是你应该做的正确的事，还因为它最终能为你节省大量的时间和避开大量的麻烦。

投资者关系不断变化的世界

众筹正急剧地改变着投资者关系的世界。虽然私有企业也会定期更新信息，但是投资者关系通常被认为是有大量股东的上市公司执行的一项任务。尽管有很多高质量的工具和机构提供这种服务，但他们往往收费昂贵，许多小的发行人负担不起。于是，市场对灵活的投资者关系工具的需求催生了一些创新的解决方案。

在众筹融资中，利用一个好的系统来维护投资者关系很重要，其中可能包括大量的从来没有投资过私募发行的投资新手，他们习惯了每月从自己的经纪人那里拿份投资报告。从长远来看，这让你看起来很专业，以及让人们觉得你很专业是减少你整体的投资者关系工作量的关键因素之一。

如果我们的理由还不够说服你建立一个好的投资者关系项目，那还有另一个理由——那就是法律！众筹的发行人要与他们的投资人沟通，这已然是法律规定好的。最简单的事实是，即便随着高新技术的不断发展，每天都在取得重大进步，如果你没有足够数量的投资者能够参与并投资到你的企业中，那这些高科技工具也没有任何意义。一旦你有了投资者，请一定要以恰当的方式对待他们，并保持开放和透明的态度。如果你不能保持沟通，那么支持你项目的投资者有可能会变成愤怒的暴徒。

筹资沟通清单

像大多数人一样，如果你在海量的信息中容易犯晕，那么为了简便，在筹资活动中可以建立一个有用的清单。

在筹资活动发行前或在 506（c）规则下你应该做到以下几点。

- 检查你的社交资料，确保他们没有错误并且是真实的。
- 确保你的品牌的各个方面以及你的公司都在按你想要的形象得以呈现。
- 通过高质量新闻报道、发表演讲，以及其他与意见领袖的活动来树立你的网络形象。
- 建立你的 A、B 和 C 类投资者 / 支持者清单。
- 与潜在的 A 和 B 类投资者 / 支持者重新建立联系，为他们提供帮助，征求他们的建议，提出一个不同的但以他们的利益为中心的话题。
- 开展筹资前至少得到 30% 的投资承诺。
- 给所有工作人员进行有关沟通原则和期望的培训，明确说明如果他们违反了这一原则的后果。
- 每个月制定一份书面的沟通和营销大纲，并请你的律师和沟通团队审查你的相关策略。
- 请你的律师或外面的法规服务机构审查你的宣传视频和筹资交易的内容，以确保没有违反法律法规。

在筹资期间，你应该做到以下几点。

- 让法规服务机构或法律顾问审查任何有问题的沟通材料。
- 安排几次连续的媒体采访，将大量最新的信息传播给潜在支持者，以显示你是行业内的领导者。
- 联系所有的 A 类和 B 类支持者，让他们知道你已经开始筹资活动，请求他们的帮助。一旦筹资额达到 30% 就应该联系 C 类支持者，让他们亲眼见证这次众筹活动的活跃程度。
- 如果可以的话，尽量进行一对一的交流，即便是一封基于通用的沟通模板的电子邮件。
- 定期向支持者 / 投资者表示感谢，请他们推介别人参与进来并进行投资。
- 只接受那些你与之相处感觉比较投缘的投资者的投资。
- 确保你遵守关于合格投资人定义的规定和本书其他章节所概括的要求。

筹资活动之后，你应该做到以下几点：

- 感谢所有支持者 / 投资者；
- 确保制订良好的投资者关系计划来保持彼此之间持续的沟通；
- 通过让他们知道你是如何让他们的投资更好地盈利，确保把你的投资者和支持者变成品牌大使，替公司进行宣传。

基于股权的众筹是令人兴奋的，而且还是企业和投资公司拓展资本渠道的有效方法，但首先要保证遵守相关法规，保证服从法律法规和保护投资者。有大量的资源可帮助你学习并为股本集资做准备。以下是可以更好地帮助你保持信息更新的网站清单。

- Dealflow.com。它提供解决通信、会议和其他服务，解决关于在线融资和众筹的问题。要想学到更多的相关知识，请参见 www.dealflow.com。

- 众筹专业协会是众筹行业内人士的专业协会。他们提供内容、教育和会议服务。请参见 www.cfpa.org。
- 众筹中介监管协会（CFIRA）是众筹行业的倡导组织。他们提供内容和法规的更新，以及相关新闻和数据。请参见 www.cfira.org。
- CrowdSourcing.org 是一家分析和咨询的机构。它也是一个提供众筹内容和教育的网络站点。请访问 www.CrowdSourcing.
- 众筹观点（Crowdfunding Insider）是众筹行业的新闻网站。它提供新闻和资源。请参见 www.crowdfundinginsider.com。
- CrowdfundBeat 是关于众筹的一个在线新闻、信息和资源网站。参见 www.crowdfundbeat.com。
- Bankless 专注替代性金融市场的内容和新闻，包括对等的贷款和众筹。请参见 www.bankless.com。

第9章
众筹并非唯一融资途径

大卫·伯顿，The Heritage 基金

本章我们要讨论除了众筹之外的有关融资的法律和业务方面的内容。可以肯定的是，众筹之外还有很多融资方式。企业融资的方法和所融资的类型会影响企业和企业所有者的处境、所融资金数目，从某种程度上来讲，就是未来投资者觉得最舒服的方式是什么。任何一项新的业务应考虑的某些初步问题也将在本章中进行简要的讨论。

金融的基本类型

企业投资可以分为两个基本类型：股权和债券。股权所有者作为一个阶层，控制着企业所有权并按股份分得公司的利润，但通常是以企业能盈利为前提。而债券的持有人无论公司是否盈利，通常都能收到指定的回报。因此，发行债券会增加企业经营失败的风险。

债券

债券是指从债权人那里借得资金（本金），从而承担在特定的时间（条款）和条款（偿还计划）下偿还本金和利息的义务。债券可能有、也可能没有财产作为“担保”或者“抵押”，“担保”或“抵押”债券能够让债权人出售后用来履行条款规定

的未偿还的债务。会计师和银行将某些租赁也视为债券，因为虽然他们不是法律意义上的债券，但也是合同义务。一些债券被认为是有价证券，另一些则不是。根据其性质和背景，债券可称为贷款、信用额度、票据、循环信贷余额、商业信贷、债券或公司债券。一般来说，债券和公司债券是投资者购买的商业债务责任，通常由投资银行承销。其他形式的债券融资，除商业信贷外，通常但不完全一定是由金融机构（特别是银行和信用社）提供。商业信贷是由商人为客户提供的一种收到货物或服务交付时不立即付款的贷款。

股权

这是所有者权益，使所有者有权分享企业利润，并且通常但不总是对企业有一定控制力。表 9—1 显示的是股本权益的基本类型，各项有无数的变量。例如，不同类型的权益有不同的权利：（1）利润；（2）公司税收属性；（3）投票（可能没有投票权）；（4）公司解散时的分配；（5）股权不被稀释。

表 9—1　　股本权益的基本类型

法律实体类型	股本权利	股本所有表文	正式实体法律文件
公司	股票（股份）	持股人	公司章程或规章制度
合伙人	合伙人权益（有时称为百分百权益或单位）	合伙人	合伙人协议（有限合伙人需有限合伙人证明）
有限责任公司	有限责任公司权益（有时称为百分百权益或单位）	成员	组织章程或营运协议
企业信托	受益人权益（有时称为百分百权益或单位）	受益人	信托章程或信托协议

普通股

普通股代表着对公司的部分所有权。通常每份股都有权获得一票投票权和董事会宣布的按比例分配的红利。有时会有多种类型的普通股。通常，不同类型的普通股之间的区别在于每股的投票数。

优先股

根据条款，优先股股东有早于普通股股东取得股息红利的权利。同样，在公司进行清算时，优先股股东可以早于普通股股东得到资本返还。一般来说，如果是高利润的公司，优先股股息是固定的，不会增加。如果股息派发被跳过，那么累加的优先股则规定在支付普通股股东任何股息之前，要优先支付跳过的股息。

合作伙伴关系和有限责任公司利益

合作伙伴和有限责任企业（LLC）通常赋予所有人一定比例的利润和在公司管理中的发言权，但这也完全取决于合伙人协议或有限责任公司经营章程。一些合伙人可能得到的利润很不成比例，或者他们的份额会随时间或因某一突发事件而改变。同样，所有人对公司的控制程度和投票权利完全取决于这些协议的作用。此外，该公司的税务属性也通常不一致。在有限合伙企业，有限合伙人对公司的管理没有发言权，即便有发言权也是非常有限的。

可转换证券

可转换证券是一种利息混合类型的证券。它们通常（但不总是）以这两种形式中的一种存在：（1）可转换债务；（2）可转换优先股。可转换债券（通常是票据、债券或公司债券）可能会被持有人转化为指定数量的股票（或其他类型的股权，例如 LLC 单位）。当发生这种情况时，部分或全部的债务被转换为股权。一些优先股份可以转换为其他形式的股权，通常是普通股票。这些类型的证券为持有者提供了更安全的投资方式，因为通常在清算时可转换证券比普通股股东更有优先权或类似利益，如果是债券，即便企业不盈利，持有人也有权获得利息，如果是优先利息、红利（或派发）从某种程度上都要优先于普通股（或其他股权所有者）。持有此类证券的显著缺点是：如果企业经营得很好，持有人无权使每美元投资的利润最大化。

期权和认股权证

期权和认股权证赋予但不要求所有者在指定时间以指定的价格（通常称为履约价格）购买特定股本证券（例如，普通股）。认股权证或期权往往被作为“促销品”或“甜味剂”来提供给投资者，使投资更具吸引力。如果他们遵守适用的税收规则，那股票期权激励无疑是补偿员工税收优先的好方法。期权和认股权证能够起到大大稀释现有股东利润份额的作用，特别是设定的履约价格远远低于那些投资者为他们的股票所支付的钱时。

实体选择

决定采用哪种类型的商业实体时，有许多因素需要考虑，其中包括税收、有限责任、资本结构、管理架构和投资者的偏好等。除了建立合伙人关系外，前面所讨论的实体只承担有限责任。有限责任意味着所有者（假设随附法律要求）无需承担企业的债务或其他责任。合伙人关系不承担有限责任。然而，如果他们不参与企业的管理，在有限合伙企业中的有限合伙人一般只承担有限责任（虽然美国有些州允许有限合伙人更多地参与企业管理）。最明智的有限合伙企业应该是它的普通合伙人以一家公司或者有限责任公司的形式出现，这样所有投资者包括管理型投资者都会有效地承担有限的责任①。在现代实践中，有限责任公司已在很大程度上取代了有限合伙公司。

税收考虑是很重要的。合伙人关系、有限责任和商业信托基金的税收具有传递性，在实体一级是不交税的。相反，所有者根据其个人的报税表缴纳他们所得利润的税（或扣除损失）。公司可能被推举为S公司，S公司也是具有传递性的。但S公司受到很大的局限。例如，它们可能只持有一类股票和拥有不超过100名的股东或非本地居民的外籍股东。在没有S选举的情况下，这个公司是“C”公司。C公司需要支付企业级别的收入所得税，并向股东支付股息，而向股东支付的股息是要按个人所得税进行申报并缴税的。合伙关系和有限责任公司的资本结构几乎是无限灵活的，都只受合伙关系或运营协议的条款限制。C类公司有很大的灵活性，而S公司仅限于一类股票，公司的管理通常也是通过董事会委任的管理层来执行（这通常是由国家法律所规定的）。有限责任公司和合伙关系可能会涉及所有的管理安排。

证券法概述

证券的法律定义非常广泛的。它是指除商品、收藏品、房地产等有形商品之外，

① 大多数州也有有限责任伙伴关系，这一般都与有限责任公司相似，但通常不允许专业人士逃避事故责任。——编者注

以获得回报为目标的、卖给投资者的几乎所有的东西。证券包括所有股权和大多数带息债务。联邦政府和州政府都对证券实行严格监管。

联邦

联邦监管证券的主要机构是美国证券交易委员会（SEC）。关注小公司的主要联邦法律是《1933 年证券法》。这一法案的最新重大修订是 2012《促进创业企业融资法案》（JOBS）。《联邦证券法》的基本原则是信息披露和防止欺诈行为。除非有豁免，证券出售前必须在证券交易委员会登记。注册过程耗费时间和金钱，第一次出售的证券称为“上市”。

蓝天法

州级证券法通常被称为“蓝天法”。每个州的法律都不同。很多州不仅要求信息披露和登记，还要由州监管机构对上市价值进行实质性审查。只要证券在这个州发行就可适用这些法律，不论证券买卖是否实质上完成。

优先权

优先权在州和联邦证券法都适用。然而，当适用联邦法律而不是州级法律时（即州级法律不适用时），州级法律被称为优先占有。很明显，这样就不必再处理 50 套不同的州级法律，为企业带来极大的便利。

私募和 D 条例

对小公司而言，免除证券登记最重要的是《1933 年证券法》的第 4（a）（2）节。它免除了“不涉及任何公开发行的发行人的交易”。正是因为对这种“私募”的豁免，可以让几个人聚在一起开一家当地的酒吧，而不必在美国证券交易委员会（SEC）注册他们的股份。当然豁免范围更广泛。一般情况下，只要你的证券是提供给与你事先已存在实质关系的人，就适用这项豁免。同样，这项豁免也适用于出售证券给共同的朋友或生意上的熟人。与此相反的是，在报纸上登广告寻找投资者构成公开发行，如果没有在美国证券交易委员会（SEC）登记注册一般都是违法的。后面我们将会讨论，《促进创业企业融资法案》（JOBS）针对某些公开发行作了更改。这项豁免的确切参数不足以让发行人明确他们在什么情况下可以免于注册登记。

D条例是1982年制定的免于证券注册要求的安全港。只要发行人遵守D条例条款规定，其交易可获豁免。D条例条款虽然有些复杂，但也不是过分繁琐，以致成为负担。有三种基本类型的D条例条款下的发行（对应504规则、505规则和506规则），其中到目前为止在实践中最重要的是506规则。D条例条款下的所有发行，必须在第一次出售证券的15天内向美国证券交易委员会（SEC）上交Form D[①]表单[②]，美国证券交易委员会（SEC）正在考虑修订D条例，要求在大范围筹资前就提交D表单。

在D条例下，禁止普遍劝诱。虽然《促进创业企业融资法案》（JOBS）在506规则发行中对此作了修改，但正如后面将要讨论的，除非符合美国证券交易委员会（SEC）新发布的506规则与《促进创业企业融资法案》（JOBS），任何在报纸、杂志、出版、电视、广播或类似媒体发布的广告、文章、通知等的宣传都是被禁止的。因此禁止对记者谈论公开发行，因为他们可能会发表一篇公开的文章。此外，任何研讨会或其他会议的与会者也不允许收到任何普遍劝诱的邀请。

通过D条例安全港出售给投资者的证券是“限制性证券”，必须指定出售。发行人有责任确定投资者购买这些证券是出于投资目的，而不是用于转售。除了公司上市，或公司依据美国证券交易委员会（SEC）规则进行非公开交易，否则投资者不得转售所购证券。

D条例发行的一个关键概念是“合格投资人”。一般来说，一个合格的投资人是：（1）银行或其他金融机构；（2）各项投资基金；（3）任何董事、执行官或发行人的普通合伙人；（4）独有净资产不低于100万美元的个人；或（5）最近两年来每年收入超过20万美元，或夫妇二人总收入每年都超过30万美元，并且在合理预期内当年也能达到相同的收入水平。

① 参见www.sec.gov/ about/forms/formd.pdf。——编者注

② 但是美国证券交易委员会（SEC）提出公开发行前需要提交申请表格的要求。——编者注

不包含普遍劝诱的506规则

506 规则最重要的两个特点是融资金额无上限，而且在州一级的注册和审查要求具有优先占有权。后者可以节约发行人大量的法律费用和时间。但州级“通知”备案仍然是必需的。

但是，该规则规定发行人可以售给无限数量的合格投资人和 35 名非合格投资人。尽管如此，出售给非合格投资人要求披露更多的信息，且非合格投资人必须有“财务和业务方面的知识和经验，能够评估潜在投资的优点和风险，或者发行人在出售前可以客观地相信这些买方符合所描述的要求。”[①] 因此，在实践中，大多数情况下，506 规则发行仅限于合格投资人。

包含普遍劝诱的506规则

根据《促进创业企业融资法案》（JOBS）中的第二章条款，只要所有证券购买者是合格投资人，那么 502（c）规则中关于“禁止普遍劝诱”的规定就不再适用于 506 规则下的发行。发行人有义务采取“合理步骤”以验证投资者是合格的。在法律框架下，美国证券交易委员会（SEC）有义务在 2012 年 7 月发行新的法规。2014 年 7 月 24 日，美国证券交易委员会（SEC）根据要求发布了新的规则。

最终被美国证券交易委员会（SEC）采纳的在普遍劝诱中的发行认证的要求对发行人来说是个负担[②]。因此，发行人想放弃普遍劝诱，进而利用“旧”的 506 规则，这样就不必担心认证的要求了。然而，能够合法地在《华尔街日报》上投放广告，宣传“企业寻求合格投资人，以投资于创新技术”可能会极大地改善小企业融资能力并降低其资本成本，具有有革命性的意义。新的规则提供三种“非排他”的方式来满足采取合理步骤的要求，以验证一个投资者作为合格投资人的地位。

---

① 这一要求只适用于 506 规则，也是考虑在某些情况下其他规则下发行的理由。——编者注

② 围绕此规则问题的政策讨论，请参阅 David R. Burton 2012 年 10 月 5 日关于“取消 506 规则和 144A 规则发行条款下大范围募资和大范围宣传的禁令”的评论，www.sec.gov/comments/s7-07- 12/s70712-118.pdf；或杰弗里 J· 凡 · 温克代表全国小企业协会就关于“《促进创业企业融资法案》（JOBS）的实施”，在问题资产救助计划小组委员会、监督和政府改革委员会下金融服务和公共和私人救助项目、资本市场小组委员会、金融服务委员会政府赞助企业前的证词，参见 www.nsba.biz/wp-content/uploads/2012/09/NSBA-Testimony-on-JOBSAct-implementation-Joint-Hearing-091312-Final.pdf。——编者注

他们是：

1. 关于收入。审查购买者收入报告和获得一份说明购买者今年能继续赚得必要收入的说明；
2. 关于净资产。取得银行对账单、经纪报表及其他持有证券报表、存款证明、独立第三方发布的验证资产和债务的征税估值或评估报告，至少一份全国性的消费者报告机构所出具的消费者报告，还有买方提供的确定净资产所有债务已完结的声明；
3. 从注册的交易商经纪人、证券交易委员会注册的投资顾问、有执照的律师、或注册会计师得到书面证明，确保他们有采取合理步骤以验证买方的合格地位。

同时，美国证券交易委员会（SEC）采用了第二个新规则，限制“不良行为者”参与D条例条款下506规则内的私募活动。一般情况下，最终取消资格的规则涵盖了由以下行为人所实施的刑事犯罪或最终监管规定的欺诈或其他重大侵犯证券法的行为：

- 发行人；
- 董事和某些管理人员、普通合伙人、发行人的管理成员；
- 发行人的20%受益所有人；
- 推广者；
- 招募投资者时应补偿的人，以及普通合伙人、董事、官员、受补偿募征者的管理成员。

D条例众筹

一些公司实际上是在为合格投资人提供众筹。2013年3月下旬，美国证券交易委员会（SEC）对FundersClub和AngelList发布了无异议函[①]。很显然，即便没

① 请参阅美国证券交易委员会（SEC）对W. Hardy Callcott写于2013年3月26日关于FundersClub的无异议函，及对Robert H. Rosenblum的关于AngelList的无异议函。——编者注

有《促进创业企业融资法案》(JOBS）第三章的执行，该形式的众筹也是合法的。在这两封信中，美国证券交易委员会（SEC）注意到两家公司都没有收到基于交易的补偿（在证券交易委员会看来这是引发经纪交易商注册要求的关键)。

规则A /A+

规则 A 是基于《1933 年证券法》第 3（b）部分中的小问题豁免。规则 A/A 很少被用到，只有一个发行人在 2011 年用过，这也是可以得到数据的最近的一年。规则 A 中能够利用的、两个非常重要的优势是证券可以公开发行和出售，而且它们不是受限证券，因此，它们可以很容易地被投资者转售[①]。更强的流动性让它们更有价值，也对投资者更有吸引力。规则 A 没有经常使用的原因是，相比规则 D，规则 A 的监管负担大很多，不仅要为向美国证券交易委员会（SEC）提交发行声明做准备，此外还有呈报要求。但是，相比完成一个全套的注册和成为一个要做报告的公司（即成为一家上市公司)，这些负担就不算重了。

《促进创业企业融资法案》(JOBS）第四章将规则 A 下最大发行量由 500 万美元增加到了 5 000 万美元。有时，这被称为“规则 A+（Regulation A +)”。发行量的增加也许会点燃人们对规则 A 新的兴趣。

首次公开募股

上市公司是指已向美国证券交易委员会（SEC）提交注册声明，并得到其批准的公司。因此上市公司可以向任何投资者提供其证券，并在股票交易市场进行交易[②]。“上市”意味着一系列的报告和其他责任。首次公开募股（IPO）是指一家公司第一次公开发售其证券。IPO 只针对财务实力雄厚且广受好评的公司。上市有很多的好处。公开发行的证券是不受限制的（即他们可以卖给任何人)。他们会在股

① 然而，这一条款的真正适用范围还不明朗。《促进创业企业融资法案》(JOBS）规定：“如证券交易委员（SEC）会所定义，规则 A 条款下的证券如果在全国性证券交易所挂牌 / 出售或提供 / 出售给合格的买方，将被视为保值证券”(因而免除大多数蓝天法规定),15 u.s.c.77r（b)(4）执行本条款的规则尚未颁布。——编者注

② 股票交易所或纳斯达克之外的交易市场被称为 " 场外 " 市场（通常在 OTCBB [www.otcbb.com/] 或粉单市场 [www.otcmarkets.com/home])。——编者注

票交易所交易，因为有更广大的市场，所以更能吸引投资者的注意力和更大的流动性，这些证券通常价格更高。同样上市也有很多不好的地方，特别是在《萨班斯 - 奥克斯利法案》和《多德 - 弗兰克法案》颁布之后，上市公司的遵循成本极其地高，对上市公司的法律约束、监督和管理要求也非常地多。

IPO的类型

IPO 承销是指公司在公开募股时，投资银行或一些投资银行集团（通常称为一个财团）向公众出售该公司的证券以赚取承销费。大部分 IPO 属于这种类型。直接 IPO、直接发行或直接公开 IPO 是指公司不经投资银行而是直接向公众出售股票。由于复杂的法律问题和监管风险、找到足够数量投资者的成本、时间延误以及可能不会成功的风险等原因，直接 IPO 相对而言是极少的。不过，他们可以节省发行人相当可观的承销费。众筹可以让直接 IPO 在很多情况下实行。

小企业管理局贷款

小企业管理局贷款是小企业管理局（SBA）为小公司提供的多种类型的贷款。我们将探讨最常见的三种贷款。所有这些贷款都要遵循各种的法律要求和限制。SBA 不直接贷款而是为这些贷款做担保。

SBA 7（a）贷款

最常见的 SBA 贷款类型是 7(a)贷款。7(a)贷款可以用于运营资金，购买家具、固定装置、机械或设备，以及购买或翻新一幢楼等。最大的贷款限额为 500 万美元。你必须与一家银行或其他贷款人合作得才能到 SBA 贷款。

SBA 504 贷款

504 贷款可以用于购买土地，包括现有建筑物、改善建筑物和建设新的设施或使之现代化、翻新或改造现有的设施等。这些贷款必须满足一系列政策目标中的一个（例如创造就业机会、促进出口、农村经济的发展等）。最大的贷款限额为 400

万美元。你必须与 270 家认证的开发公司合作才能获得这些贷款。

SBA小额贷款

SBA 有一个小额贷款项目可提供最高 5 万美元的贷款。小额贷款可以用于运营资金、库存或供应、家具、固定装置、机械、设备。小额贷款可以通过由 SBA 指定的基于社区的某些非营利组织获得。可从 SBA 获得提供者的名单。

其他资金来源

企业的资金还有很多其他来源。根据不同的情况，以下这些途径可能是最合适的。

贸易信贷

一家公司从另一家公司购买商品或服务时，它通常可以商量以赊账的方式延期付款，这就是所谓的“贸易信贷”。该条款通常是 30 天内付清免息，意思就是说只要在 30 天之内还清欠款就不需要支付利息。即期付款折扣（通常是 2%），快速付款会得到折扣（比如 10 天之内）。有时候经过协商，一些公司的付款期会是交货 30 天后。供应商有时会大大延长付款时间，尤其是针对资本设备。对于有着良好信誉的公司，贸易信贷是改善现金流量和获得大量低成本运营资金的重要手段。

传统银行

传统银行（货币中心银行和社区银行）是贷款、信用额度和信用证（稍后讨论）的来源。贷款通常在固定期限内有明确的支付计划。信用额度允许企业按需要借贷，并按照其意愿偿还贷款。通常两者都有抵押品作担保（包括房地产、存货、应收账款和其他财产）。贷款或信贷额度可能包含其他关于借款企业的财务状况的条约。

信用社

信用社是银行之外申请贷款和信用额度的备选方案。一些企业所有者认为信用社业务相对而言更容易处理。目前联邦法律限制信用合作社向企业提供贷款的数量，由于这些限制，一些信用合作社可能无法向企业提供贷款。

P2P借贷

P2P 借贷是众筹的一种形式，贷款人和借款人可以绕开传统金融机构。通过网站(也被称为门户网站或平台)，借款人寻求贷款，同时贷款人提供贷款。通常情况下，贷款人将提供特定金额的钱，然后以小增量将钱借给很多借款人。这种方式分散了风险。借款人可以有效地从很多贷款人那里借得资金，但只需通过网络站点这一媒介一次性还款。P2P 站点负责处理文书工作，收集并支付钱款。在美国做 P2P 借贷最突出的两个公司分别是 Prosper 和 Lending Club。

因为美国证券交易委员会（SEC）的执法行动，这些借贷的平台不能向企业开放。证券交易委员会（SEC）认为每个通过 P2P 平台借款的公司都要提交注册声明（即上市）[①]。对企业而言，这自然太过昂贵，《促进创业企业融资法案》（JOBS）第三章应对此改进。然而在此期间，个体经营业主可能会发现利用这些平台借款是十分有利的。

小企业融资平台On Deck Capital

On Deck Capital 是指一家的提供不同用途的商业贷款公司。不同于按月支付，On Deck Capital 是通过每日从该企业的银行账户收取指定的小额资金的方式清偿贷款。一些借款人觉得每日小额付款比每月大额付款更容易掌控。

保理

保理是指企业打折出售其应收账款。买方购买该公司从债务人那得到款项的权利。假设保理业务是无追索权的保理业务，该应收账款的买方需承担债务人不支付

① 参见关于停止通知函诉讼请求的命令，该命令是依照 2008 年 11 月 24 日 8984 号文件所颁布的，并针对繁荣市场公司的《1993 证券法》第 8a 部分条例而执行。还有一份 Lending Club 的同意判决书以及相关时期 Both Prosper's 和 Lending Club 的详细公开文件。可参见 2011 年 7 月 7 日政府问责办公室制定的《对等借贷：随着产业发展可能引发新的监管挑战》。——编者注

款项的风险。如果是有追索权的保理业务，出售该应收账款的公司要担保买方得到付款，并在买方没有得到债务人付款时偿付买方应得款项。

租赁

租赁设备是融资购买机械、设备和车辆的常见方式。根据某些条件，租赁从金融角度而言等同于贷款。即承租人在租期结束时可以低价购得设备。所谓的融资租赁很可能被会计师和银行视为债务。

信用证

信用证在国际贸易中特别常见，但也会在其他情况中被使用。信用证是由金融机构出具，该金融机构通常是银行。它由企业为支付某一特定事项而开立，且通常是在看到证明该特定事件发生的特定单据后才开立。当向银行提交特定单据时，该银行将支付款项。信用证可以是可撤销信用证的，也可以是不可撤销信用证，可以是可转让信用证，也可以是不可转让信用证。例如，X 国的买方在银行开立信用证，指定银行在见到表明特定货物已发运的提单并有证明已投保的保险证明后支付 Z 国的卖方 Y 美元。另外，信用证也可以在得到某个第三方发布的证书证明合同已圆满履行后付款。

业主融资

在收购现有公司时，买方应认真考虑要求卖方提供业主融资。这可以和越来越多的公约债权人融资相配合。银行总是会要求业主融资服从于银行贷款。业主融资条款是完全可转让的。卖家提供融资时应确保为这种融资提供某种程度的保障。同样地，买家需要确保该贷款的契约不会有太多限制或太过繁复，以致危害新的所有者经营企业或克服一般财务亏损的能力。

关于中介商和商业经纪人的注意事项

中介商（Finders，或称“私募经纪”）是可以帮助你从投资者那得到资金的人，通常作为交换，他们会按融资金额收取一定比例的费用。中介商可以是邻近的生意伙伴，你以非正式的方式给他一定比例的钱，然后让他为你推荐真正的投资者。中介商既可以是帮你找到投资者的人，也可以是兼职帮助其他辅助业务寻找投资者的人。中介商虽然很常见，但他们也受到很多规矩约束。

在2000年，美国证券交易委员会（SEC）提出的指导都说明中介商通常没什么错，但与此同时，很多证券交易委员会官员发表一系列演说时，却说他们坚持认为中介商是未注册的经纪商-交易商。当然，注册为经纪商的费用是相当昂贵的。美国证券交易委员会（SEC）特别攻击那些只在他们成功地帮助企业融资后才收取费用的中介商，因为那些都是"基于交易的费用"。当然，这些中介商受到了绝大多数企业的欢迎。因为他们只有在真正帮助企业筹集到资金后才会收取费用。

美国证券交易委员会（SEC）对经纪商-交易商的定义过于宽泛。如果从字面上理解他们的话，你的公司所涉及每个人（包括你的律师、会计师、所有顾问，包括簿记员）都需注册为经纪商。关于证券法的经纪商-交易商，判例法不支持交易委员倾向的诸多注册要求。但是，你真的不想因为中介商卷入与证券交易委员会或者心怀不满的投资者的证券诉讼当中。非常清楚的一点是法律现状含糊不清，美国证券交易委员会（SEC）是因之所在。

不过，事实上，美国证券交易委员会（SEC）大体上认为中介商（如果实际不是那么严重的话）会让人感到紧张。最重要的是，它让有经验的投资者紧张——这样的投资者可以为你的公司提供成长过程中和可能上市时所需的麦则恩投资（Mazzanine Fanacing）。事实上，成功地利用过基于付费中介商的公司可能很难在目前的环境下上市，因为承销商不想参与到利用过"未注册经纪交易商"筹集资金的公司的上市中。

一直以来，有些人都在努力推动美国证券交易委员会（SEC）采取行动，以明确这些规则，并建立一个合理的不把中介商拒之门外的监管环境。尽管现在有一线希望，即在未来的一到两年内，证券交易委员会（SEC）可能愿意确定该法律界限，但很多的努力都被证券交易委员会（SEC）忽略了。有些州（如得克萨斯州）通过了管理中介商的章程，不需要他们注册为经纪商-交易商。当然，这些并不能解决联邦的问题。

你的底线则是借用中介商可帮助您找到你迫切需要或非常想要的资本。但由于利用中介商可能会带来的法律风险，利用他们也可能让你很难从资深投资人那得到投资。并且，如果你有上市的打算，利用中介商会让上市变得非常困难。当你购买一家企业，无论是作为一个独立的业务，或将其并入到你现有的业务，你都有可能会遇到业务经纪人。收购一家企业会涉及其证券问题。如果一个商业经纪人收到基于交易的补偿，正如惯例，利用一个商业经纪人带出来的问题跟利用中介商相似。

CROWDFUNDING

A Guide to Raising Capital on the Internet

第三部分

掌握规则和规范

第10章 众筹的法律问题和美国众筹法

琼·麦克劳德·海明威，田纳西州立大学

和其他融资方式（以及其他的商业交易形式）一样，众筹也需要一定的法律框架来约束并规范参与者的行为。尤其是在众筹作为发行和出售美国联邦法律或州法律认定为证券的金融工具的情况下，众筹的法律问题就显得极其复杂。所有的众筹形式都离不开各类法律的影响或干预，既包括成文法（立法机构颁布的法律），也包括判例法（法官采纳的决定）。本章将概述美国法律中有关营利性众筹的关键法律问题（非营利性筹资涉及完全不同的法律和法规，将在下文中简要论及）。本章将详细介绍美国法律中涉及众筹的最重要、最基础的观点，并简要叙述其他与众筹相关或可能相关的重要美国法律。本章所涉及的州法律一般不包括美国特区和属地的法律，即使这些特区和属地拥有美国联邦法律体系管辖下的独立法。这些司法管辖区域需要寻求独立的司法监护。

作为通过互联网在广泛的潜在投资网民中寻求商业和项目资金支持的重要手段，众筹通常采用或重视与金融有关的法律，包括联邦和州（蓝天）证券管理法、州商业协会管理法和州合同法等。这些法律提出了企业可能选择的融资类型以及该融资类型所需的适当法律文献。实体或个体必须通过法律授权才能参与某种特定的众筹。法律授权包括确认该实体或个体是否能够对投资者作出承诺并兑现该承诺，以及该融资方式是否得到法律的许可。众筹只是在这些法律下可选择其中的一种融资类型。掌握以上金融法与众筹的三个相关方面至关重要。因此，本章三个主要部分分别讲述证券管理法、商业协会法和合同法与众筹的关系。其中，证券管理法与众筹联系最为密切，是本章最重要、最为详细的部分。

众筹与证券管理法

证券管理法的实质决定了其对融资交易及其参与者的影响。证券管理法采用了三种重要的监管工具，并规定了几项关键的政策目标。掌握这些政策目标和监管工具有助于律师对证券法律和规章在众筹中的实际和预期的应用进行评估。

证券管理法的实质

证券管理法有助于保证企业筹集到支持企业运营的投资资金。联邦和州证券管理法律和规章能够保护企业投资者以及市场的完整性。这些金融市场通过寻求投资者的财务承诺来实现筹资的目的。在联邦一级，美国国会行使宪法权利来管理州际贸易，掌管证券交易委员会。美国证券交易委员会（SEC）是由五人委员会组成的独立机构，其支持者是企业职工，下设五个部门，最主要的职责是确保投资者受到证券管理法的保护，并保证证券市场公正、公开和健康运营。在州一级，证券管理者志愿组织跨大陆的北美证券管理者协会（North American Securities Administrators Association，NASAA），行使与证券交易委员会同样的职责，保护投资者和市场，管理证券交易委员会（SEC）未涉及的交易。

尽管证券交易委员会（SEC）和州证券管理委员会通过诉讼程序来执行反欺诈条款，能制造出更多新闻头条，但其保护证券市场投资者的主要手段却是强制披露：要求披露特定、特指信息以及使该特定、特指信息更清晰无误的所有重要附加事实。强制披露符合有效资本市场半强式假说（semistrong version of the efficient capital markets hypothesis）的观点。有效资本市场半强式假说是一个经济理论，该理论认为，公开的信息应蕴含在交易较活跃的证券的市场价值中。强制披露由多种交易和事件触发，包括（对上市公司而言）：证券类别注册，代理权征集，投标书或换股要约书制作，参与上市公司私有化交易，以及完成定期财务报告。提交给证券交易委员会（在一些地区是州证券管理委员会）并备案的报表（包括注册报告和代理报告）和报告（包括年度报告和季度报告）都应包含要求披露的信息。提交给证券交易委员会的文件，在证券交易委员会网站上可以公开查询，其目的是为投资者提供有关所有权（购买、出售、借贷、交换、赠予、抵押等）和投票决策的信息。此外，这些文件也使证券市场的信息基础实现了标准化。

另外，通过执行反欺诈条款及其他相关的责任条款，联邦级别和州级别的证券管理法能够保护证券市场及证券市场中的投资者。这些条款规定，在大众传播中禁止引用虚假陈述或出现重大事实的误导性遗漏，尤其是在这些虚假陈述或误导性遗漏操纵着证券市场价格或欺骗投资者的情况下。责任的执行可以通过公诉（民事或刑事）或者个人（通常是不满的投资者）诉讼来实现。证券交易委员会和州证券管理委员会有权提起民事诉讼，美国律师协会和州公诉人有权提起刑事诉讼。

在某些情况下，证券管理法规定了特定的实体法规来管理：与证券相关的交易条款，各种融资活动的组织实施方式，以及（1）发行、持有或交易证券，或（2）作为与证券交易有关联的中介组织的实体和个人。这种类型的证券管理是一个增长型行业，是一种较核心的监管工具，从实质上规定了个人和实体的行为，告诉他们应该做什么，怎么做，以及谁可以或谁不可以参与其中。换句话说，实体管理法能够禁止或者限制某种特定类型的交易；引导或决定交易完成的理想过程；鼓励、允许或禁止个人或实体参与交易。

每种监管工具都采用不同的方式保护投资者和保障市场的安全，从而保证资本市场的完整性。目前，各国采用独立的证券管理法，尚未形成国际通用的证券管理法。由于当前跨国界市场交易已趋于常态化（包括众筹领域），在证券管理的过程和执行力度方面加强国际协作的需求（国际协作需求的执行力度）就变得愈发重要。该问题在本书其他章节讲述。

众筹和众筹投资

利用众筹为企业或项目筹集资金的实体和个体，可以根据某些规定和条件获得资金。有些企业或项目寻求无偿捐赠；有些企业或项目寻求无息贷款；有些企业或项目承诺以产品或服务等实物形式或非金钱性质的奖品作为回馈；有些企业或项目则承诺以企业利润或收入的股份作为贷款利息或作为另一种投资利息的本期收益。众筹可用于以上各种情形，但证券管理法只适用于特定的融资模式。鉴于证券管理法的复杂性，以及违反证券管理法可能对寻求资金支持的企业、其主要负责人，及为众筹过程提供帮助的人们带来的严重后果，了解何种形式的众筹可构成“投资性众筹”或“众筹投资”（有时也可称为“证券众筹”），即证券众筹发行，至关重要。

众筹的类型

如本书其他章节所述，众筹模式具有不同形式的标记和特征。一种普遍接受的分类法将众筹分为捐赠型、回报型和投资性众筹三种类型。捐赠型众筹是企业寻求无偿捐赠的一种众筹融资形式；回报型众筹是回馈给投资者产品或服务，或非金钱性质的奖品的一种众筹融资形式；投资性众筹是为投资者提供债务利息、利润（包括分红形式）或收入分成等形式的金钱收益的一种众筹融资形式，又可称为众筹投资或证券众筹。债券、股票以及其他包含这些经济权益的金融工具统称为证券。众筹投资包括证券的众筹发行。

众筹证券

美国联邦和州证券法均对证券的概念进行了界定。在这些定义中，为企业的运行筹资而发行的任何债务单据或凭证通称为证券。同时，营利性公司的股票、有限责任公司的会员权益，以及有限合伙企业的权益通常也称为证券。最后，根据美国联邦法法则，投资合同即“个体将其资产投入普通企业，并期望仅通过发起者或第三方的努力获取利润收益的合同、交易或计划”，通常也划分为证券。一些州证券法同样采用这种投资合同 [即“荷威标准”（Howey test）] 的定义，而另外一些州证券法则采用其他类似的定义。在许多情况下，按照州法庭的解释，州证券法对投资合同的定义比联邦法“荷威标准”更容易实现。因此，按照州证券法对投资合同的定义，某些特定融资利益更容易被界定为证券。

当企业或项目的利益属于证券，且通过众筹方式发行和出售时，其发行即可适用证券法律和法规，但这些法律或法规规定的相关证券豁免情况除外。只有当适用证券管理法无法实现保护投资者和市场政策目标时，才可能存在豁免证券。2012 年春，美国总统奥巴马签署《促进创业企业融资法案》（JOBS）之前，豁免证券在证券众筹发行中极少（如果有）存在。即使在该法案签署后，由于未能及时定案并发布能够有效促进投资性众筹的《促进创业企业融资法案》（JOBS）第三章 [《网上融资与防诈欺及不当隐匿法案》（*Capital Raising Online While Deterring Fraud and Unethical Non-Disclosure Act*），简称《众筹法案》]，妨碍了大多数企业或项目参与投资性众筹。这也导致在本章工作完成前，合法的证券众筹发行数量甚微。

证券管理法的影响

证券管理法在多个方面可适用于众筹。例如，在众筹发行中，证券的发行和出售属于法律规定的行为。此外，在推广众筹投资的过程中，众筹网站也需要符合法律的多方面规定。最后，“投资性众筹能产生大量股票证券持有者”这一事实，要求参与众筹证券发行的实体注册证券类别，并成为“上市公司”。美国证券交易委员会（SEC）有关强制披露的规定要求上市公司提交重要交易报告和周期报告。在上述任何情况下，重要事实的虚假陈述和严重遗漏都有可能引发证券欺诈的诉讼。

证券发行和出售的登记备案

根据《美国证券法案》修订版《1933 年证券法》（1933 法案）的规定，发行或出售证券必须登记备案，除非有可适用的豁免情况。登记过程包括起草并向美国证券交易委员会（SEC）提交一份登记报告，该报告是与证券发行相关的重要强制披露文件。登记过程复杂且严格，成本颇高。在登记报告中，必须公开有关发行人的经营、管理、财务状况、经营结果以及发行条件等详细信息。证券发行人在登记报告备案时，必须在全面审查证券管理部门账单和财务核算后取得审定财务报表。

在登记报告准备过程中，发行人必须加倍注意，因为自登记报告生效之日起，发行人要对登记报告中重要事实的虚假陈述和误导性遗漏负严格责任。其他发行人员若未能满足相关法律规定的尽职调查义务，也应对重要事实的虚假陈述和遗漏负责。此外，故意或肆意操纵证券市场或就证券发行或出售的信息欺骗投资者，包括虚假陈述重要事实或故意遗漏重要事实，都应承担相应的责任。

登记报告中规定的强制披露要求复杂、成本较高，以及虚假陈述和重要遗漏的责任威胁会阻止一些合法发行人参与证券的公开发行。因此，这些证券发行人只能选择采用其他融资方式或者放弃为企业或项目融资，除非他们能够找到可适用的豁免情况。《促进创业企业融资法案》（JOBS）之前的标准豁免证券不适用于投资性众筹，因为，这些豁免证券要求实质上的私募发行（发行给已获取信息或掌握获取信息途径的投资者以及有能力理解信息的投资者）或禁止一般劝诱和公开宣传（将发行范围限制在与发行人有先前联系的投资者中）。在《众筹法案》完全生效之前，希望通过众筹投资来筹集资金的企业通常会发现，遵守登记要求会导致过高的金钱和时间成本，同时，他们也无法通过登记获得适用的豁免证券。因此，联邦证券管理法的这些苛刻要求迫使企业寻求其他筹集资金的途径，包括捐赠众筹和回报众筹、传统的私募证券和银行贷款等。

州证券法律中有一个与证券发行相关的登记平行系统。尽管北美证券管理委员会（NASAA）和其他证券管理组织在推进证券发行登记标准化方面已取得重大进展，但各州之间的登记要求和审查仍未实现完全统一。在某些情况下，如果联邦证券管理法优先于州证券管理法，就无需进行州证券法律分析。但在另一些情况下，交易的计划者则需要对可适用的州证券法进行独立评估。由于各州之间的证券法律和法规均不相同，因此，对各州证券法的评估和分析就需要寻求专门（有时是当地的）法律顾问的帮助。

根据证券发行类型的差异，有些州要求在发行前对证券进行“价值评议”，即对发行的质量和公正性进行评估的一种实体管理规范。价值评议的实施程度不尽相同［尽管美国证券交易委员会（SEC）对登记报告进行审查，但并不对报告提供价值评议］。在一些特定的州，某些证券发行可适用股权登记的协调评议。各州采用的协调评议过程经各州一致同意，方便快捷。州证券法律中也对免于登记的豁免证券的发行加以规定，其中一些（而非全部）与联邦证券法律中规定的豁免证券一致。绝大多数州证券法规定的豁免证券都不支持投资性众筹（尽管目前佐治亚州和堪萨斯州试图支持本州居民和企业的网络投资募集）。总的来说，《众筹法案》完全生效之前的州证券管理法对投资性众筹的影响同联邦证券管理法相似，这将迫使守法的企业和项目推进者寻求其他的融资途径或者干脆放弃融资。

众筹中介机构的法律地位

除发行人和投资者以外，联邦和州证券管理法还对证券发行或销售的参与者实施监管，其政策目标同样是通过保护投资者和保持资本市场的公平、公正来鼓励和促成筹资。根据中介机构的行为不同，采取各种不同的管理规定，这是实现上述目标的政策基础。这部分证券管理法的重点更多倾向于实体管理规范，而不是强制披露和防欺诈（尽管相关法规依然存在，且很重要）。例如，操控金融资产的中介机构必须符合相应的资本要求。此外，还要求证券中介机构对交易情况做特定类型的记录。在证券交易结果中享有经济利益的中介机构需承担信托忠实义务，不得为自己谋取私利。美国证券交易委员会（SEC）直接控制和管理中介机构的行为。这些中介机构包括证券交易所和经纪人等在证券管理组织中占有系统性地位的机构或组织。

在典型的众筹交易中，最关键的中介机构是众筹网站的操作者。起初，网站操作者通过在网站上举办宣传活动招揽企业或项目在其网站上募集资金。众筹网站上的活动没有专门法律体制的支持，但普通代理法和其他普遍适用法律都可适用于众筹网站的运营管理。众筹网站能推动企业或项目参与投资性众筹，但在未能获得可适用的豁免证券的情况下，有可能受制于联邦和州证券管理法。

《众筹法案》完全生效之前，联邦和州证券法律有关投资性众筹网站的管理规定不够清晰。不同的众筹网站操作者可采用特有的方法对寻求资金的企业或项目进行审查，从中筛选出部分企业或项目发布在其网站上；将筛选后的企业或项目推荐给潜在的投资者；为潜在投资者以及企业或项目主要发起人提供征求和制定财务承诺的建议；组织论坛推进筹资过程；管理并推动投资者与企业或项目主要发起人之间建立长效关系。众筹网站的这些职责类似于各种证券交易中更成熟的中介机构的职责，包括：公开发行的承销商，债务契约受托人，经纪人，投资顾问，以及证券交易所。证券管理法对不同的传统中介机构实行专门的、独立的、沿用已久的管理办法。众筹网站使这些传统中介机构之间的界限变得更加模糊。如果众筹网站参与投资性众筹，那么应采用哪方面的管理办法对其进行规制呢？《众筹法案》想要解决对投资性众筹的束缚，就必须解开这个谜题。

上市公司登记

1934年修订的《1934年证券交易法》，对（1）期望其证券在全国性证券交易所上市并交易，或（2）符合特定财产和持股人标准的证券发行人，强加了登记义务和重要、持续的强制披露要求（包括年度和季度报告以及公布与表决、投标和交换发行，上市公司私有化交易等相关的信息）。同时，《1934年法案》还对发行人强加了报告管理状况的义务，以及在某些情况下报告重要持股人情况的义务。通常，我们将按照《1934年法案》的要求登记证券类型，且完成强制披露义务的证券发行人称为"上市公司"。《促进创业企业融资法案》（JOBS）颁布之前，媒体的报道突出强调了具备重要股东投资者基础，承诺按照雇员福利计划等法案发行股票，且满足资产门槛（总资产不少于1亿美元）的企业实体，在不经意间跨越了《1934年法案》规定的普通股股东门槛（此门槛为500人），从而达到了上市公司的标准。最典型的企业案例是Facebook，在2012年首次公开发售证券时，其可能面临的上述风险就受到了广泛关注。

持股人门槛和证券管理法其他因素一样，旨在通过保护投资者和推动证券市场完整性，鼓励资本投资。为实现这一目标，持股人门槛要求有能力进入大型、交易活跃的二级私募交易市场的企业实体，必须遵守其他在交易所进行证券交易的企业实体应共同遵守的强制披露规定。换句话讲，"500人规则"就是为了保证在大型、非私人交易市场（公开发售或私募发售）购得证券的投资者能够获得支持投资决策的全部或大部分信息。

最典型的众筹包括从大量的投资者中寻求并获得增量的资金支持。基于《1933年法案》，投资性众筹有可能获得登记豁免的猜测在一大批法律评论员间引起了关注，他们担心会有更多的证券发行人受制于《1934年法案》的规定，即股票登记后，需定期提交周期报告和交易。有关起草和备案登记报告所需人力和财力的现行规定繁琐复杂，足以导致多数投资性众筹的潜在支持者停下前进的脚步。

《促进创业企业融资法案》及其影响

美国国会决定进入投资性众筹这一空白领域，并清除投资性众筹发展道路上的障碍。正如本书其他章节所述，《促进创业企业融资法案》（JOBS）中的《众筹法案》

（包含在《促进创业企业融资法案》（JOBS）的第三章，属于法案中的法案）规定了一些豁免情况，某些特定投资性众筹不受《1933 年法案》规定的登记要求的约束，并要求美国证券交易委员会（SEC）发布法规推动《众筹法案》条款的实行。同时，国会也开始委任证券交易委员会负责澄清两种运行和管理特性截然不同的众筹中介机构的义务和责任。最后，在《促进创业企业融资法案》（JOBS）的独立章节（与《众筹法案》相关）中，国会提出了在众筹中按照“500 人规则”确定上市公司性质可能产生的问题和成本及其解决办法。《促进创业企业融资法案》（JOBS）实质上为按照规定的条款和特定的条件，在普通公众中，对证券投资者进行一般劝诱，以及对证券发行进行公开宣传提供了帮助。

《众筹法案》明确规定了一项豁免条款，即年度发行和出售证券上限不超过 100 万美元的，可免于按照《1933 年法案》的要求登记审批，但前提是，在 12 个月周期内，向任何个体投资者出售的证券不超过特定总额（基于投资者的年收入或净收入，但在任何情况下均不得超过 10 万美元）。基于此豁免条款规定的证券发行必须只能通过以下两种规定的金融机构之一进行：登记注册的经纪人（《1934 年法案》中定义的，先于该法案存在的金融中介类型）或集资门户（《众筹法案》中规定的新型登记中介）。《众筹法案》的其他条款具体介绍了发行人和中介机构的行为。

《众筹法案》中有关发行人（必须是美国联邦法或州法律规定的合格的发行人，且不能是上市公司或受管制的投资公司）的法规涵盖诸多方面，至今尚未完成。例如，为保护投资者和保持市场完整性，《众筹法案》要求发行人向美国证券交易委员会（SEC）和投资者强制披露有关发行人自身，及其资本结构和证券发行（对在上述豁免条款规定下，年度发行证券超过 50 万美元的发行人，披露的发行信息必须包括审定财务报表）的信息；直接和间接限制宣传和推销行为；并向美国证券交易委员会（SEC）和投资者提供有关运营和财务情况的年度报告。《众筹法案》同时还形成了有关发行人及其主要行政人员、财务人员、管理人员、会计人员和管理层主要成员（如，公司总监级管理人员等）虚假陈述和遗漏泄露信息的最新责任规定。这些个别条款和整部法律一样，都是参考美国证券交易委员会（SEC）授权法规制定的，从而导致这些条款的不完整，在某些情况下，甚至可能是错误的。

众筹中介包括经纪人和筹资门户，都需接受《众筹法案》的规制。所有众筹中介都必须在美国证券交易委员会（SEC）和美国金融业管制局（FINRA）登记注册。众筹中介同时还承担一定的披露义务，参与投资者的保护活动（教育和减少欺诈），监督发行人对发行收益的使用情况以及投资者是否遵守投资限制，并保证投资者信息的保密性。此外，众筹中介不得因为其提供潜在投资者个人身份信息，对发起人、投资人或主要促进者实施补偿，且众筹中介不得以提供管理活动的名义，向使用其服务的发行人索取任何财务利益。对筹资门户的限制则更加严格。比如，筹资门户不得提供投资建议或意见；不得劝诱购买、出售或发行其网站或门户上发行或展示的证券；不得对劝诱或出售其网站或门户上展示或推荐的证券雇员、代理人或其他人员进行补偿；不得持有、管理、占有或以其他方式处理投资者的资金或证券等。同样，美国证券交易委员会（SEC）有责任调整或增添上述适用于众筹中介的法规。

《促进创业企业融资法案》（JOBS）的颁布使《1934 年法案》中规定的有关登记和报告的要求更难实现，从而推动了投资性众筹的发展。尽管 1 000 万美元的总资产门槛保持不变，但是在《促进创业企业融资法案》（JOBS）第五章中，对“500 人规则”进行了修订。修订后，总资产超过 1 000 万美金的发行人，如果其掌握的某类证券的持有者达到 2 000 人的记录，且只要其中非合格投资人（包括公认的高净值个体、金融机构和实体、以及发行人的主管人员、行政人员或合伙人等）的人数不超过 500 人，该发行人就应按照《1934 年法案》规定进行登记。为达到上述门槛要求，按照《众筹法案》被豁免的众筹发行和出售的证券不得统计在内。修订前的“500 人规则”，在《众筹法案》情境下，未能对众筹发行提供实质性的保护，因为其他法规（例如，强制披露、责任和实质性管理规定——包括强制包含已登记的经纪人或集资门户等）已经提供了相应的保护措施。

《促进创业企业融资法案》（JOBS）颁布后，州证券管理法在投资性众筹中最终将扮演什么样的角色呢？《众筹法案》明确规定，保留一些州行政和执法权（如通知备案），但该法案也明令禁止各州单独要求对符合《众筹法案》豁免条款的发行证券进行登记或资格审核，同时禁止各州采用不符合联邦管理制度的方式管理筹资门户。因此，为实现投资性众筹的大多数政策目标，《众筹法案》应优先于州证券管理法。

然而，各州已经开始按本州的证券管理法自行处理众筹问题。一些州已经通过立法或制定法规推进基于公众的跨州证券发行，或开始接受法定的或规定的豁免证券，允许此类证券在本州境内发行。各州采取的这些重要举措最终未能满足州内众筹支持者的要求，即扩展更广泛、流动性更强的公众基础，而这一要求注定要跨越州际的限制。然而，近期内，最实际、最切实可行的众筹可能要数地方性小型企业和项目的融资。

企业协会中的众筹利益

企业的运营或项目的开展和完成，既可以由个体单独实现，也可以通过与第三方建立商品和服务供给的合同关系来实现。在法律上，这种企业经营方式称为独资经营。目前，监管独资经营者权利和义务的专门性法律尚未形成，对独资经营的监管主要由管理个体和企业商业行为的法律法规来完成。

除上述经营方式外，企业还可以选择法定的企业经营实体。法定的企业实体是通过立法形式认定的合法的企业形式（企业协会形式），通常由州法律认定。最常见的企业实体包括：合伙企业、有限责任合伙企业、有限合伙企业、有限责任公司和股份（有限）公司等。通常情况下，企业参与者的权利和义务由管理这种企业实体的州法律决定。此外，州法律还界定了可以发行或出售的投资股权的类型和性质。所有的企业主都面临重要的抉择，即选择法定的企业实体形式经营，还是选择作为独资企业经营。希望通过众筹筹资的企业的主要负责人在决策时，都应优先考虑是否将企业实体作为企业经营最理想的融资方式。这部分主要介绍此类企业。尽管所有的企业实体都可以借入资金和发行短期或长期分红制股权，但不同企业实体发行的筹资证券类型却不尽相同。这部分简要介绍了企业协会法，对比并比较基本的企业实体类型，突出强调在众筹环境下选择企业实体的几个重要方面。

企业协会法的性质

企业协会法规定了一系列标准规章，旨在帮助企业投资者实现组建和经营企业的合理预期。不同企业投资者的预期角色也不同。有些投资者预期成为企业的所有者，即持股人，掌握经济和企业管理（投票权、同意权和其他管理权）的双重权利。

另外一些投资者预期成为企业的管理者。在这些管理者中，一部分希望管理公司日常业务，其他的则希望在更关键的公司高层事务上享有发言权。

《企业协会法》的目的是促进企业实体的组建和形成。《企业协会法》规定了一系列标准规章，管理企业投资者的角色和关系，帮助投资者节省单独商议并制定管理规章的费用。在实体法律法规缺失的情况下，企业投资者通常采纳企业协会法的标准规章。大多数情况下，当现行实体法律规章不能较好地适用于特定投资者时，该投资者可以修改默认规章，以便更好地满足需求。修改规章需要投资者的认同方案，会产生一定的交易成本。

商业实体的主要类型

企业律师通常会向企业创立人和发起人推荐适合的合法商业类型。通常，企业律师在推荐适合的商业类型时，会考虑商业实体的五项主要属性：（1）组织和维持商业协会的成本（尽管在完全以美元作为结算的环境下，这一点并不重要，但对新成立的企业仍有重要影响）；（2）所有人和管理人对企业外部承担公司经营责任的参与者的义务；（3）完整的管理结构（企业投资参与者的角色、权利和义务）；（4）允许的股票及其他投资股权类型；（5）联邦所得税税收状况（公司和所有人）。在上述五项属性中，除第五项由联邦税法管理外，其余四项均由州法律管理。表10—1针对这五项属性，对主要的营利性企业协会类型进行了概括总结。该总结具有普遍性而非特指，不涉及某特定的或选定的法律。总结的主要目的是阐明不同实体类型的基本相同点和不同点。

表10—1所列举的实体特征是区别企业合法结构形式的最重要因素，而非唯一有效的因素。

表 10—1　　企业实体主要属性对比

	合伙企业	有限责任合伙企业（LLP）	有限合伙企业（LP）	有限责任公司（LLC）	股份（有限）公司
组织和维持商业协会的成本	起草和协商合伙企业协议	申请（登记）费用（初始和年度）；起草和协商合伙企业协议	申请费用（初始和年度）；起草和协商合伙企业协议	申请费用（初始和年度）；起草和协商经营协议	申请费用（初始和年度）；起草和协商规章制度和股东协议
治理结构	合伙人同时也是所有人和管理人	合伙人同时也是所有人和管理人	普通合伙人同时是所有人和管理人；有限合伙人是享有有限管理权利和义务的所有人	在成员管理的 LLC 中，成员是所有人和管理人；在经理人管理的 LLC 中，成员是所有人，经理人是管理人	股东是所有人；管理人员是日常事务管理人；较高层次实务则由董事会或在董事会的指导下进行管理
所有人/管理人对第三方的责任	合伙人对合伙企业的义务负个别连带责任	合伙人对合伙企业义务不承担责任	普通合伙人对 LP 公司义务负个别连带责任；有限合伙人不承担责任	没有“公司人格否认原则”时，成员和非成员管理人对 LLC 公司义务不承担责任	没有“公司人格否认原则”时，股东、管理人员和董事成员对公司义务不承担责任
股权	合伙企业股权、股票或股份	合伙企业股权、股票或股份	普通合伙人股权、股票或股份；有限合伙人股权、股票或股份	会员股权、股票股份单位；允许多种类型（投票权股票、非投票权股票；普通股、优先股）	股票；允许多种类型（投票权股票、非投票权股票；普通股、优先股）
联邦所得税状况	合伙企业不需纳税（纳税中间人实体）；合伙人对合伙企业收入纳税，无论该收入是否分配给合伙人；可通过申请更改	LLP 不需纳税（纳税中间实体）；合伙人对 LLP 收入纳税，无论该收入是否分配给合伙人；可通过申请更改	LP 不需纳税（纳税中间实体）；合伙人对 LP 收入纳税，无论该收入是否分配给合伙人；可通过申请更改	LLC 不需纳税（纳税中间实体）；成员对 LLC 收入纳税，无论该收入是否分配给成员；可通过申请更改	对 C 类公司：公司缴纳所得税；持股人缴纳分配给自己的部分收入税收；对 S 类公司：公司不需纳税（纳税中间实体）持股人缴纳公司所得税，无论该收入是否分配给他们；可经持股人投票后，提交国内收入署申请更改

下文对营利性企业实体的主要形式进行了更详尽的讲述。和表10—1中的总结一样，下文的总结也是普遍性的，重点是不同州的法律中所规定的各种企业实体形式的普遍特征。因此，企业不能只凭借这些总结的信息来决定选择某种实体形式。在向企业客户提供选择实体的建议时，企业律师应立足于企业实体所在州实际可适用的法规。

同时，应谨记这部分总结是关于州实体法法规中的默认规章（即各方之间不存在相反协议的情况下适用的规章）的总结。如前所述，在个体企业中，经过企业投资者一致同意，可以变更大多数默认规章。总结中提到了，在关键情况下，变更默认规章所需满足的要求。

合伙企业

两个或两个以上自然人或实体共同经营的营利性企业称为合伙企业（一般所指是普通合伙企业）。成立合伙企业不需申请或申请费用（律师称为“手续”），因此，投资人有时未意识到已经成立了合伙企业。

成立合伙企业通常不需要书面合伙协议。合伙人的合作由口头协议管理。起草和协商书面合伙协议会增加成立合伙企业的成本。由于合伙协议的条款和规定会涉及实体法和税法的法律后果，因此，在成立合伙企业时通常应咨询专业法律顾问，这同样会增加成立成本。

在美国大多数州，若企业投资者之间存在关于利益共享的协议，即可推定该投资者为合伙人。因此，如果独资经营者允许投资人共享某产品或服务的利益，法律就认定该投资人为合伙人。尽管合伙企业的推定是可反驳的，但是独资经营者或投资人在法庭上成功反驳该推定会导致大量的法律开支。

合伙企业的共同所有人是合伙人。每个合伙人都是合伙企业组织业务的代理人，共同拥有并管理合伙企业的业务。合伙企业的普通事务通常由大多数合伙人决定，而特殊事务则需要全体合伙人一致同意方可决定。合伙人有公平交易和诚实信用的义务，并对合伙企业及其他合伙人承担信托注意义务和忠诚义务。

根据《合伙企业法》，合伙企业的合伙人对合伙企业债务和其他义务承担个别连带责任。这是企业投资者在考虑实体选择时，对合伙企业关注最多的问题，也是投资者最经常避免的问题，因为企业的所有人和经营者都不愿对不属于自己的义务承担责任。这意味着，合伙企业的合伙人需要对合伙企业的所有义务承担个别责任，无论是基于合同产生或由于对其他个体、企业或财产的损害产生（法律上通常称为侵权，除刑事违法行为外）。比如，合伙人对在合伙企业常规经营业务中，由于合伙企业违约或其他合伙人违约导致的损失，经法院裁决的，应承担责任。

《合伙企业法》规定，合伙人对其他合伙人承担的任何合伙企业义务都应按比例承担相应份额，合伙企业协议会在合伙人之间重新进行责任划分。但这些法律和合同条款仅调整合伙人之间的义务，第三方仍有权向任何个别合伙人提出部分或全部索赔，已生效的、有约束力和执行力的合同另有规定的除外。该合伙人必须按照法律或合伙人协议的规定向其他合伙人寻求帮助。

合伙企业中的经济和管理权利通常称为合伙企业股权、股票或股份。在默认情况下，每个合伙人对合伙企业利益都享有等额权利，对合伙企业的损失承担的责任与其享有的利益对等，且每个合伙人在合伙企业中都享有同等的管理权。上述同等权利与合伙人对合伙企业的投入无关，换句话说，按照默认条款规定，投入更多金钱或时间和精力的合伙人不能获得更多的利益或在企业管理中享有更大的发言权，这就是所有合伙人共同签署的《合伙企业协议》中的默认规章经常变更的原因。

合伙企业股权、股份或股票在证券法中通常被视为投资合同。按照“荷威标准”（Howey Test），它们不属于证券，因为这种分红制股权不是由其他人的经营获得的（合伙人也属于合伙企业的管理人）。谨记，“荷威标准”可用于判断除债务和股票（法律定义为投资合同）外的其他金融工具是否属于证券。在“荷威标准”中，投资合同是“个体将其资产投入普通企业中，并期望仅通过发起者或第三方的努力获取利润收益的合同、交易或计划”。然而，在合伙企业协议和合伙企业实际经营活动中，合伙人实际的权利和义务对“合伙企业股权不属于证券”这一推定提出了反驳。

根据《联邦所得税法》，合伙企业属于“纳税中间实体”，无需纳税；而合伙企业的所有人，即合伙人需对合伙企业收入缴纳所得税，无论合伙企业收入是否分配给该合伙人，合伙人无权从合伙企业获得薪资或其他收入分配。因此，《合伙企业协议》通常规定一些收入分配，弥补合伙人缴纳的联邦所得税及其他常规的合伙人责任。《联邦所得税法》要求合伙企业汇报收入，并要求合伙人汇报个人享有此部分收入的份额，以确保税收要求的执行。合伙企业可以在美国国内收入署填表，选择将合伙企业按照股份（有限）公司形式纳税，这样一来，就可以改变《联邦所得税法》中规定的合伙企业纳税的默认状态。

按照《联邦所得税法》规定，如果合伙股份（有限）企业按照公司形式缴纳所得税，那么合伙人只需要对其实际分配到的收入缴纳所得税。因此，如果合伙企业收入分配给各合伙人，则需要以同种货币（美元）支付两种独立的所得税：一种是企业实体（合伙企业）层面，另一种是所有人（合伙人）层面。这种征税方法通常称为（含贬义）“双重征税”。

有限责任合伙企业

有限责任合伙企业（LLP）与合伙企业在管理法、完整治理结构、股权和联邦所得税方面完全相同。那么，二者间最大的差异是什么呢？有限责任合伙企业的合伙人，与其他合伙企业的合伙人不同，对合伙企业部分或全部义务不承担责任。请注意，尽管有限责任合伙企业可能承担部分义务，但合伙人仍需对本人签署的、不属于合伙企业的合同，以及因本人导致的侵权行为（对其他个体、实体或财产造成的损失）承担责任。换句话说，成立有限责任合伙企业并不意味着合伙人可以完全摆脱个人责任，而只是无需承担部分或全部合伙企业应承担的责任。律师将所有人和管理人承担的此类责任称为“有限责任”，因为“有限责任”将投资者—所有人或管理人的责任主要或完全地限制到其认缴的出资额以及其所作所为应负的责任上。

组建有限责任合伙企业需要符合以下手续：在有限责任合伙企业所在州的州政府秘书处登记（通常称为“资质说明”），并向其支付服务费，同时，还需提交年度维护申请并支付相关费用。虽然登记申请的手续很简单，但申请手续的准备费用和申请费用增加了组建有限责任合伙企业的成本，而组建合伙企业则不需要这些费用（但是，起草和协商书面合伙协议的费用是合伙企业与有限责任合伙企业所共有的）。在一些州，组建和维持有限责任合伙企业的费用超过组建其他形式企业实体的成本。

一些司法管辖区对有限责任合伙企业向合伙人的收入分配进行限制（除非满足特定的金融标准），目的是确保债权人能够使用小股本作垫向有限责任合伙企业提起诉讼。这一概念源于公司法中类似的法规，可以防止有限责任合伙企业通过向其合伙人增加收入分配的形式弥补合伙人承担的联邦所得税缴纳义务。

有限合伙企业

有限合伙企业（LP）的组织法与合伙企业和有限责任公司组织法不同。但在许多州,《有限合伙企业法》与《合伙企业法》在一些关键概念上相互参照、相互包含。组建有限合伙企业需满足以下手续：向有限合伙企业所在州的州政府秘书处提交登记（通常称作有限合伙企业凭证），并支付相关费用，同时，还需提交年度维护申请并支付维护费用。维护费用和申请准备费用增加了组建和维护有限合伙企业的成本（和有限责任合伙企业一样）。若没有这些手续，有限合伙企业就成了合伙企业（从法律上讲），因为有限合伙企业也是两个或两个以上个体或实体在营利性企业中的联合。这意味着，在不符合手续的有限合伙企业中，所谓的有限合伙人在承担责任和缴纳税款方面与合伙企业的合伙人应一视同仁。

有限合伙企业中有两类不同的合伙人类型，分别是普通合伙人和有限合伙人。同一个体或实体可能既是普通合伙人，又是有限合伙人，但必须有至少两个的个体或实体是合伙人。

有限合伙企业中的普通合伙人应服从的管理和责任法规，与合伙企业中的合伙人相同。普通合伙人平等地管理有限合伙企业，是企业经营的代理人，对合伙企业的义务承担个别连带责任（除非该有限合伙企业是有限责任有限合伙企业，这是一种少见的实体形式，其中普通合伙人享有与有限责任合伙企业中合伙人相同的有限责任）。按照默认条款，有限合伙企业中的有限合伙人享有有限的管理权。有限合伙人不是有限合伙企业的代理人，只有在有限合伙企业结构和经营发生某种基础性改变时，才需征求有限合伙人的同意。比如，将有限合伙企业改变成另一种实体形式，或解散（终止和结束）该企业时，有限合伙人有权参与决策。在以往的法规中，有限合伙人对合伙企业或其他合伙人没有信托责任，但现代法规和判例法改变了此法规，允许有限合伙人承担信托责任。有限合伙企业中所有的合伙人均应承担诚实信用和公平交易的义务。

有限合伙人对有限合伙企业的义务承担有限责任。这意味着，有限合伙人对合伙企业的义务通常不承担责任，只对在有限合伙企业正常经营中，因合伙人自身行为导致的义务承担责任（有限合伙企业对该行为也承担一定责任）。根据一些州仍在使用旧版的《有限合伙企业法》，当有限合伙人参与合伙企业管理时，就要对有限合伙企业义务承担连带责任。

有限合伙企业的合伙人，根据其在合伙企业中的角色不同，分别持有普通或有限合伙企业股权、股票或股份。这些所有权权益中包含的经济与管理权利和义务通常在书面《合伙企业协议》中有明确界定。若没有明确界定，则应参考根据《合伙企业法》订立的股权原则来决定。大多数情况下，《合伙企业协议》都规定了相关的权利和义务。

和合伙企业中的股权、股票或股份一样，根据"荷威标准"，有限合伙企业中普通合伙股权、股票或股份也均不属于证券，因为普通合伙人在有限合伙企业中享有广泛的管理权。相反，有限合伙股权、股票或股份属于证券，因为有限合伙人在合伙企业中享有有限的管理权，因此，有限合伙人的收益完全或主要源于其他人的努力。上述关于是否属于证券的两种推定是可反驳的，因为根据有限合伙企业的实际经营状况，可证明这两种推定都毫无根据。

根据《联邦所得税法》，有限合伙企业及其所有人应承担与合伙企业和有限责任合伙企业同样的默认税收状况和收入汇报义务。有限合伙企业无需缴纳收入所得税，普通合伙人和有限合伙人对合伙企业收入缴纳所得税，无论此收入是否分配给合伙人。和合伙企业一样，有限合伙企业可以在美国国内收入署填表，选择有限合伙企业，按照股份公司形式纳税。

有限责任公司

有限责任公司（LLC）组建的方式与有限合伙企业类似。有限责任公司的投资人必须遵守以下手续：登记公司章程（或其他类似文件），并支付相关登记费用，同时，还需提交年度维护申请，支付相关维护费用。组建有限责任公司通常应起草和协商一份经营协议，内容包括可适用于不同参与者的经济、管理以及与税收相关的法规。在起草和协商经营协议时，通常应咨询法律顾问，确保有限责任公司能实现投资者的期望。上述各项活动的费用通常都相对较高。

有限责任公司结构的灵活性决定了有限责任公司的组建和维护费用高于其他的

实体形式。根据大多数州的法律，组建有限责任公司有以下两种形式可供选择：成员管理的有限责任公司或经理人管理的有限责任公司。两种形式的有限责任公司有不同的管理规则，但公司的所有人都是公司成员。

成员管理的有限责任公司可以只包括一个成员，除此之外，公司的组织和管理都与合伙企业类似。在成员管理的有限责任公司中，每个成员都拥有管理有限责任公司经营的权利，是有限责任公司经营的代理人。有限责任公司的成员可以是个体，也可以是实体。成员管理的有限责任公司的普通事务通常由大多数成员决定，而特殊事务则需要全体成员一致同意方可决定。成员管理的有限责任公司的成员应承担诚实信用和公平交易的义务，并对有限责任公司和其他成员承担信托注意义务和忠诚义务。

经理人管理的有限责任公司的组织和管理与有限合伙企业或公司类似。经理人管理的有限责任公司的经理人可以是个体，也可以是实体。经理人管理有限责任公司，是公司经营的代理人。经理人管理的有限责任公司的成员，和有限合伙企业中的有限合伙人一样，可以是个体，也可以是实体，他们不是有限责任公司经营的代理人，享有有限的管理权。经理人管理的有限责任公司中，存在不同层次的经理人，一些经理人主要享有公司日常事务的管理权，其他经理人（常以理事会形式存在）则享有总揽全局的首要管理权。根据旧版《有限责任公司法》，公司章程中应规定有限责任公司由管理委员会管理，包括一个首席执行官和其他管理人员。这些规定目前已不再生效。

由经理人管理的有限责任公司的经理人对有限责任公司及其成员承担信托谨慎义务和忠诚义务，必须遵守诚实信用和公平交易的原则。经理人管理的有限责任公司的成员对公司及其他成员不承担信托谨慎义务和忠诚义务，也无需承担明确的诚实信用和公平交易的义务，但成员参与有限责任公司管理活动的情况除外（在这种情况下，成员应按照经营协议承担诚实信用和公平交易的义务）。

成员和经理人（如果适用的话）负有有限责任。成员和经理人都无需对有限责任公司的义务向第三方承担个人责任（但他们对由于自身错误行为导致的义务仍应承担责任）。该规定适用于所有成员和经理人，与其享有和行使的管理权层次无关。

然而，在某些特定情形下，法庭可能会刺破有限责任的面纱，对有限责任公司成员（有时甚至是经理人）强加个人责任。这些特定情形包括某成员行使极端控制权，指使有限责任公司参与非法行为，对其他个体或实体造成损害。上述普通法“刺破面纱原则”（也称为“改变自我”或工具性原则）存在许多变体，但每种变体都源于公司法，因此，在有限责任公司环境中，“刺破面纱原则”的应用通常模棱两可。

有限责任公司的财务与管理权利和义务表现为成员股权、股票和股份，与大多数司法管辖区内的合伙人权益类似。成员管理的有限责任公司的成员平等地共享收益和管理权，经营协议另有规定的除外。然而，根据有限责任公司法和实践，与合伙企业相比，有限责任公司能提供更广泛的、不同层次的成员权益。

许多有限责任公司规章明确规定，允许有限责任公司根据不同的财务与管理权利和义务，创设不同形式的成员股权、股票或股份。这一规定源于公司法，授权创设多种形式的普通股和优先股。一些州明确规定，仅仅允许有限责任公司发行和出售与现行财务义务以及有限责任公司管理权利或义务分离的财务权利。因此，在管理结构和资金结构方面，有限责任公司为投资者提供了更多灵活性。

证券法将成员股权、股票或股份视作投资合同。根据“荷威标准”，成员管理的有限责任公司的成员股权、股票或股份不属于证券（和合伙企业中的合伙股权、股票或股份一样）；而经理人管理的有限责任公司的成员股权、股票或股份属于证券（和有限合伙企业中的有限合伙股权一样）。上述两种关于是否属于证券的推定都是可反驳的。

和其他非公司实体一样，根据《联邦所得税法》，有限责任公司应按照合伙企业标准纳税，除非有限责任公司向美国国内收入署申请选择作为公司形式纳税。有限责任公司不是独立的纳税人，而是纳税中间实体。有限责任公司的成员应对公司的收入缴纳所得税。

公司

公司是最早的一种法定实体形式（法律承认合伙企业很长时间后，立法者才颁布了《合伙企业法》）。公司成立的条件是：在公司成立所在州的政府秘书处填写申请文件（不同的州有不同的形式，通常称为公司章程，是公司成立的凭证），并支付申请费用，同时，还需提交年度报告，并缴纳年费。

公司章程中没有规定的有关内部治理等其他相关的公司法规，在公司章程细节（有时，也称为规章施行细节）和持股人协议中加以阐述。公司章程细节属于法定文件，由法规授权，每个公司都必须具备公司章程细节。公司所有人之间签署的持股人协议及合同的内容应由法规明确授权或受到法规限制，且必须遵守这些法规和其他相关判例法对持股人协议及合同的内容。

公司由董事会管理或在董事会指导下经营。董事会是通过其成员（以往董事会成员都是个体，不是实体，现今许多法规允许实体担任董事会成员）决定公司事务的管理团体。董事会授权行政官管理公司日常事务。行政官是公司经营管理的代理人。一些州法规要求公司至少有两名指定的行政官，即执行主席和秘书（或其他同级别的行政官员），最近制定的法规中省略了该要求。通常由董事会选任或委任公司的行政官。

公司的所有人称为股东，或在一些法规中称为持股人，有的立法者认为这两种称谓可替换使用。持股人是公司的被动所有人，因为，虽然法规中明确规定他们享有全部的管理权，但事实上，持股人享有很有限的管理权。持股人通过选任公司管理层以及批准公司的基础性变更来行使权利。这些基础性变更主要包括：修改公司章程细节；投票决定公司董事成员；以及经董事会批准后，修改公司章程；批准合并或出售重要公司资产，或解散公司。在一些情况下，公司章程可能会改变持股人的管理权（比如，改变法定人数及投票要求等），但通常仅局限于一定的范围内。

董事成员和公司管理层都需承担信托谨慎义务和忠诚义务，可解释为，这些义务中包含监管和诚信的义务，或由监管和诚信义务支持。董事成员还应对公司或其持股人承担披露义务或告知义务，在一些情况下，这是信托义务的一部分或补充。有关此部分的法律极为复杂，仍处于发展过程中。

《特拉华州公司法》是《公司法》原则的主要来源，特拉华州法庭是解释与董事成员信托义务相关的公司法方面的引领者。许多法律评论人士声称，根据特拉华州公司法，在理想情况下，董事成员信托义务的目的应主要是使持股人享有的公司价值最大化。有些人主张，公司的目的是使持股人价值最大化；而其他人则辩称，持股人价值最大化只是董事成员和公司行为的众多目标之一（尽管通常是最具决定性的目标）。近来兴起的社会企业实体（如，受益公司和灵活目标公司）就是对公司实体推动社会和环境目标（也包括持股人价值）的现实需求的回应。

持股人在通常情况下无需对公司或其他持股人承担信托义务。在某些（有限）情况下，大股东对小股东应承担信托义务和忠诚义务。同时，许多司法管辖区的法庭（尤其是马萨诸塞州）主张，私人持股公司（持股人数量较少，且通常作为董事成员或公司管理层，持股人常有家族或友谊关系）的持股人之间需要互相承担信托义务。

董事成员、公司管理层和持股人对公司义务都承担有限责任。正如上文介绍的有限责任企业一样，法庭可以在承认公司具有法人人格前提下，在特定法律关系中对公司人格及股东有限人格加以否认或找到其违反信托义务的证据，使持股人、董事成员或公司管理层对公司行为负责。但是，在“公司人格否认原则”的案例中，法庭很难找到持股人、董事成员或公司管理层极端控制行为，有意而为或肆意为之的行为存在的证据。

持股人在公司里的所有权权益是股份。股份代表持股人的分配(包括分红和清算）和投票权。股份分配不是持股人固有的权利，持股人分配需经过董事会批准。根据默认条款，每只股份给予持股人一个投票权，持股人决议通常是由拥有大多数股份的持股人拟定，经达到法定人数要求的（普通股股数的大多数）会议投票最终确定。

股票通常可分为两类：普通股和优先股。普通股持股人的权利和义务几乎全部由法律规定，而优先股持股人的权利更多是由合同约定。优先股持股人在分红支付和资产清算受偿方面享有优先权（时间上或数量上或两方面都具有优先权）。由于优先股持股人享有上述分配优先，因此，他们通常不享有投票权（除法律要求的投票权外，通常是不利于优先股持股人的决定）。

《公司法》还规定，优先股和普通股可以细分成多种类别。新股票类别的命名必须由董事会和有权投票的持股人批准（公司章程修订时要求创立新的类别的情况下）。每个类别的股票都有独立的规定和条款，需符合该股票所属的较大类别股票的规定和条款。对公司资本结构的高度控制，使公司董事会、官员和持股人在公司融资操作方面具备高度的灵活性。

按照联邦和州证券法，股票属于证券，特殊要求的情况除外（极少存在特殊情况）。因此，股票的发行和出售都要求登记，不存在豁免情况。大多上市公司（证券发行人在股票交易所交易或发行人达到《1934 年法案》规定的总资产要求和持股人门槛要求）属于公司形式，其中大多数属于《特拉华公司法》规定的公司形式。

根据美国《联邦所得税法》规定，公司应对其收入缴纳所得税。此类公司称为“C 类公司”或“C 公司”。联邦所得税法还规定了由持股人缴纳公司收入所得税的情况，包括薪资和任何从公司获得的分配（分红和清算，以美元支付）。这就可能出现双重征税的情况。

符合条件（如公司成立的地点，公司持股人的性质和数量等）的公司可要求按照合伙企业形式缴纳所得税。此类公司称为“S 类公司”或“S 公司”。S 类公司可以不在企业层面纳税，属于中间纳税实体，不管此部分收入是否分配给持股人，其持股人按照公司收入缴纳所得税。与非公司的企业协会不同，公司要成为 S 类公司不仅需要填写申请表，还应接受美国国内收入署的审查。国内收入署审查后，在 2553 号表格上登记备案，并通知公司其申请是否获得批准。

众筹和企业协会

投资者在选择实体形式时，需考虑采用众筹和其他融资选择的可能性。对希望采用众筹作为融资工具的企业和项目发起人而言，熟知《企业协会法》的基础知识，有助于其从法律角度评估如何组织或构建他们的公司以实现企业商业目标和长短期融资目标。采用众筹方式的企业和项目主要负责人在从公众中筹集资金时，可能或可能没有按法定实体形式正式组建企业。未在州秘书处登记组建为有限责任合伙企业、有限合伙企业、有限责任公司、公司或其他法定实体形式的企业称为独资经营企业或合伙企业。

独资经营企业和合伙企业成立条件简单且成本较低。因此，在企业组建之初，这无疑是小企业主（包括希望采用众筹的企业发起人）的最佳选择。但是，在企业开始经营后，以及负责人向购买其企业或项目众筹权益的投资者作出承诺时，这种实体形式并不是理想的选择。此外，独资经营企业和合伙企业采用“所有人，即管理人”结构，且独资经营者和合伙人对公司义务承担个人无限责任，这些都使独资经营企业和合伙企业不能称为理想的实体形式。在这方面，需要注意的是，通过向投资者提供企业或项目的利益分成（和投资性众筹一样），投资者可获得合伙人的法律地位，因此，享有合伙人的经济和管理权利并承担相应的个人责任，这对企业或项目发起人或投资者而言，并不是理想的结果。换句话讲，大多数众筹集资者，通常是小企业主，都担心将管理权交给不认识的第三方投资者，而投资者也不愿对由企业或项目产生的义务承担个人责任。同时，尽管独资企业和合伙企业只需缴纳一次联邦层面的所得税，但该所得税由合伙人个人根据其可分配的企业份额缴纳，不管企业是否将其收益分配给该合伙人。处于初创阶段的企业或项目通常需要对其收益进行再投资，没有充足资金分配给合伙人，来弥补合伙人缴纳的所得税款。

综上原因，建议投资者组建可采用众筹集资的法定企业形式经营企业或开展项目。大多数新建企业都选择有限责任公司或公司的形式，这两种企业实体形式的组建和维持成本比独资经营企业或合伙企业高，且企业的投资者承担有限责任。虽然有限责任合伙企业和有限合伙企业的投资者同样承担有限的责任，但投资者仍更倾向于有限责任公司和公司的治理结构。有限责任公司和公司都能带来丰厚利益，但二者之中，有限责任公司是最新型，也是最受欢迎的非公司企业协会类型。有限责任公司结构灵活，但与《公司法》相比，《有限责任公司法》仍不完善，一直以来，有限责任公司在风险投资和上市规则方面都不被完全接受。同时，有限责任公司默认公司为中间纳税实体，这对公司主要负责人不利。相比之下，公司结构虽然不够灵活，但《公司法》发展较完善，且公司形式广为投资者接受。公司所得税由公司缴纳，持股人只需对分配到的公司收入缴纳所得税。

在有限责任公司和公司中，众筹集资人可采用多种方式向投资者提供利益分红权益，却不赋予其公司的管理权，主要途径包括：向投资者提供非股权权益——一种不属于所有权权益的利益分红权益。这种灵活性是采用有限责任公司和公司作为众筹合法实体的一大益处。

众筹合同

企业交易包含合同（不论是明确的或是隐含的，书面的或是非书面的），众筹则包含多种不同形式的企业交易。在所有买卖协议中，都存在买方与卖方之间的合同，记录交易条款和规定，买方据此获得卖方占有的某种产品或服务，向卖方提供交换价值。融资作为一种特殊的买卖协议，也包含价值的转移，投资人提供价值来交换企业或项目中的权益。

在金融中介参与的融资交易中（包括众筹），通常采用包含金融中介的合同。广义的众筹中介不仅包括众筹网站，也包括众筹发行的其他发起人。针对不同的金融中介，可签订单独的合同。比如，企业主要负责人或项目发起人可与众筹网站签订合同，由众筹网站举办众筹发行活动；或与一个或多个销售代理（录像制作人、撰稿人等）签订合同，由其帮助推销企业或项目发行。潜在投资者会与众筹网站签订合同为企业或项目筹资，或与金融专家签订合同，帮助审查其希望投资的企业或项目。合同确立了中介在交易中的角色和责任，以及报酬的数量和形式。

所有的众筹形式都建立在合同的基础上。合同是两个或两个以上的个体或实体（通常称为“甲方”、“乙方”）间法定的协议类型。因此，合同法基础法规在众筹的法律环境下至关重要。

《合同法》的实质

合同签订后，交易各方就可以借助法庭或其他法律途径维护己方的合法性和交易利益，并确保交易的执行，这一切实利益鼓励交易各方签订合同。《合同法》是管理合同的建立、解释和适用的法律，决定合同是否有效，对交易各方是否有约束力，是否具有强制执行力。回顾《合同法》基本内容可知，法学院学生入学第一年就明白，众筹合同的大多观点都简明易懂。

《合同法》主要属于州普通法，是由州司法意见（法院判例）组成，而非由立法机关制定。各州之间的合同法内容基本相同。本章主要总结《合同法》中有关众筹合同领域的内容，重点突出各州之间合同法的差异或因其他原因合同法未涉及的领域。

合同要件

交易一方如果希望法院判决合同强制执行，就必须能够证明该合同存在，但事实上，举证是一个十分复杂的过程。法官和律师对一份有效合同的核心要件通常会产生意见分歧。此外，由于各州的法官负责判决本州的事务，因此，各州之间就不可避免会出现差异。尽管如此，合同中仍包括以下这些共同的核心要件。

- 要约。一方个体或实体作出的采取行动或延缓行动的承诺。
- 承诺。另一方同意一方要约的明确表示。
- 对价。一方获得利益时，给付对方的价值。
- 合意性。达成共识的各方之间在实质方面达成的协议的证据。
- 订约能力。合法订立合同的能力。
- 订约意图。订立具有法律强制力协议的目的，在商业协议中通常是推测判定的。
- 合法主题—不违反法律的规定和条款。

前三项是合同中的必须要件。原告若能证明上述要件存在（表面上证据确凿的案例），该合同即有效；若上述要件缺失，法院则判定主张的合同无效。

合同成立的抗辩因素

如果能有确凿证据反驳合同中的任何要件，就能否定合同的有效性，根据实际情况不同，法院可判定该合同为无效合同或可撤销合同。一些反驳是直截了当的，比如，能够证明事实上不存在要约或承诺，或未能实现对价；或者能够证明合同方没有签订具有法律约束力合同的意图，如合同方签订一份新协议（意向书或其他合同），并且规定了先前合同中某特定条款的执行或受到某些特定条件的限制；又或者能够证明合同的主题不符合法律要求。另一些反驳则含糊不清。

例如，合同双方对协议重要事实理解不一致是对合同合意性的反驳，会导致该合同无效。诱因欺诈（诱导一方签订合同的虚假陈述）也属于对合同合意性的反驳。同样，一方因受到胁迫或不正当压力签订协议或同意不合理条款也属于对合意性的反驳。如果公开合同的一方在签订合同时患有精神性疾病，或属于未成年人，或存在其他法律上认为无能力或丧失民事行为能力的情况，该合同无效。

合同的约束力

一份有效合同并非在任何情况下对各方都具有约束力。例如，合同对于协议一方或多方是有效的，但如果一方无行为能力，就会导致该合同无效；由于条件改变或突发事件导致该合同方无法履行合同，一方以合同履行受挫或合同目的无法实现为由，主张合同无法履行而失效；或一方以合同重要条款的欺诈性陈述为由，拒绝履行合同。

合同的可执行性

无效合同或可撤销合同对合同各方不具有强制执行性，法院不会对不受约束的一方强制执行合同。法院也可能拒绝强制执行有效的、具有约束力的合同，这种情况通常存在于合同方未能遵守某种特殊类型合同所要求的手续的情况中。例如，反欺诈法要求，某种合同必须以书面形式存在方具备可执行性。一方以另一方对有效、有约束力合同的履行情况为由提出申辩的，法院会中止其向另一方履行与申辩借口有关的合同内容。此外，法院拒绝执行违反公共政策的合同（尽管该合同有效，且具有约束力）。

众筹中的合同法问题

尽管有关众筹合同的案例不多，但多数案例中涉及的问题与其他经济领域的合同中常出现的问题类似，都与合同的订立、履行和执行相关。尤其是筹资人和代理人（包括诸如众筹网站之类的中介机构）之间的合同，通常与普通经济合同无异，但合同方为实现非法目的订立的合同除外，比如联邦或州证券法界限外的投资性众筹。与这类合同相关的索赔和争议通常与传统的合同争议案例相似。

筹资人或众筹网站与投资人之间的协议会导致人们对合同法律产生新的索赔和忧虑。大多数案例中，此类协议的订立和传达完全是在互联网上完成的，期间不存在任何个人的沟通或各方间的交流。这类协议通常可划分为“点击授权协议”或“浏览授权协议”。点击授权协议的特征是协议的条款和规定在网站上传达给另一方，若另一方点击按钮，则视为同意该协议。浏览授权协议在网站上传达条款和规定，通过用户浏览协议内容或使用网站一些工具或服务的形式约束网站用户。

在众筹中采用此类协议会导致一些基本的合同法问题。例如，众筹网站或众筹企业（或众筹项目背后的主要负责人）希望将浏览授权协议或点击授权协议作为有效协议执行，但会引起投资人的反对，因为通过众筹网站发出的要约并不能获得任何承诺，通过众筹网站订立的协议缺乏合意性或订约意图。浏览授权协议比点击授权协议的争议更大，因为在点击授权协议的案例中，投资人能够明确看到协议条款和规定，并肯定地表示同意此条款和规定。但是，如果投资人预先能清楚地注意到该协议内容，仍选择继续使用该网站，那么该浏览授权协议有效，仍具有约束力和可执行性。

在众筹中使用互联网还可能产生其他合同法问题。互联网的匿名性会鼓动未成年人和其他没有订立合同的法定行为能力的个人参与其中，这使得确定合同执行各方，以及在出现违约行为时，减少损失或采取补救措施更加困难。希望规避点击授权协议或浏览授权协议的投资者往往更容易对协议中显失公平或不正当影响的条款和规定提起索赔主张。无论该主张最终能否得到法律的支持，众筹网站或众筹企业或项目都需要进行辩护，这就增加了众筹的成本，因而，阻止了许多潜在的市场进入者。

其他潜在的法律问题

除上文中提到的问题外，与众筹有关的值得注意的法律问题还有许多。有些问题是针对特殊的企业和项目类型，其他的则是全部或大多数企业在投资中所共同面临的问题。在此，我对其中几个问题作简要说明。

除《联邦所得税法》外，其他的税法（如州所得税法，特许经营税法，消费税法，营业税法，财产税法等）同样规定了企业和项目的征税内容。企业通常需要决定纳税的种类、支付的时间和预算。选择众筹作为融资方式的企业发起人在决定可提供给投资者的回馈时，需要将纳税成本考虑在内。

《知识产权法》是管理专利权、商标权、版权和商业秘密的法律，在众筹领域也至关重要，这部分内容在本书第6章另作详细说明。简言之，如果在企业投资时未能考虑知识产权的问题，那么在众筹发行的推销中，使用一个简单的商标都有可能会引发一场官司，浪费一笔诉讼开支。

众筹投资者还应关注《破产法》和《企业重组法》。许多小型企业可能失败，因此组建一种可以应对企业破产或重组机制是对资源的有利投资。尤其是，通过众筹方式为企业或项目融资的融资人需要决定在企业自愿、非破产性重组时，如何实现对投资者的承诺，以及该如何重新协调在破产时将面临的处境。

企业还应关注联邦和州反垄断法。反垄断法保护企业免受反竞争行为的影响，诸如价格垄断和市场分裂等。尽管众筹过程中几乎不存在与反垄断法有关的风险，但众筹中介和众筹企业在组建时仍应考虑到反垄断法的内容，避免出现不必要的问题。

结语

与众筹相关的法律问题内容广泛，种类繁多，不仅适用于通过众筹筹资的企业和项目发起人，也适用于诸如众筹网站之类的众筹金融中介。对众筹有影响的基本法律和法规大多是管理商业运营的普通法，其中最需要注意的主要是《证券管理法规》、《企业协会法》以及《合同法》。但除此之外，税法、知识产权法、破产法和企业重组法以及反垄断法等也值得关注。

本章涉及的法律问题都是众筹中值得注意的主要问题，此处重点回顾其中两个最关键的问题。在企业或项目的众筹发行中，众筹筹资者可以向投资者发行证券（遵守联邦和州证券法要求），或者（在不存在其他法定企业实体的情况下）使投资者成为企业的合伙人，以这两种形式向投资者提供企业分红制股权。此外，在没有合理通告的情况下，浏览授权协议不可作为有效合同，对众筹网站没有约束力，不能强制执行。

最后，尽管所有的企业参与者都熟悉企业组建和经营的基本法律原则，但是，要为企业经营打下坚实的基础，法律咨询仍必不可少。尤其是，众筹作为一种新的企业类型，可以采取多种不同的企业形式，因此，无论是通过众筹融资的企业投资者，还是提供众筹服务的中介机构，在众筹这一全新领域，都需要寻求律师的帮助。经验丰富的企业律师能帮助与众筹相关的企业评估各种法律对特定企业投资的适用性，为众筹奠定坚实的法律基础。换句话讲，对即将进入众筹领域或者已经参与到众筹中的企业而言，法律咨询是必须的投资，而非可选择的交易成本。

Crowdfunding

第11章
全球司法管辖基础上的众筹法

杰夫·林恩，英国众筹网站 Seedrs
克里斯托夫·德·拜塞尔，蒂尔堡大学

在金融创新方面，美国一直位于世界的最前列，然而，其严苛的管理体系和以证券法规则为基础的“黑线”规则导致在一些领域，尤其是在众筹领域，落后于其他司法管辖区。过去几年，在《促进创业企业融资法案》（JOBS）提上立法议程之前，众筹平台在欧洲就已然出现，并得到蓬勃发展。

众筹平台能够在欧洲建立并快速发展，主要是因为欧洲司法管辖区的金融管理方式与美国不同。在欧洲，每个国家都有独立的证券法，但各个国家的证券法都有共同的特点（尽管在欧盟层面上，没有统一的形式），这种“以原则为导向”的体制是美国证券法所不具备的。大多数欧洲的管理法规都是在过去 10 年 ~20 年内颁布的（而美国主要依据的是 20 世纪 30 年代编写的法规），能适应新科技和新融资形式的发展。这意味着，即使在没有专业的众筹立法的情况下，英国、荷兰等欧洲国家的企业主依然能够利用现行的法律创建合法有效的众筹平台。

本章主要介绍众筹尤其是投资性众筹，在除美国外的其他地区是如何开展的。这个话题涵盖内容颇广，因为，众筹平台在每个国家都有不同的特征和形式，但本章将重点讲述迄今为止，欧洲众筹平台的一般性和共同性的特征。为免疑异，本章中提到的“众筹”指的都是基于股权的众筹；基于捐赠的、基于回报的和基于债务的众筹都有其各自不同的管理体制和独特的发展模式，因此本章不作赘述。

股权投资在欧洲的出现

个体对能够在私人企业中进行股权投资（这就是众筹的核心）的需求已有数百年之久。年轻的创新型企业缺乏偿还债务的能力，企业本身又存在大量的不确定因素，因此，诸如股权之类的风险共担的投资工具就成为此类企业融资的自然选择。共担风险的人数越多，每个人只需要承担其能够担负的部分损失，股权融资就越能成为创新型企业家筹资的有效途径。

在某种类型的企业中发行风险共担的股权可追溯至古代时期，而现代股权投资的先驱则是中世纪出现的船舶融资。当时，在英格兰、荷兰和其他航海大国，出现了对极端产业投资（要么全有，要么全无）的需求：航船返航可能满载而归，也可能沉入大海。这就催生了一些新的企业变体，允许投资者将投入的资金与其分成收入和所有权相关联，而非与固定的回报挂钩。

然而，16 世纪中叶以前，这种投资方式只存在于航运业中，尚未在持续经营的企业中运用。真正的改变发生在 1553 年，一家名为“新大陆冒险商人公司”（Company of Merchant Adventurers to New Lands）的英国公司颁布了公司章程，采用股权投资的融资形式，该公司拥有 250 位股东（冒险商人是指进行资本投资的商人，是现代新型、高风险企业中投资者，即风险资本家的原型）。两年后，沙皇俄国如法炮制，成立了莫斯科贸易公司，掌管莫斯科与伦敦之间的贸易往来。随后，在 1602 年，荷兰也成立了东印度公司（英国东印度公司成立于 1600 年）。

这些公司的成立不仅提供了一种投资结构，而且还能够在持续经营的企业中投资，更关键的是，在许多公司，个体投资者可以承担有限的责任。在合伙企业中，因为每个合伙人都参与到企业经营中，因此，每个合伙人对公司债务都承担个人责任，而且（至少在理论上）能控制承担债务的程度。为了使不参与企业管理的“公众”（crowds）投资持续经营的企业，投资者需要了解，如果公司进行了不负责任的借贷，他们无需用个人财产为公司债务买单。早期公司的这一创新，目的是使投资者承担的责任与其投资的金额对等，也就是说，一旦投资者认购了公司股票，就不能再强迫其投入更多的资金。公众募集资金的机制也由此形成。

此后 300 年间，公司以及广泛应用的股权投资都没有实质性的进展。通常，公司只能通过皇家宪章或立法法案成立，这就意味着，大多数投机企业都采用合伙企业或其他非公司企业协会的形式经营，投资者需承担无限责任，因此，大多数企业都是由企业经营者（和通过债务形式）筹资，而非由公众筹资。

《1844 年英国股份制公司法案》（*United Kingdom of the Joint Stock Companies Act 1844*）的颁布改变了这种状况。《1844 年法案》是世界上第一部允许完全由私人成立一般有限责任公司的法律。此例一开，到 19 世纪下半叶，其他主要的欧洲国家也纷纷通过立法允许私人（不受政府行为主导）成立有限责任公司。随后几年，许多欧洲国家的殖民地也开始效仿，如美国（美国第一个普通公司法是 1896 年新泽西州颁布的）。

哪里有投资，哪里就有管制

私人成立有限公司变得愈发简单，公众的投资机会也随之迅速激增，这显然就需要形成专门的管理体系，对如何获得投资机会，以及投资者参与后企业如何操作等方面加以规制。

为此，英国颁布了欧洲最早的证券管理规范。英国于 1867 年公司法案中就提出，待发布的售股说明中必须公开所有可能产生影响的合同（不论申请者是否会购买该股票），以及公司董事作为交易一方的所有公司交易的情况。德国也是制定规范的先行者，1884 年颁布的《股份公司法》（*Stock Corporation Law*）中包括了许多预先投资的条例，尤其是影响首次公开募股（IPO）的条例。其中，有条例要求公司必须提交股票发行前两年内的独立审计的资产负债表和损益表。《德国 1896 年交易法案》（*German Exchange Act of 1896*）的颁布使管理规定更加严格，该法案采纳了英国公司法法案的原则：每个申请上市的公司都需要发布售股说明，内容包括所筹集资金的使用情况、近年来的财务状况以及过去五年内分红的支付情况等。

和公司法一样，20 世纪，证券管理法在欧洲盛行数十年后，美国的证券管理法才开始逐渐固定下来。起初，美国证券法的内容大体与欧洲证券法类似。《堪萨斯法案》（*Kansas Act*）及其随后的法规中引入了“价值评议”系统，确立了一项测试：（1）希望发行证券的公司，其企业或合同计划中不得包含任何“不公平、不公正、不平等或压迫性”的规定；（2）投资必须能保证得到公平的回报。与此同时，从20世纪10年代初起，纽约证券交易委员会（New York Stock Exchange's Committee）就开始要求大多数公司在股票清单中提交IPO披露协议。

20世纪20年代末到30年代初的经济危机过后，美国证券管理法体系和欧洲证券法体系开始出现显著的差异。为应对股市崩盘和随之而来的经济大萧条，美国开始执行更全面的证券管理法体系。尽管《1933年证券法案》在一定程度上受到《英国1919年公司法法案》的启发,《1933年证券法案》（和1934年证券交易法案一同）创立了一种与世界上其他地区实施的证券法相比，全新的、更有力的系统，以控制证券的发行和交易。该系统仍是目前美国证券管理规范的根基。

相比之下，欧洲证券管理法经过经济危机并未发生较大的改变。与欧洲相比，普通公民广泛投资在美国更加普遍，因此，保护已有的投资公民压力也更大。30年代，经济状况愈发恶劣，随着一些更迫切的泛欧洲化问题的出现，使投资改革被拉下了立法议程。虽然在随后的70年间，一些欧洲国家不断地单独修改和改进证券管理体系，但都没有出现较显著的改变。截至20世纪90年代，许多欧洲国家的证券法与一个世纪以前相比都没有太大的差别（尽管管理机构在不断变化，适用法律也发生细微的改变）。

直到20世纪末，欧洲才出现了现代证券管理体系。德国的《证券交易法案》（*Germany's Securities Trading Act*）和《二级金融市场促进法案》（*Second Financial Market Promotion Act*）于20世纪90年代中期开始生效，为德国现代证券管理奠定基础。法国采用《1996年金融业务现代化法案》（*Financial Activity Modernization Act*）和随后颁布的2003年《金融证券法案》（*Financial Security Act*），英国的现代证券管理体系是在2000年颁布的《金融服务和市场法案》（*Financial Services and Markets Act*）中得以确立。2005年，欧盟作为一个超国家实体，第一次介入证券管理，颁布了《售股章程》（*Prospectus Directive*），两年后又颁布了《欧盟金融工具市场法规》（*Markets in Financial Instruments Directive*，MiFID）。尽管这两项法案都属于重要立法，但在实际使用时通常包含在过去几十年前颁布的各国家的证券管理系统内，而非根据此法案对各国家法规系统进行大规模修改。

尽管欧洲各国采用的证券管理体系有很大的差异，但其中有两个方面是共同的：

一是，所有的管理体系都是原则导向，通过管理机构与管理企业间的协作，而非通过强制执行的方式运作；二是，这些管理体系的构建方式更倾向于创新型企业。20 世纪 30 年代以来，证券的发行、出售和交易方式发生了巨大的变化和扩展，主要欧洲国家的证券管理体系也随之发生了不同形式的变化。

众筹在欧洲的萌芽

股权投资经过数世纪的发展后，众筹才开始萌芽。但众筹是连接商业驱动力和管理结构的一种最现代的组合方式，欧洲得天独厚的管理环境使其成为世界上众筹的发祥地。

即使在没有管理系统的环境下，欧洲仍然是众筹最自然的诞生地。欧洲基础设施完备——教育先进、科技发达、政治稳定、市场自由等为企业家的繁盛奠定了基础。欧洲旧有的经济模式主要由政府机构和大型企业驱动，随着经济社会的发展，这种经济模式的不稳定性逐渐显露，人们开始寻求一种新的经济模式。在这种环境下，对初创企业的政策（在旧有经济模式下，与美国对初创企业的政策有很大不同）也开始发生剧烈的变化。因此，在过去的五年里，创业生态环境开始蓬勃发展并不足为奇，尤其是在伦敦和柏林。除此之外，从都柏林到雅典，创业活动如雨后春笋般突起。

同时期，欧洲的初创企业并不像美国的初创企业那样，能够获得充足的资本，尤其是原始资本。风险资本更像是私募股权，低风险，低回报，与伊丽莎白时期的冒险商人不同，这意味着原始资本甚至是初期投资资本在欧洲都是创新。在欧洲绝大多数国家，天使投资仍处于初始阶段（甚至是在英国，虽然天使投资在英国相当活跃），投资重点在小型的、经营中的企业，而非投资初创的企业。

欧洲与美国相比，社会财富较少集中在少数极富有的群体中，有充足的资本能成为风险投资者或天使投资者的个体也少之甚少，但欧洲中产阶级是重要的资本来源。虽然，每个个体可能没有足够资金进行大规模股权投资，但是中产阶级作为一个整体却具有投资新企业的巨大潜能，发掘此潜能的关键在于允许个人的少量投资，这正是众筹的精髓所在。

创业活动势头强劲（发展迅速），原始资本短缺，以及财富分散，在这样的市场环境下，众筹成为了企业投资的理想选择。

虽然欧洲的商业规则对众筹的发展不利，但幸运的是，欧洲证券管理体系作出了适应性的发展。而在美国，《1933 年法案》中严格的发行规定，以及《1934 年证券交易法》中的经纪交易商规定，都使众筹无法融入现行立法中。相比之下，欧洲的管理结构为众筹模式的发展敞开了大门。

在证券管理体系的各项改革中，对众筹最有利的一项是公开发行条例。根据《欧盟售股章程》，发行 500 万欧元及以上数额的证券必须依据经核准的售股说明（相当于美国《1933 年证券法》第 5 章中规定的登记要求）进行。欧盟各成员国允许制定发行量少于 500 万欧元的售股规定，发行 10 万欧元及以下数额的债券则不需要发布售股说明。换句话说，就是在整个欧洲，发行少于 10 万欧元的债券无需售股说明；在未采纳附加法规的国家，包括英国，发行 500 万欧元以下债券都无需售股说明。

是否存在售股规定对众筹至关重要。正式的售股规定要求信息披露十分详尽和全面，将所有信息汇总起来，通常需要成千上万（甚至上百万）美元的法律和会计费用。对初创企业而言，这部分成本几乎是难以承受的，这就意味着公开售股说明并非明智之选，而在没有售股说明的情况下筹集资金才是众筹切实可行的关键。

没有售股规定并不意味着不需对公司披露的信息进行详细审查。除普通的反欺诈规范外，一些国家针对“金融促销”另有特殊的要求。“金融促销”包括任何以鼓励公众投资为目的的信息披露。这些要求就是欧洲国家证券管理中采用的原则导向方法的最好例证，对信息披露的形式和内容不作具体规定，只要求披露信息公正、清晰，不得有误导性内容等。在一些情况下，要求受管制的金融服务机构在披露信息上签字，这会给公司带来一些负担，但与准备完整的售股说明相比往往轻松得多。

除公开发行规定外，欧洲证券管理结构的其他关键因素也与众筹平台的管理有关。美国金融中介机构的类别通常比较具体、比较狭窄，最主要的是经纪交易商；而欧洲则倾向于采用较广泛的概念——“授权公司”。几乎所有类型的金融服务机构获得授权的过程都是一样的，经授权后，该机构就能获得相对广泛的活动范围。每个机构的许可范围略有不同，但一些特殊活动，比如存款等，限制都比较高。总的来说，欧洲的这一系统比美国采用的方法更具灵活性。

这种灵活性在新的经济领域，比如众筹中十分重要。众筹平台属于哪种具体的规制机构类型仍不明确，但众筹平台能够获得一般性许可，并将其可适用的许可制成量身定做的许可清单。这就意味着，无需再建立像美国的“筹资门户”之类的新型管制机构，只需要对已有的机构加强监督和管理即可。

众筹平台管理的另一重要方面就是豁免条件的范围。欧洲各国许多众筹平台都缺乏管制。在一些司法管辖区，管制极度缺失：有的众筹平台利用“漏洞豁免”（用在多种不同类型的交易中），在监管部门的执法力度上下赌注，认为监管部门执法只是表面功夫，不会采取实质性措施。在另一些司法管辖区，众筹平台寻求并获得监管部门的明确批准，其活动无需授权，这通常是因为该国法律将众筹平台的活动视作介绍性而非正式的金融服务。

总之，证券公开发行规定和众筹平台管理方法促进了众筹在欧洲的繁荣发展。当前的管理法规尚不完善，许多国家（包括欧盟）都在寻求一种具体实际的管理法规，其中，众筹是管理的焦点。目前，越来越多的创业者成功地建立了众筹平台，为新创企业筹集资金。

实践中的欧洲众筹平台

在现行的经济和管理体制下，许多欧洲国家都出现了众筹平台。事实上，每个国家以及每个国家中的每个众筹平台的主要活动都略有不同，本章无法对每个平台模式都一一作出全面的分析。因此，本章重点关注几个平台模式，以借此帮助读者了解众筹在欧洲的发展。

英国

英国首个股权众筹平台是 2011 年 2 月成立的 Crowdcube。成立时，Crowdcube 并未得到英国金融服务管理局（Financial Services Authority，FSA）的授权。FSA 是英国一家金融管理机构，后分成金融市场行为准则局（Financial Conduct Authority）和审慎监管局（Prudential Regulation Authority）。Crowdcube 声称，其依据的豁

免条款是用于内部重组的“社会群体内部发行”条款，该豁免条款规定，如果某集团公司向该集团内另一公司的股东发行全部股票，那么该交易不属于证券法管理的范畴。Crowdcube 形成了一种模式，将所有投资者作为 Crowdcube 集团公司的名义股东。寻求资金的初创企业暂时将略高于 50% 的股份资本转移到 Crowdcube 名下，Crowdcube 因此成为集团公司之一。股票发行后，由 Crowdcube 控股的初创企业的股份将返还原来所有人，初创企业再次成为独立实体。

成立不久，Crowdcube 就决定寻求 FSA 授权，并于 2013 年 2 月正式获得授权。现在，Crowdcube 作为初创企业和投资者之间的中介，指导着初创企业与投资者之间的股票发行。出于金融促销的目的，Crowdcube 不同意或允许初创企业上市，这就意味着，根据英国法律，Crowdcube 只允许自认证为“成熟投资者”或“高净值人士”的个体投资，这大体与美国的合格投资人标准类似。

2012 年 5 月，Seedrs（本书其中一个作者是该众筹网站的创始人之一和 CEO）获得 FSA 的授权，成为世界上第一个明确获得监管机构批准的股权众筹平台。Seedrs 成立于 2012 年 7 月，采用与 Crowdcube 不同的运营模式。Seedrs 不是单纯的中介，在每次交易中，都采取积极的措施，包括：（1）允许将上市作为金融促销手段；（2）在完成投资之前，对每个初创企业进行合法性审查，并执行认股协议；（3）作为投资者的代理人持有并管理初创企业的股份。第三条措施意味着，初创企业在处理投票、同意和其他法律事务时，只需要面对 Seedrs 即可，无需耗费精力与成百上千的个人股东直接沟通。Seedrs 允许金融促销，因此，它比 Crowdcube 更能吸引更多的投资者参与其中，但同样要求对投资者进行考查，证明投资者已经了解其中所包含的风险。

最近数月，大量众筹平台涌现或宣称即将成立，其中包括 CrowdBnk、FundtheGap 以及 BankToTheFuture 等。2013 年 3 月，这些平台，连同一些债务众筹和回报众筹平台共同组建了英国众筹协会（U.K. Crowdfunding Association），其目的是为发展中的众筹行业制定统一的行业规范。2013 年 10 月，FCA（FSA 的继任）针对众筹提出了一系列规范建议。这些建议得到了英国众筹协会成员的广泛接受，有望在 2014 年 4 月形成立法。

荷兰

荷兰股权众筹平台的领军者是 Symbid。Symbid 的运营结构是"众筹保证基金"，其中，被称为"合作社"的中介实体掌握附属的初创企业的股份，投资者可成为合作社会员。合作社结构与荷兰投资者（Dutch investors）的结构较类似（荷兰一些主要银行都采用合作社的组织形式），且合作社结构的手续比普通荷兰企业更为简单。和 Seedrs 的代理人结构一样，合作社允许中介机构管理附属公司的股份。成立之前，Symbid 寻求并得到荷兰管理部门的批准，合作社不需获得授权。

另一个众筹平台 Seeds.nl 是由荷兰银行 ABNAmro 建立的，采用收入共享契约形式替代直接股权，这意味着，投资者实际上成为公司的债权人，而非股东。但是，与直接负债不同，债权人的回报是基于公司经营效益，而不是固定的数额。

法国

法国 WiSEED 众筹平台采用的是双重运营模式，既包括直接股权中介（类似 Crowdcube），又包括一个名为"WiCAP"的中间控股实体，将再整合的股权向公众发行（类似 Seedrs 或 Symbid）。尽管这两种运营都取得了成功，但法国证券管理机构——金融市场管理局（Autorite' des Marche's Financiers, AMF）日前表示，对众筹管理感到极其不适，并私下表示打算对众筹市场施加更严格的管理。

德国

德国是欧洲极少数对金融促销内容实行独立管理的国家，包括通过在民法典中规定类似于《售股章程》的要求，对《售股章程》管理范围之外的证券发行实行管理。尽管如此，仍存在一些股权众筹平台，以及一个从隐名合伙企业（隐名投资人和任职合伙人，即被投资企业之间的一种合伙方式）发售隐名合伙企业股份的通用模式。Innovestment 和先前的 Companisto（现在采用的是次级债务模式）都采用这种通用模式。隐名合伙关系是合伙人之间的一种不为第三方获知的秘密关系，合伙人一方以自己的名义管理企业经营，并且在处理企业日常经营事务时，不得提及经营利益共享的事实。在德国，对隐名合伙企业存在税收优惠，由于合伙人对隐名合伙人的收益支付在法律上被视为贷款支付，作为合伙人经营企业的费用，是可扣除的。

意大利

虽然意大利的众筹活动不及其他欧洲国家活跃，但意大利是欧洲唯一颁布众筹法律的国家。最近通过的一项立法专门管理意大利特有的金融促销活动，监管获得“创新型初创企业”称号的公司500万欧元以下的促销活动。尽管该规定已经对即将采用众筹方式的创新型初创企业提出了更多的要求（比如，寻找一个更传统的投资家为其提供至少5%的经济担保，并从事标准更严格的与研发有关的活动等），平台运营者仍需满足许多严格的限制性要求。银行和获得完全授权的投资机构可以成为平台的管理者，但需要满足一系列授权要求，也可能会特别授权其他类型的管理者。平台运营者需要满足许多信息性要求，并对创新型初创企业和投资者进行核查。比如，平台运营者需向投资者提供一系列有关在年轻企业投资的风险（如资产流失、缺少流动资金、股息少、价值耗减、分散经营需求等），和撤资权（这是上述立法规定中的要求，只要筹资活动没有结束，投资者就有权撤资）等的义务信息。散户投资被限制在每个项目500欧元或每年1 000欧元以内（可能会超过该额度限制，但一旦超过限制，该众筹平台就面临着比现行的众筹管理规范更严格的传统管理体制的管制），且散户必须明确表示理解众筹门户活动的实质、创新型初创企业发行的金融工具的性质和特征以及与发行相关的风险。这与美国《促进创业企业融资法案》（JOBS）有相似点，但更接近于欧洲其他地区众筹平台实施的管理措施。

前景展望

这些众筹平台采用各种方法利用欧洲现行管理条例，使众筹能在其所在国顺利发展，也使欧洲站在了世界众筹发展的前沿。然而现状仍不能够满足人们的期望：先前的例子证明，为了创建适应本国法律的众筹平台结构，不少平台饱受折磨和限制；跨国界众筹平台的缺失表明，缺少欧盟层面的管理条例仍是众筹平台发展的一大障碍。展望未来几年，两类发展必将成为众筹业界探讨的主题，如果实施合理，这将加速欧洲众筹的发展。

首先，欧洲各国应制定专门的众筹法。在这方面，意大利已经成为领军者，其他许多国家也在考虑拟定类似的法律。若制定合理，这些立法将有助于众筹平台创建更适合的发展结构（摆脱以前的结构限制，诸如荷兰合作社和德国隐名合伙企业等），并促进对普通有限企业的投资。反过来，会为平台系统注入更多确定性和便捷性，鼓励建立更多平台，鼓励更多初创企业和投资者使用众筹平台。然而，新立法并非不存在风险：不适当立法比没有立法更糟糕，如果新措施过于严苛或不能适应发展需求，都将制约而非促进众筹的发展。

其次，建立欧盟范围内的联合，与适当的国内立法同等重要。如果在欧洲范围内，众筹平台能够实现跨国界运营，将推动众筹平台走向比美国更广阔的市场（无论从人口、资本，甚至是初创企业数量而言）。

实现跨欧洲的联合可以有两种方式，其中，最直接的方式是形成相互认可机制。在欧盟层面不需要专门的众筹法规，但要求每个欧盟成员国都允许众筹平台在本国内经营，只要该平台能够接受该国法律的合理监督和管理。这种相互认可机制在欧洲法律中普遍存在，很大程度上是欧洲内部市场管理的支柱，其主要优势在于节省了欧盟制定政策的漫长过程，这一过程可能会耗费数年时间却无法制定出最有利的政策。但是，尽管在相互认可机制下，各成员国无需再制定本国的法规，但这可能会打开“逐底竞争”的大门，导致各成员国为获得最松懈的法规而竞争到底。

另一种方式是通过欧盟立法制定众筹平台管理的核心法规，或至少制定一系列最低标准。如果法规制定合理，就能形成一种清楚、公正、统一的方法，实现众筹平台在欧洲范围内跨国界运营，并能确保每个市场主体接受充分而健全的管理机制的监管。立法途径的问题主要表现在细节和时间上：制定一系列实质性规范，用不同的现行管理条例满足不同国家的需要极具挑战性，容易出现国家间法规妥协的情况，对各国状况更加不利；此外，即使最终会出现完美的结果，也需要耗费数年时间。对时间和细节的担忧并非没有先例：美国制定《促进创业企业融资法案》（JOBS）的过程和延迟都是欧盟制定全面的众筹法律不可避免的挑战。

第12章
D 条例新规则及其对路演活动和展示日的影响

基兰·林加姆，股权众筹网站 SeedInvest
特伦特·戴克斯和梅根·缪尔，欧华律师事务所（DLA Piper）

随着《促进创业企业融资法案》（JOBS）的出现，管理私人证券发行的规章制度正进行着翻天覆地的变革。美国国会委任证券交易委员会制定新法规，允许公司在接受 SEC 规定限制的情况下公开募集资金。2013 年 7 月，SEC 发布了最终确定的法律条例，同时还提出了拟定附属条例的建议（建议未最终确定）。企业孵化器、企业加速器和天使投资集团等企业服务机构的管理者对修订后的管理条例将对机构本身尤其是对面向公众的事件产生何种影响，明确地表示了担忧。

在展示日（demo days）、天使投资集团会议或商业计划竞赛上展示是否属于一般劝诱，这是困扰全国各地许多天使投资集团、企业孵化器和其他活动组织者的一大问题。本章目的是为活动组织者提供切实可行的建议，帮助其在新的联邦法规和现行管理环境下更好地组织展示日活动、路演活动或天使投资集团会议。

2013 年 9 月 23 日，证券交易委员会于 7 月颁布的最终法律条例正式生效，公司开始按照《1933 年证券法》D 条例中的新 506（c）规则的规定，采用与证券发行相关的一般劝诱（或公开宣传）。但是，在新法规下，选择利用一般劝诱的公司将必须对合格投资人地位进行额外审核，这是旧制度中所没有的要求。如果该建议法规生效（本章写作开始前尚未生效），将会给选择一般劝诱的公司强加更多的要求，包括提前进行 Form D 申请，向证券交易委员会提交一般劝诱所需的材料，以及在一般劝诱的书面材料中使用特定的语言（称为 legends）。

社会普遍担忧，最终的新规则的实施是否会对天使投资产生消极的影响。其中最突出的是现行的宣传活动，如展示日、商业计划竞赛以及天使投资集团路演活动等是否会沦为 506（c）新规则限制下的一般劝诱。但是，公司仍可以和以往一样，按照 D 条例 506 规则 [506 规则现在已经被修订为 506（b）规则] 的规定筹集资金。D 条例 506 规则一直以来都禁止采用一般劝诱。天使投资集团路演活动通常不被视为一般劝诱，因为活动的参与者都是合格投资人，与天使集团或其他参与者之间存在某种先前的联系。

在美国证券交易委员会（SEC）实行了《促进创业企业融资法案》（JOBS）第二章以及 506（c）规则下允许一般劝诱 [前提是满足了 506（c）中的其他要求] 的新条例后，一般劝诱得到了越来越多的关注。此外，建议条例要求，采用一般劝诱的公司向美国证券交易委员会（SEC）提交劝诱材料。许多私营企业出于保密的考虑和对疏忽大意违反规定的顾虑，一般不愿提交该材料。

如果路演公司同时参与融资活动，在新法规下，会给展示日或其他路演活动带来特殊的挑战。一些路演公司会按照新 506（c）规则选择一般劝诱，而其他路演公司则会积极避免采用一般劝诱，而继续采用 506（b）规则下旧有的融资手段。

活动组织者在执行新法规时会陷入进退维谷的境地，并要弄清楚他们是否需要为达成结果而作出改变。关于新条例对他们到底意味着什么，活动组织者得到了许多自相矛盾的建议，这使组织者对如何组织活动感到忧心忡忡。困惑组织者的问题主要包括以下几种：

- 什么是一般劝诱？
- 什么是新法规？
- 可以忽视新法规，仍按照以前的方式进行吗？
- 组织的活动属于展示日还是路演活动？
- 假如活动属于展示日活动，那么如何组织活动才能避免一般劝诱？
- 假如活动属于路演，是否可以允许一些公司按照 506（c）规则采用一般劝诱，而其他公司按照 506（b）规则避免采用一般劝诱？

重要的证券法概念

联邦证券法要求所有发行的证券都必须在证券交易委员会登记或者获得登记豁免。一些公开交易股票的公司，如苹果或谷歌等公司均在美国证券交易委员会（SEC）登记。大多数初创企业的融资交易依据 D 条例的 506 规则而获得豁免。按照 506 规则规定，初创企业从高净值投资者中融资金额无上限要求，只要该公司未参与 D 条例的 502（c）规则中定义的一般劝诱。

什么是一般劝诱

D 条例的 502（c）规则规定，发行人或任何个人以自己名义发行或出售证券时，均不得采用一般劝诱或公开宣传的形式，包括但不限于：

1. 在任何报纸、杂志或其他类似的媒体，或电视、电台广播中发布任何公开宣传、文章、通知或其他通信信息；
2. 举办任何由曾被一般劝诱或公开宣传活动邀请的参会者参与的研讨会或会议。

总之，按照 506 规则［现在是 506（b）规则］的规定发行证券的发行人与发行对象之间，需要存在某种实质性的先前联系。

什么是合格投资人

根据 D 条例的 501（a）规则，合格投资人是满足特定条件，被视为在作出投资决定时有能力保护自己，而不需要证券法规定下的其他保护措施（诸如通过在证券交易委员会登记和在成为证券交易委员会申报公司的过程中公开披露信息获取的保护）的个人。成为符合条件的合格投资人可以有多种方式，最常见的是：（1）过去两年内，年收入至少在 20 万美元（或与配偶共同年收入至少在 30 万美元），或资本净值至少为 100 万美元（主要住所价值除外）的个人；或（2）所有的股权所有者都是合格投资人的实体，或净资产至少为 500 万美元的实体。

《促进创业企业融资法案》

《促进创业企业融资法案》（JOBS）于 2012 年 4 月 5 日通过，该法案建立在公众的广泛支持和总统及国会对提供更多就业岗位的迫切需求的基础上。法案包括以下部分：

第一章：对新型成长企业开放资本市场；

第二章：一般劝诱限制的解除；

第三章：众筹；

第四章：A 条例 + 证券发行；

第五章：持股人限制。

在法案第二章的指导下，证券交易委员会公布法规解除了对 506 规则中规定的一般劝诱的限制。法案第五章对公司达到公开申报要求可拥有的持股人的数量修改了限制，从允许有 500 个合格投资人增加到 2 000 个。这两项变化推动了私有企业寻求利用新的证券营销手段进行融资的可能，而不只局限于传统的证券发行，即在证券交易委员会登记，如首次公开发行等。

506（b）规则："传统方式"的保留

执行上述法规时，证券交易委员会选择以 506（b）规则的形式保留以往的 506 规则，以免扰乱传统的证券发行方式。公司如果不采用一般劝诱，则可继续采用以前的发行方式（在合格投资人地位审核方面），有可能的话，也可继续采用合格投资人地位自行认证的方法（即投资者可继续通过勾选表格或代表符号表明自己是合格投资人）。这就是说，对合格投资人地位的监管审核将更加严苛（即使是对没有采用一般劝诱的方法进行 506（b）规则证券发行的公司）。部分原因在于，许多公司往往会在发行过程中采取一些一般劝诱的行为（有可能最后自己才意识到），并发现自己无法以 506（b）规则为依据。最终，这些公司会试图适用 506（c）规则，这就需要其满足更高的审核标准。如上文所述，尽管在 506（b）规则中，发行的"传统方式"得到了保留，但是，近来对合格投资人地位的关注引发了公众对管理环境可能发生改变（即使对未采用一般劝诱发行的公司）的担忧。

此外，下文将提到，证券交易委员会还提出更多关于 506（c）发行的建议法规，包括 Form D 的提前申请要求和一般劝诱披露，以及文件申报的要求。目前，这些建议尚未最终确定，但公众期待，随着证券交易委员会最终新法规或附加解释条例的颁布，他们的监管立场会更加明确。

506（c）规则：发行的“新方式”

根据 506（c）规则，只要在发行中所有实际购买证券的投资者均为合格投资人，公司就可以在证券发行中采用一般劝诱（或公开宣传）。这意味着，公司可以在公开的研讨会上谈论公司的发行情况，可以发电子邮件或在社交媒体网站上公布发行信息，也可以在电视、电台和互联网上投放广告等。公司可以向任何人自由地谈论有关发行的信息。

然而，506（c）规则的执行必须满足特定的要求。按照 506（c）的规定，采用一般劝诱的公司在证券发行中只能向合格投资人出售证券；此外，公司还应采取额外措施证明所有的证券购买者均是合格的。在颁布新法规时，证券交易委员会明确表示，购买者通过勾选表格的方式自行认证，确认其合格投资人地位（出于 506（c）规则的目的）的方法是不足为信的。

新 506（c）规则中提供了一些能够满足认证要求的非独有的方法（假定发行人不知道购买者是不合格的）。证券交易委员会提供的认证合格投资人地位的“安全港”（是安全港，而不是强制方法）包括以下几种。

1. 收入认证（在联邦税申报单上勾选）包括 W-2（工资收入表）和纳税申报单，以及一份关于投资人本年度内预计可以达到足够收入以维持合格投资人地位的声明。
2. 资本净值认证（在过去三个月内最新信用报告上勾选）和银行或投资财务报表，以及一份关于购买者已经披露决定资产净值的所有责任的书面表示。
3. 合格投资人地位认证（由经注册的经纪交易商，证券交易委员会注册登记的投资顾问，注册律师，或曾认证过购买者合格投资人地位的注册会计师认证）。

在新 506（c）规则中，证券交易委员会还引入了“祖父条款”，规定在 2013 年 9 月 23 日之前按照 506（b）进行的证券发行中被认证为合格投资人的现有投资者，在同一个证券发行人按照 506（c）进行的证券发行中可以对合格投资人地位进行自行认证。这符合 506（c）的认证要求，尽管公司在实际了解到该投资人不是合格投资人时，可能不会依此豁免条件。

组织活动

“展示日”活动是公司展示其最新产品或服务的活动。典型的例子就是 New York Tech Meetup，活动的全部内容就是展示商品和服务，不允许在活动上讨论商业模式或关于融资的任何话题。相比之下，“路演”活动的目的则是帮助展示公司筹集资金。新 506（c）规则出台后，参加路演活动的公司需要决定究竟是采用新 506（c）规则规定的一般劝诱的方式筹集资金，还是沿用旧 506（b）规则允许的传统融资方式。

对于上述两种类型的活动，组织方式却截然不同，所需要解决的法律问题也不尽相同（展示新产品 VS 筹集资金）。有些公司参加路演活动是为了寻求一般劝诱以外的其他融资方式，另一些公司则尝试公开筹集资金。活动组织者通过关注一般劝诱管理规范和为各类活动营造适当的环境氛围，可以协调这两种不同的展示方式。

展示日

在真正的展示日上，参展公司只展示公司产品或服务（除招募投资者外），而不开展融资活动，活动组织者能自由地公开活动事项，所有人员均可参加。组织者在任何推广材料中均不得涉及有关融资的内容，并对所有参展公司进行特别指导，避免提及融资话题和展示公司计划、财务预测、增长率及其他融资活动中常涉及的内容。如果参与的活动不属于展示日，那就应属于路演活动的范畴。对路演活动组织者而言，最重要的就是要清楚参展公司打算依据 506（b）规则（没有一般劝诱）还是依据 506（c）规则（包含一般劝诱）。此外，还应从每个参展公司处取得有关上述问题的书面证明，并鼓励参展公司向有经验的法律顾问咨询相关问题，因为，许多初创公司在开始路演活动之前通常都不能向法律顾问咨询关于证券管理的问题。可将本章最后提供的书面证明的参考格式即附录 A，在活动开始之前发送至各参展公司。有关书面证明的问题应在公司的申请过程中解决。对于这一企业的加速器，公司的确需要在路演活动日开始之前决定他们趋向于走哪条路径①。

公司申请过程

- 要求每家公司确认，其熟识与筹集资金有关的法规与限制。无需向公司提供法律意见,但可建议其仔细阅读有关法律文件,并向有经验的法律顾问咨询。
- 要求每家公司确认，其依据的是 506（b）规则，还是 506（c）规则；以及在融资过程（现在或将来）中是否打算采用任何形式的一般劝诱。
- 要求每家公司确认，在过去的六个月内其是否发行过证券，以及如果发行过，是否采用了一般劝诱。

506（c）规则——预期采用一般劝诱

- 如果计划参与活动的公司打算采用一般劝诱（因此可能会采用 506（c）规则），那么组织者就可以自由地邀请公众参加（包括合格投资人和非合格投资人）。
- 如上文所述，由于依据 506（c）规则的公司只能向获得合格地位认证的合格投资人出售证券，因此，如果能允许向潜在购买者发售的话，对其而言将是莫大的惊喜。活动参加者的任何计划内的购买，都要求经过认证，包括由他们的财务或商业顾问提供的重要财务认证。
- 要求每家公司确认其意识到了一般劝诱的后果。
- 如果下文中详述的建议条例生效，则要求每家采用一般劝诱的公司确认，其

① 《促进创业企业融资法案》（JOBS）的确带来一项重要改变，适用于所有的 506 规则发行，包括依据 506（b）规则的发行：506（d）中设立了“不良”规范。为依赖 506 规则，新规则要求任何公司和“受保个人”均不得有与证券有关的违法行为。注意“受保个人”包括：管理官员、董事成员、普通合伙人、管理成员、20% 的持股人、投资经理人、推动者和受偿律师。公司可能会希望在这些受保个人中进行问卷调查。问卷调查样本可参考 www.TheVentureAlley.com atwww.theventurealley.com/vc-and-pe-funds/new-sec-rulesdisqualifying-bad-actors-in-private-fundraising/。——编者注

进行了适当的管理登记备案，并在公司展示材料中包括了合适的免责声明，并使用了适当的语言形式（legends），详见本章附录A。

- 公开的路演活动是普通大众都可以参加的，活动的推广是公开的，通常要求支付登记费用。从法律角度看，与前文所述的“展示日”活动类似。
- 封闭的路演活动只面向与活动组织者存在先前联系的合格投资人，比如天使投资集团会议。

封闭的路演活动

成功举办封闭的路演活动最关键的就是活动参与者的邀请和活动推广过程的管理。活动组织者应格外注意，确保该活动的参与者不曾被任何一般劝诱或公开宣传邀请过。在实际中，这意味着：

- 只能向现存关系网络中的合格投资人发出邀请。
- 确保获得每一个被邀请的合格投资人完整的问卷调查或认证，并存档。大多数个体都不愿与个体初创企业或活动组织者分享这部分数据，而这些数据对满足合格投资人地位的安全港认证标准是必需的，因此，许多人希望经纪人和注册会计师的认证能形成规范（因为他们已经掌握投资人的财务数据）。同时，也可能会出现第三方服务，包括经纪交易商、律师、在线平台或其他专业的合格投资人地位付费认证机构等。及时解决这一问题有助于促进活动未来的合理化发展。
- 在活动登记时，活动组织者应先确认，在存档中有作为参与者的合格投资人完整的问卷调查或认证，方可承认该参与者。
- 不应将活动列入公共活动列表或向任何公共论坛发出邀请（即不应将活动列在 Startup Digest, Gary's Guide, Twitter, Facebook, LinkedIn 等公共平台上）。
- 不应邀请媒体或允许媒体进入。通知所有的参与者和参展公司不能公开披露任何与融资有关的信息（即公司不能在 TechCrunch 上表明“集资 100 万美金”等的类似信息）。

如果活动满足上述标准，公司就可以公开谈论公司的情况，包括证券发行细节，而不会存在采用一般劝诱的嫌疑。

完全依据506（b）规则不采用一般劝诱的公司可参与的活动

此类活动应妥善组织，避免公司在活动中讨论融资活动和计划。这意味着，在活动参与期间：

- 公司不能提及任何有关融资计划的内容，或在融资演讲稿或口头融资推销中涉及以下内容：
  - 提及公司正在筹集资金；
  - 讨论财务规划或结果；
  - 发行条款（即可换股票据、series A、股票股价等）。
- 活动组织者应明确表示以上材料是明令禁止的，并对任何书面陈述提前进行审查以确保没有违规内容；
- 尽可能减少公开问答环节。公司应对任何涉及融资的问题作出如下回应“现在不是讨论融资问题的时间，但是我们很乐意在线下与合格投资人深入交谈”等。

所有关于融资的讨论都只能私底下与已知的合格投资人以一对一面谈的方式开展（不能利用公开机会与投资者或寻求资金的公司会面）或在单独举行的封闭式活动中开展（该封闭式活动必须遵守封闭式路演活动固有的程序），包括举办私人晚宴等，邀请预先具备资格的合格投资人参加。如果潜在投资者前来问询，公司应向其解释本次活动的目的是向合格投资人出售证券（只面向合格投资人，不面向潜在投资者），并对投资人进行审查。

依据506（c）规则采用一般劝诱的公司可参与的活动

如果参与活动的所有公司均依据 506（c）规则，且采用一般劝诱，那么活动组织者就无需顾忌一般劝诱，可以自由地邀请公众参加（既可邀请合格投资人，又可邀请非合格投资人），也可允许公司进行路演，谈论公司的证券发行情况及融资模式。在活动期间，公司还可以指导投资者通过在线平台实时投资。但是，前文提到的合格投资人地位认证的问题同样必须得到解决，因为，按照506（c）规则的规定，公司只能向合格投资人发行证券，且必须满足合格地位认证的标准。

活动组织者应要求每家公司确认，其了解506（c）规则的要求，且已经向有经验的法律顾问进行了咨询。如果下文中详述的建议条例生效，则要求每家公司确认，其进行了适当、及时的管理登记备案，并在公司展示材料中包括了合适的免责声明，使用了适当的语言形式。语言形式示例请参见附件A。

证券交易委员会建议条例

本章撰写之际，证券交易委员会（SEC）提出了一系列建议条例，对依据506（c）规则采用一般劝诱的公司实施额外管理，内容包括以下几方面。

- 进行一般劝诱时，应提前15日填写Form D登记表。这意味着，公司应在活动开始前至少提前15日申请登记。如果此要求生效，活动组织者应要求公司在活动开始前15日提交申请登记复印件。
- 在融资演讲稿或其他任何形式的书面文件后附上规定的语言形式（可能包括演讲的任何记录）。
- 在活动日之前或活动日当天向证券交易委员会提交任何书面材料备案（这通常意味着，融资演讲稿应提前上交证券交易委员会备案）。

在本章撰写之际，这些建议条例仍处于意见咨询期，尚未最终确定。这些法规可能不会颁布，也可能在正式颁布之前会发生重大改变。活动组织者应与每家公司保持联络，并要求其在任何活动之前咨询法律顾问，确保其行为符合最新的法规和规章的规定。

依据506（b）规则和依据506（c）规则的公司均可参与的活动

这些活动对组织者提出了特殊的挑战。活动组织者可以选择将所有公司都假设为依据 506（b）规则的公司来组织活动，或者选择通过分离活动时间或活动地点，将依据 506（b）规则的公司和依据 506（c）规则的公司分开组织活动（比如，上午由依据 506（b）规则的公司参加，下午则由依据 506（c）规则的公司参加）。在这种情况下：

- 506（b）房间只允许与活动团队有先前联系的投资者，以及有完整合格投资人问卷调查存档（最好是活动开始前提前 30 日收到）的投资者进入；
- 任何有关该活动的公共宣传均不得提及 506（b）的时间、地点或参与公司；
- 506（b）的邀请需符合前述的要求；
- 506（c）房间和公司可以公开广播，且必须遵守相关指令要求。

系列活动：506（b）活动参与者参加506（c）活动

从活动组织者的角度看，解决这一问题最实际的办法就是单独举办两场活动，即先举办 506（c）活动与合格投资人建立先前联系，再举办 506（b）活动邀请这些投资人参加。

活动 1——只允许依据 506（c）规则的公司参加。举办第一场路演活动，只邀请依据 506（c）的公司参加，并允许广泛宣传。每个合格投资人都应按照 506（c）活动的登记程序，完成一份合格投资人问卷调查。活动期间，组织者应努力与参加活动的每个合格投资人建立关系。

活动 2——只允许依据 506（b）规则的公司参加。随后，可举办第二场活动，最好在第一场活动结束至少 30 天后。组织者可以邀请在第一场活动中确立先前联系的所有合格投资人参加。依据 506（b）规则的公司，如果其证券发行符合前文描述的 506（b）公司的证券发行要求，就可以参加第二场的活动。

请注意，任何参加 506（c）规则活动的公司，或者采用其他方式进行一般劝诱的公司都必须遵守 506（c）规则的要求，即使其随后又参加了只有合格投资人参加的封闭式 506（b）活动。换句话说，一旦公司参加了依据 506（c）规则组织的、有公众参与的活动，就不可能再成为依据 506（b）规则的公司了。

无论是哪种活动，都最好清楚一点，那就是活动组织绝不允许对参展公司提交的任何声明的准确性进行确认或认证。本章附录 B 是免责声明的示例，可以包括在活动材料中，并 / 或在活动开始时向参加者宣读。

尽管最终条例尚未完全确定，但公司和组织活动的团队都应时刻准备就绪，密切关注最新法规和可能颁布的额外建议条例的动向。

附录 A　参展公司确认要求示例

（每家申请参展的公司均应确认以下声明属实，勾选符合自身情况的选项，完成此表并在活动开始前提前返回至活动组织方。）

通过签署此文件和 / 或经我的邮箱账号将此文件寄出，我承认并确认，[公司名]（“公司”）及其管理人员、董事成员和行政管理层（包括参加贵方活动的公司参展人员）已了解有关一般劝诱的规定，且受 [天使投资集团 / 活动组织方名称] 的鼓励，公司在参加贵方组织的活动前，已向有经验的法律顾问咨询了有关可适用的证券管理法规的事项。

我是公司的 [参展人员的职务 / 职称]，我已向有经验的法律顾问咨询了有关 506（b）规则和 506（c）规则的规定和含义。

1. 对目前公司的证券发行，公司计划依据以下的证券法豁免条款（勾选其一）：

________506（b）规则，且不参与任何一般劝诱或公开宣传，

或者

________506（c）规则，且参加一般劝诱或公开宣传，

或者

________其他豁免条款（请在此处详细列举：____________________）。

2. 公司________已经 /________ 尚未（勾选其一）在过去六个月内发行证券（债券或股票）。

如果公司在过去六个月内发行过证券，________采用 /________ 未采用 /________不适用一般劝诱（勾选其一）。

我谨代表公司确认，我方已经并将继续进行适当的管理申请登记，并在展示材料中包括了适当的免责声明，并使用适当的语言形式。

签名：________________________________

职务：________________________________

日期：________________________________

附录 B　免责声明示例

此文件中的信息是参展公司需承担的全部责任。[活动组织方] 对参展公司提供的任何信息、材料或声明的充分性、准确性或完整性不进行任何认证或确认。[活动组织方] 及其工作人员、董事成员、持股人、代理人和雇员均不能对参展公司提供的任何信息的充分性、准确性或完整性明确或隐含地作出保证。

每个参展公司和投资者均有责任确保本人或本方遵守适用的证券法。

[活动组织方] 没有义务给出任何与证券有关的投资建议、许可、分析或意见，活动组织方不是经纪人，也不是风险创业基金或投资的顾问。

编者后记

如果说诸如 Kickstarter 和 Indiegogo 的网站为众筹群体提供了萌芽之所，那么推动其发展的则是股权众筹。现在，众筹群体的发展势头正盛：德勤预期 2013 年全球所有的众筹形式融资均将超过 30 亿美元，在短期内，复合年均增长率达 100%。根据众筹调研公司 Massolution 的统计数据，仍处于初始阶段的股权众筹预计会有更快的发展，复合年均增长率将达到 114%。

虽然众筹仍处于初始阶段，但众筹正迅速发展为美国和全球各地的融资主流。每周都有新的筹资门户出现，将公众及其资金与有价值的项目对接。其在众筹总量上，北美领先于世界其他地区，估计增速达 105%，截至 2012 年末，其众筹总额将达到 16 亿美元。随着公司和个体对众筹这种新型筹资手段的接受度逐渐提高，众筹将有可能打破传统的筹资模式。

2013 年是众筹突破性的一年。通过 Lending Club 公众认购的贷款价值超过 25 亿美元。通过捐赠 / 回报众筹门户成功融资超过 100 万美元的公司案例接二连三地成为了报纸经常报道的内容，一时间似乎所有的事情都可以通过众筹来筹集资金：从抵押到接受医学院教育，再到创新科学发现，都可以采用众筹集资。

事实上，2013 年是众筹业具有里程碑意义的一年，最新型或许也是最大规模的众筹平台——股权众筹形成。采用股权众筹，每个投资人可以只交付 1 000 美元，而将所有资金汇集起来就可以用于购买公司的股权。这种融资形式可用于筹资并建立诸如本土冰淇淋店（gelato stand）之类的企业。但是，股权众筹最刺激的应用则是对初创企业的投资。

如果股权投资将成为未来真正的融资前沿，那么公司现行的投资劝诱手段就必然随之改变。2013 年 9 月，《促进创业企业融资法案》（JOBS）的前一部分正式生效，股权众筹门户获得了美国证券交易委员会（SEC）的庇佑。法案规定，在新交易中允许向公众进行一般劝诱，为投资者提供了在 Twitter、Facebook 和其他任何在线平台上展示自己的机会。一般劝诱的规则正式生效后不久，美国证券交易委员会（SEC）就提出了期待已久的股权众筹规范建议。股权众筹到了一触即发的边缘。

股权众筹的出现使原本由捐赠 / 回报众筹激发的热情更加高涨。公众和媒体期待更自由的法规出台，将私募股权投资向大众开放，在这种背景下，在撰写本书之际，股权众筹的现行模式（限制于合格投资人）取得了惊人的成功。AngelList, FundersClub 和我们公司 OurCrowd 已经成功地为第一代股权众筹初创企业从公众中募集到数千万美元的投资。

股权众筹的成功在情理之中。富裕的投资者厌倦了跌宕起伏的股票市场和常年的低利率，见证了科技首次公开发行为早期的投资者带来数十亿的净收益，并渴望为自己的资金寻求更有利可图的投资之地。根据四月北方信托公司对高净值投资者的调查，30% 的投资者倾向于改变 5 年前采用的投资手段，考虑新的投资方式。加拿大皇家银行估计全球高净值投资者的投资数额占可投资资本中的 45 万亿美元，另据 Carlyle（领先的私募股权公司）数据，仅 500 万美国高净值投资者的投资数额就高达 10 万亿美元。

随着众筹使用频率的上升，众筹门户需要增加额外的审查，保证众筹的顺利实施。目前，市场上正在形成不同的改革方向。出于这种考虑，我们需思考一下以下几个问题。

问题一：筹资平台在后融资阶段扮演什么样的角色？这需要对发展中的股权众筹平台进行界定。股权众筹只是交易的电子推进器，还是，在某种意义上替代了传统的融资来源，比如风险资本投资？假如是后者，那么股权众筹平台应取代通常由投资中介机构完成的其他典型功能，比如尽职调查。

这与围绕着普通门户的讨论有相似之处，类似于苹果公司移动战略与谷歌公司开放源代码、安卓门户战略之间的区别。苹果公司 iOS 像是个围墙花园，牺牲门户上可使用app的数量，来保证app的质量。而谷歌则采用更广泛的方式，尽可能地增加安卓门户上可使用app的数量。

股权众筹也一直面临着类似的分歧。包括AngelList在内的一些公司效仿安卓的发展方式，其门户几乎面向所有需要筹集资金的初创企业。相比之下，一些更具选择性的众筹网站利用门户动力，譬如用户评级、元数据和其他制衡机制，建立发行质量等级制度。另一些效仿苹果模式的众筹平台认为自己扮演着与早期、风险大的企业中的传统投资者类似的角色。成功的天使投资人通过尽职调查，或通过在企业雇佣、企业发展和未来筹资回合等方面提供辅助支持，帮助积极管理投资组合公司，从而减轻风险。

问题二：尽职调查是投资者的责任还是平台的责任？无论众筹平台采取何种方式，在初创企业中选择有利可图的投资是一种计策，这一点毋庸置疑。尽管选择正确的投资会赢得丰厚的收益，但赔率往往也伴随着投资者。通常早期投资的结果都不尽如人意，多数初创企业都维持不了五年。要扭转这一败局，投资者就必须实行尽职调查。投资者应采用筛选系统，通过分析投资人标准，诸如潜在市场、团队和初创企业入市计划等，淘汰较差劲的投资候选人。

考虑到投资的高风险环境，必须对潜在投资进行尽职调查。一些投资平台将调查归为投资者的责任，另一些平台则作为专业的交易监管人，为投资者提供了精细的筛选系统。这是关于平台性质的关键决定，关系到平台未来的发展规模和品牌影响力。交易筛选对经验、时间和人力均提出了较高要求，限制了平台可提供给公众的潜在候选人的数量。相反，在鉴别力较差的平台，投资者责任自负，应更加谨慎。从长远讲，加强投资者教育在提高投资者成功率方面将扮演重要的角色。

投资结束后面临的下一个问题就是：接下来怎么样？投资者（或平台）帮助初创企业提高正投资回报率的方法之一是：在企业接收到投资后为其提供后续支持。这也是成功的风险资本家和其他私募股权投资者在投资完成后的常规选择。投资完成后，他们迅速行动起来，精心组织支持系统，为投资组合公司提供扶持。早期投资者通过为初创企业提出有关企业雇佣的关键意见，引荐潜在企业合伙人，最重要的是，帮助初创企业准备未来筹资回合，以跨过初创鸿沟，平稳进入企业成熟发展阶段。

接下来的关键问题是：股权众筹平台能否为平台投资者投资的所有初创企业提供上述层次的支持吗？

如果说股权投资正在改变公司融资的方式，那么股权投资未来也可能成为公众投资的主要方式。受教育观念的影响，投资者一直认为传统股票市场外的任何投资都过于冒险。2007 年 ~2008 年金融周期显示，“买进 - 持有”投资和消极指数投资（passive indexing, 一种资金管理战略，因其安全性过去一直被推荐使用）在未来 12 个月的周期内将平均减少 50%。如果股权众筹能够不辜负众人的期许，投资者将可能通过注册众筹平台并分配资金，来管理更多个人资金，至少是 401（k）和 IRA 的部分资金。

当然，还需要加强对投资者的教育。选择股权众筹的投资者需要学习如何估评私有企业，正如投资者应学习什么是好的蓝筹股。投资质量评级，与标准普尔对信贷市场和股票市场的评级类似，提供了初创企业第三方保险，帮助投资者更好地决策。随着更多个人熟悉了资产类别和初创企业生态系统，就需要投资者教育来填补知识空白，帮助投资者更好地管理风险。

我们管理 OurCrowd 平台的经验清楚地表明，初创企业投资要求具备一个相当完备的系统，对潜在机遇进行筛选。这理应从初创企业的创建者和运营团队开始。正如欧洲微观种子投资基金 Seedcamp 合伙人卡洛斯·埃斯皮纳尔（Carlos Espinal）所言：“初创企业管理团队是企业的命脉，如果管理团队基础有缺陷，那么即使再优秀的创意也无法实现。”卡洛斯将管理视作成功的标准之一。

因此，帮助投资者鉴定优秀管理人员的机制至关重要。初创企业投资一直以来积极活跃，使投资者获得了在拥有多种成功通道的团队中投资的机会。过往的表现不能保证未来的成功，但对成功渡过初创企业过山车阶段的经历仍大有裨益。风险资本投资的创立者之一的乔治·多利特（George Doriot）常喜欢说“用 B 等计划支持 A 等团队，远比用 A 等计划支持 B 等团队更有成效。”

创业者通过社交网站进行自我和公司推销，为投资者提供了审查创业者行为的最佳途径。通过分析社交网站上生成的大数据，投资者能更好地了解哪些是创业者与众不同的特征或过人之处。在最近的一份报纸中，研究人员表示创业者越能够融入自身团队中，其商业活动就越容易取得成功。

投资者降低投资早期企业的风险的一种方式是选择已经取得一定成就的公司。这种投资选择方式称为“牵引力”，表现形式具有多样性。拥有实际产品，且有顾客花现金购买产品的初创企业，与尚处于产品构想阶段或生产某种产品阶段的初创企业存在本质上的差别。在一定程度上，“牵引力”能使企业运营起来，但无法保证企业未来的成功。具有早期合伙人或分配合伙人能够证实公司在市场上的原始（潜在）价值。

培养好一个孩子或许会兴师动众，创建一家初创企业则需要花费更多的人力、物力和精力。组建一家公司，扶持其发展，直至能够取得较好的收益，需要顾问、顾客、合伙人和投资者等多方位的支持。众筹将成为一种极吸引人的模式，它不仅能够吸引全球各地智慧者的资金，而且还能最大限度地利用投资者的集体智慧、业务联系和经验来组建并运营企业。公司能聚集的智慧越多，能获得返还投资者资金的机会就越多。基于此，我们将阐述提出以下几种关于寻求成功交易的观点。

低价买入 - 高价卖出是所有投资的精髓，尤其对股权众筹而言，因为股权众筹的投资者在企业初期投入资金的目的就是为不久后即卖出。目前，尚不存在“交易”小额私人投资的高流通性市场，因此，股权众筹人将长期持有自己的投资。确定什么是好的价值评估，既是门科学，也是门艺术。随着更多的投资者大张旗鼓地进入，良性交易的估值预期会攀升；随着更多新交易转为线上交易，恶性交易预期将会在低值挣扎。

彼得·林奇是著名的富达共同基金的经理人，也是史上最成功的股票市场投资人之一。他常说：“投资者应该将资金投入猴子都可以经营的公司，因为总有一天会由猴子来经营它。”通常，我们喜欢选择易于了解、易于同其他潜在投资者探讨以及易于确认其盈利杠杆的初创企业作为投资对象。比如，沃伦·巴菲特只在他了解的公司投资，股权众筹人应该接受巴菲特明智的建议。

最后，股权众筹投资者应特别关注寻求大市场的初创企业。所谓大市场，不仅是指规模大的市场（我们谈论的市场都是已经成熟的市场），而且是不断发展中的市场。这有助于确保在缺乏过多市场知识的情况下，也可以进行有效投资（前提是，市场处于不断发展阶段，参与者已经进入该市场，且投入资金）。

拟定投资清单，坚守自己的理性投资原则——股权投资的要求远不止于此。通过股权投资手段在初创企业投资，要求具有耐心、勤勉、多样性和完善的风险管理。经验丰富的投资者对此了然于胸，他们采用新晋的手段构建多样化的投资组合，使执行风险变得多元化。股权众筹或许仍处于初始阶段，但有远见的投资者已经押注了预期的赢家。因为，股权众筹的未来定会是一片光明。

OurCrowd 网 乔纳森·梅德韦德和扎克·米勒

共同执笔人简介

迈克尔·艾伦

是美国世强律师事务所华盛顿和纽约代表处的合伙人。迈克尔在知识产权诉讼，尤其是商标、版权、不公平竞争、虚假广告、专利权和商业秘密索赔等相关案件的起诉和抗辩方面具备丰富的经验。同时，迈克尔也担任尽职调查和知识产权许可与转让协议方面的法律顾问。与迈克尔合作的客户涉及多个领域，其中包括加工制造业、汽车制造业、时尚界、娱乐界、医疗保健业、制药业以及金融服务业等。

托德·安德森

2007年加入Dealflow，成为Dealflow研究人员中的关键人物，制作并发行一本专注于公开、积极资金筹集的双周刊《时事通讯》。安德森的主要任务是分析美国证券交易委员会（SEC）颁发的有关公司通过网上筹资平台筹集资金和组织交易的文件。安德森领导策划了Dealflow的众筹策略，包括组织众筹会议和制定众筹资料目录。安德森熟谙《促进创业企业融资法案》（JOBS），并实时关注影响金融市场的管理和法律规范的发展趋势。安德森在纽约科技学院获得了传播艺术学美术专业学士学位。

杰森·贝斯特

是《促进创业企业融资法案》（JOBS）中众筹投资板块（成为美国基于证券的

众筹的法律依据）的共同执笔人。贝斯特在国会会议中提出了关于早期融资的国会证言，并于2012年4月5日参与了美国总统奥巴马举行的白宫玫瑰园签署仪式，见证了该法案的诞生。作为众筹资本咨询（Crowdfund Capital Advisors，CCA）的创始人之一，贝斯特与投资公司、政府和包括世界银行在内的非政府组织倾力合作，成功制定了早期融资的投资、政策和教育策略。贝斯特在20多个国家致力于众筹的发展，被福布斯评为“在众筹领域最具影响力的十大人物之一”。杰森是三家SaaS（软件即服务）软件公司的高层领导团队成员，其中最年轻的一家公司是Kinnser Software，曾两次被《企业杂志》（*Inc magazine*）评为“美国发展最快的私人公司”。

大卫R·伯顿

是美国传统基金会经济政策资深研究员。在此之前，他曾担任美国小企业协会总顾问，也曾作为小企业和小企业交易协会的代表在私人事务所工作将近15年。大卫R·伯顿还曾在退休繁荣联盟[Alliance for Retirement Prosperity，ARP，是美国退休者协会（AARP）的自由市场竞争机构]中担任首席财务总监和总顾问。此外，大卫R·伯顿曾在新英格兰机械公司（New England Machinery，一家专注于机械的包装、自动化和测试的小型跨国制造企业）中担任财务副总裁和总顾问；还曾在美国商会中担任税收政策经理。大卫R·伯顿在马里兰大学获得法律学位并在芝加哥大学获得经济学位。

雷金纳德·钱伯斯

曾是美国总统奥巴马任命的前白宫资深研究员，目前担任麦肯锡公司财务实践顾问。钱伯斯曾在白宫国家经济委员会任职，致力于《促进创业企业融资法案》（JOBS）的制定。在此之前，钱伯斯曾担任3i集团（3i集团是总部在英国的投资公司）投资执行官，并担任过花旗投资银行副总裁。钱伯斯的事务性工作始于在纽约盛信律师事务所和西班牙马德里乌利亚律师事务所中的企业律师职务。钱伯斯在哈佛大学法学院获得法学博士学位，并在西班牙获得政治科学文学学士学位，在美国杜克大学获得市场管理学士学位。

克里斯托夫·德·拜塞尔

目前在蒂尔堡大学商业法学院攻读博士学位，同时兼任高科技公司咨询顾问。他曾接受过工程、法律和金融领域的培训，并分别获得工程学硕士学位、法学硕士学位以及金融学研究生文凭。此外，他还参加了各类学科的课程，包括经济学、税法、生物科技和化学等，并以此为乐。最初，他在比利时天主教鲁汶大学担任助教，后又在蒂尔堡大学国际商务管理专业为本科生教授商务法课程。拜塞尔全面参与了欧洲众筹事业的发展，并与他人共同编写了广泛使用的结构文献，他还定期参加国际上重要的众筹会议，或在会议上作出发言。拜塞尔对影响股权众筹的证券法和证券管理法规了如指掌。

安德鲁·迪克斯

是众筹传媒集团（Crowded Media Group）首席执行官和创始人之一，也是 Crowdfund Insider 的所有人和经营者。安德鲁在美国范德堡大学获得经济学学位，并在波士顿大学 / 布鲁塞尔自由大学获得商务硕士学位。此外，他还在凯斯西储大学魏德海管理学院学习金融学课程，同时还是一位数字媒体专家，具有 15 年数字出版、软件开发和内容管理的经验。安德鲁经常以法学博士阿洛伊斯（JD Alois）的笔名在 Crowdfund Insider 上撰稿。

特伦特·戴克斯

是美国欧华律师事务所（DLA Piper LLP）的合伙人，担任该事务所西北新兴市场增长和风险投资事务主席。戴克斯专注于证券和公司金融、企业兼并与收购以及普通公司法领域。戴克斯的经历广泛：为新兴企业提供组建和风险融资建议，也向上市公司展示美国证券交易委员会（SEC）合规和公司治理方案。戴克斯主导过数百起种子资金融通和风险融资案例和不胜枚举的首次和二次公开发行案例。戴克斯的客户包括个体企业主、风险资本支持的初创上市公司，以及风险资本投资者。同时，戴克斯是 www.TheVentureAlley.com（是一个有关与创业企业家、初创企业、风险资本家和天使投资人利益相关的商业和法律事务的博客）的编辑和撰稿人。

卡尔·埃斯波斯蒂

是 Massolution 和 Crowdsourcing.org（行业网站）的创始人和首席执行官，也是 crowd-strategy 和 crowd-adoption 模型中的思想领袖。Massolution 是一家独具特色的调研和咨询公司，也是众筹行业智库，与政府、协会和公司密切协作，设计并实施众包和众筹商业模型，推动了行业运营、产品和服务的创新，提高了顾客参与度，开拓了资本新来源。

大卫·费尔德曼

是理查森 & 帕特尔律师事务所纽约办事处的合伙人，专注于公司和证券事务。大卫的最新书籍是 2013 年 5 月出版的《成长型初创企业手册》（*The Entrepreneur's Growth Startup Handbook: 7 Secrets to Venture Funding and Growth Success*）。大卫是提出替代传统首次公开发行的新方式（包括反向收购）的领导专家，并于 2006 年出版了相关书籍《反向收购和传统 IPO 的其他替代方案》（*Reverse Mergers and Other Alternatives to a Traditional IPO*，于 2009 年 12 月再版发行）。大卫毕业于沃顿商学院，是沃顿商学院全球校友联合会前任主席。大卫在宾夕法尼亚大学法学院获得法学博士学位。目前，大卫也 www.DavidFeldmanBlog.com 的获奖博客主。

琼·麦克劳德·海明威

是田纳西州立大学法学院 W. P. Toms 特聘法学教授，田纳西州立大学商务和经济研究中心、社会公平研究中心和公司治理研究中心的资深研究员。2012 年她在 Tennessee Law Review 上发表的"*Proceed at Your Peril: Crowdfunding and the Securities Act of 1933*"一文是美国关于众筹最早的法律学术文章。2000 年，海明威教授开始了她的法律执教生涯，在此之前，海明威在世达律师事务所（Arps, Slate, Meagher & Flom LLP）波士顿办事处从事有关公司、企业兼并与收购和证券法的工作。

凯伦·克里根

一直处于推动全球创业活动的最前沿。凯伦是小企业和创业家协会（Small Business& Entrepreneurship Council，SBE）主席和首席执行官，并担任国际私人企业中心（Center for International Private Enterprise，CIPE）主席。克里根在多个联邦顾问委员会任职，其中包括全国妇女商业委员会，并定期在国会发表证言。凯伦为全球各国政府和组织提供咨询服务，是世界企业家论坛（World Entrepreneurship Forum）的成员之一。此外，《企业杂志》还将克里根列入“华盛顿特区最好的朋友”名单，并将SBE列为“最具实力30强”之一。《国会山报》（*The Hill Newspaper*）将克里根描述为“娱乐业最努力的女性”，同时，凯伦也是“小企业最具影响力冠军奖”三届获得者。

基兰·林加姆

是SeedInvest（领先的股权集资门户网）的总顾问，也是关于《促进创业企业融资法案》（JOBS）和众筹的常规发言人和评论员。在加入SeedInvest之前，基兰是众达律师事务所（Jones Day LLP）和欧华律师事务所和证券领域的律师，同时，也为风险资本和私募股权集资、天使投资人和超过30家新创科技公司提供法律咨询。基兰在康奈尔大学获得经济学学士学位，并在佐治亚大学获得荣誉法学博士学位。

查尔斯·鲁扎

来自俄亥俄州克利夫兰市，同时身兼程序设计员、新闻工作者和数字媒体策划等职务。查尔斯是Crowdfund Insider（全球众筹新闻、数据和调研的领导者）的董事和共同创始人之一。此外，查尔斯也是CF50（一个只有受邀请才能参与的智库，致力于以务实和可持续的方式推动众筹在全球范围的发展）的成员。科技博客网站VentureBeat还曾对查尔斯所取得的成就进行了专题报道。此外，在crowdfundinsider.com.上也经常会出现查尔斯的文章。

杰夫·林恩

是Seedrs（欧洲盛行的股权众筹门户，总部位于伦敦）的首席执行官和共同创始人之一。Seedrs允许个体或机构选择初创企业进行投资，并决定各自的投资额度；同时，为创业家提供了从朋友、家人、社区团体、天使投资人和公众中筹集种子资本的机会。Seedrs是世界上第一个获得管理法规许可的股权众筹平台。杰夫的事业始于苏利文 & 克伦威尔律师事务所纽约和伦敦办事处，当时杰夫是公司的律师。

杰夫也是英国种子投资基金（U.K. seed investment fund）投资委员会的主席之一。

乔纳森·梅德韦德

是一位连续创业家，被《华盛顿邮报》（*Washington Post*）评为“以色列领先的高科技风险投资家之一”。梅德韦德是 OurCrowd（以色列新成立的合格投资人众筹门户，2013 年 8 月被福布斯评为“世界上最大的众筹组织之一”）的创始人和首席执行官。2006 年至 2012 年间，梅德韦德与他人共同创建了美国证券交易商自动报价系统协会 Vringo（Nasdaq 称为 VRNG，2010 年上市），并担任首席执行官。1995 年至 2006 年间，梅德韦德还与他人共同创建了 Israel Seed Partners（以色列领先的风险资本基金之一，管理下的资产达 2.62 亿美元），并成为普通合伙人。梅德韦德是 MERET 光通信有限公司（MERET Optical Communications, Inc.，1990 年被阿莫科公司收购）的共同创始人之一和执行副总裁；此外，他也是 Accent Software（在美国证券交易商自动报价系统协会上市）的共同创始人之一和执行副总裁。

扎克·米勒

是 OurCrowd 的合伙人和 OurCrowd 投资者社区的负责人。过去十年，扎克致力于投资业的发展。扎克在领先的下一代金融网站（包括 Seeking Alpha, Lending Club, LearnVest, Wall Street Survivor, Covestor 和 SigFig）中担任高层领导职务，并为这些网站提供咨询服务。最初，扎克在一家跨国对冲基金担任股票分析师，由此开始了他的金融职业生涯。同时，扎克也是“*Tradestream Your Way to Profits: Building a Killer Portfolio in the Age of Social Media*”一书的作者，并经营着一家著名的投资网站 Tradestreaming.com。扎克在西北大学凯洛格商学院获得 MBA 学位，并在哈佛大学获得经济学学士学位。

梅根·缪尔

是美国欧华律师事务所的合伙人，担任该事务所西北公司和证券集团主席。梅根的经历主要集中在风险资本公司、企业战略投资和科技公司，在风险资本交易、企业兼并与收购、首次公开发行、技术许可和公司治理等方面经验丰富。过去三年间，梅根为客户代理的风险资本融资达 180 多起，涉及投资金额高于 8 亿美金。缪尔是季刊“*Emerging Growth and Venture Capital News*”和关于对科技创业者和投资人重要的商业和法律事务博客 www.TheVentureAlley.com 的编辑。梅根·缪尔是哈佛大学法学院的毕业生（以优等成绩毕业）。

舍伍德·奈斯

舍伍德的公司三届是 Inc500 强的得主，并获得“安永年度企业（E&Y's Entrepreneur of the Year）”称号。面对信贷紧缩的危机，舍伍德看到了改变旧有证券法律的迫切需要。舍伍德与他人一道对《促进创业企业融资法案》（JOBS）（2012 年 4 月 5 日由美国总统奥巴马签署形成法律）中的众筹板块进行重新修订，并四处游说。CCA（众筹资本咨询）帮助企业参与者、政府、非政府组织和各利益相关者了解未来每年 3000 亿美元的市场蓝图。舍伍德通过 SuccessWithCrowdfunding.com 网站提供全面的众筹投资教育资料，此外，还与他人共同创建了众筹专业协会（CFPA）和众筹中介监管协会（CFIRA）。舍伍德是一位入驻企业家，同时也是加州大学伯克利分校企业创新和社会融资项目的共同创始人。除此之外，舍伍德是《众筹投资从入门到实战演练》（*Crowdfund Investing for Dummies*）一书和世界银行报告《扩展发展中国家创新—众筹的潜能》（*Scaling Innovation–Crowdfunding's Potential for the Developing World*）一文的共同作者之一。舍伍德在雷鸟商学院获得 BA 学位，并在杜兰大学获得文学学士学位。

特勒蒙·诺里斯

是世强律师事务所华盛顿特区办事处合伙人，是该办事处知识产权组成员。诺里斯具有电气工程学的理学学士学位。他的经历主要集中于知识产权诉讼和客户咨询，尤其是专利侵权诉讼，包括提交至联邦法庭和国际贸易委员会的诉讼。诺里斯起草并公诉过的专利申请书不胜枚举，涉及各种科技领域，诸如计算机软件 / 硬件设备、无线网络通信、数据库、搜索引擎、机电装置和商业技术等。起初，诺里斯在美国专利商标办公室担任专利审查员，经他审查的专利申请涉及网络安全和密码学艺术等领域。

译者后记

众筹，可谓是时下全球互联网金融领域最热门的话题。继众筹鼻祖 kickstarter、Indiegogo 等平台呈爆发式增长后，国内的众筹网、京东众筹等众筹平台也如雨后春笋般涌现。

正如社交网络改变了人们分配时间的方式一样，众筹将改变人们分配资金的方式。众筹是依托于社交网络搭建的平台，其不仅能吸引全球各地智慧者的资金，而且能最大限度地利用投资者的集体智慧、业务联系和经验来组建并运营企业。公司能集中的智慧越多，能获得返还投资者资金的机会就越多。无论是新电影、时尚设计、航海探险、初创企业，甚至是下一届奥林匹克运动会，众筹都可以成为有效的集资手段。

本书的作者携手各领域专家，精确而专业地介绍众筹当前的发展状态，并展望未来的发展趋势。整本书内容详实清晰，涵盖领域广泛，无论是对资金匮乏的初创企业还是大型企业中的管理人员、天使投资人、对冲基金经理，抑或是证券律师、会计师、咨询顾问来说，都是了解众筹的必读之物。我衷心希望本书能成为开启您探索融资新领域的大门。

我感激自己能有机会深入接触新潮的投融资手段，惊叹众筹背后社交网络的力量和群众的智慧，也为广大追梦者有了这样一个触手可及的平台感到欣慰和祝福。最后，再次感谢赵文婷、董玲燕、周燕、李闯、吴齐飞以及刘堃，他们承担了本书部分章节的校译工作，并提出了不少宝贵意见。还有其他在翻译过程中给予了我大力支持的家人朋友，在此一并衷心的感谢。

陈 艳

北京阅想时代文化发展有限责任公司为中国人民大学出版社有限公司下属的商业新知事业部，致力于经管类优秀出版物（外版书为主）的策划及出版，主要涉及经济管理、金融、投资理财、心理学、成功励志、生活等出版领域，下设“阅想·商业”、“阅想·财富”、“阅想·新知”、“阅想·心理”以及“阅想·生活”等多条产品线。致力于为国内商业人士提供涵盖最先进、最前沿的管理理念和思想的专业类图书和趋势类图书，同时也为满足商业人士的内心诉求，打造一系列提倡心理和生活健康的心理学图书和生活管理类图书。

阅想·商业

《幸福资本论：为什么梵高受穷，毕加索却很富有》

- 幸福资本 = 正确的金钱观 + 个人信用的货币化。
- 这不是一本指导你如何成为有钱人的书，却能帮你揭穿金钱的真相。
- 学会创造价值换取财富，提升幸福指数。

《蓄势待发：股票交易实战录》

- 华尔街最顶级的交易训练营教练扛鼎之作。
- 著名股票博客博主徐小明和“百年一人”撰文倾情推荐。
- 真实再现华尔街最牛操盘手的交易场景，帮你理解交易真谛，让你在大牛市来临前做好准备。

《金融的狼性：惊世骗局大揭底》

- 投资者的防骗入门书，涵盖金融史上最惊世骇俗的诈骗大案，专业术语清晰易懂，阅读门槛低。
- 独特视角诠释投资界风云人物及诈骗案件。

阅想·商业

《互联网领导思维：成为为了引领者的五大法则》

- 从互联网时代的参与者到引领者、成为移动互联时代的最大赢家。
- 最受欢迎的社会化媒体大师埃里克·奎尔曼的最新力作。

《游戏化革命：未来商业模式的驱动力》（“互联网与商业模式”系列）

- 第一本植入游戏化理念、实现 APP 互动的游戏化商业图书。
- 游戏化与商业的大融合、游戏化驱动未来商业革命的权威之作。
- 作者被公认为“游戏界的天才”，具有很高的知名度。
- 亚马逊五星级图书。

《忠诚度革命：用大数据、游戏化重构企业黏性》（“互联网与商业模式”系列）

- 《纽约时报》《华尔街日报》打造移动互联时代忠诚度模式的第一畅销书。
- 亚马逊商业类图书 TOP100。
- 游戏化机制之父重磅之作。
- 移动互联时代，颠覆企业、员工、客户和合作伙伴关系处理的游戏规则。

《互联网新思维：未来十年的企业变形计》（“互联网与商业模式”系列）

- 《纽约时报》、亚马逊社交媒体类 No.1 畅销书作者最新力作。
- 汉拓科技创始人、国内 Social CRM 创导者叶开鼎力推荐。
- 下一个十年，企业实现互联网时代成功转型的八大法则以及赢得人心的三大变形计。
- 亚马逊五星图书，好评如潮。

《提问的艺术：为什么你该这样问》

- 一本风靡美国、影响无数人的神奇提问书。
- 雄踞亚马逊商业类图书排行榜 TOP100。
- 《一分钟经理人》作者肯·布兰佳和美国前总统克林顿新闻发言人迈克·迈克科瑞鼎力推荐。

阅想·新知

《断点：互联网进化启示录》

- 一部神经学、生物学与互联网技术大融合的互联网进化史诗巨著。
- 《纽约时报》、《今日美国》年度超级畅销书。

《大未来：移动互联时代的十大趋势》

- 第一本全面预测未来十年发展趋势的前瞻性商业图书。
- 涵盖了移动互联网时代的十大趋势及其分析，具有预测性和极高的商业参考价值，帮助企业捕捉通往未来的商机。
- 全球顶级管理咨询公司沙利文公司中国区总经理撰文推荐。
- 中国电子信息产业发展研究院鼎力推荐。

Crowdfunding: A Guide to Raising Capital on the Internet
ISBN: 978-1-118-49297-0